初中语文课堂教学研究与实践

沈　芸　著

吉林大学 出版社

·长春·

图书在版编目（CIP）数据

初中语文课堂教学研究与实践 / 沈芸著. -- 长春：
吉林大学出版社，2020.9
ISBN 978-7-5692-7097-6

Ⅰ．①初… Ⅱ．①沈… Ⅲ．①中学语文课－课堂教学
－教学研究－初中 Ⅳ．①G633.302

中国版本图书馆CIP数据核字(2020)第177223号

书　　　名　初中语文课堂教学研究与实践
　　　　　　CHUZHONG YUWEN KETANG JIAOXUE YANJIU YU SHIJIAN

作　　　者　沈芸　著
策划编辑　吴亚杰
责任编辑　吴亚杰
责任校对　王　蕾
装帧设计　梁　晶
出版发行　吉林大学出版社
社　　　址　长春市人民大街4059号
邮政编码　130021
发行电话　0431-89580028/29/21
网　　　址　http://www.jlup.com.cn
电子邮箱　jdcbs@jlu.edu.cn
印　　　刷　三河市元兴印务有限公司
开　　　本　787mm×1092mm　　1/16
印　　　张　15
字　　　数　260千字
版　　　次　2021年3月　第1版
印　　　次　2021年3月　第1次
书　　　号　ISBN 978-7-5692-7097-6
定　　　价　75.00元

序言·基于问题解决的教学研究

沈芸正在新疆支教，远离温暖的家，奉献她的爱心和智慧。想想她在寂静的灯下静心思索写作的情境，都很感动。

这本书正是她冷静思考分析的结果。她期待学生们能够接受良好的祖国语文教育，进而能够热爱祖国语文，能够熟练地运用祖国语言文字进行阅读与交流。而目前初中语文教学现状，却不能令人满意。她试图想改变这样的情况，她积极参加了"互联网+时代语文课堂教学范式研究"项目组，参加了"基于核心素养的新教学研究"项目组，坚持用新的理念、新的方法、新的技术去改变自己的日常语文课堂。但是，她不止于此，她很想影响更多的同行，像她一样改革每日的课堂，引领更多的学生学好祖国语文。于是，她研究了教育改革的大趋势，学生核心素养发展的需要，语文课程标准的要求，设计了调查量表，经过认真调查，分析了目前初中语文课堂教学中存在的问题及其原因，进而提出了解决问题的方向思路与具体策略。提出问题、分析问题、解决问题，有数据、有理论、有实例，令人不能不服。

因为这样认真严谨，所以，她提出的问题都很现实，问题分析得也很清晰，解决问题的措施也很实在。

从这本书的章节设置，可以看出她关注的都是语文课堂上的大问题，而且关注点也有其独特之处。她关注生命课堂的构建，第一章就讨论这个问题，把它作为关键问题，也是具有统领性的问题。接下来她讨论的是语文教师课堂教学语言问题，这有点意料之外，读完了又觉得她很有道理。语文教师的语言自然要讲究，因为语言既是语文教师素养的重要元素，也是课堂教学的重要元素。语文课堂的很多问题也与教师的教学语言密切相关。她还关注文本细读的教学策略，是学生的文本细读，而不是教师的文本分析。关注对话视角下初中语文阅读教学完全非常正常，然而，关注写作教学方法研究，竟然也是对话视角下，这又有点出人意料，细看看又很有道理。这都是沈芸的着力之处。

对具体问题的分析与解决，也很有特点。她分析初中语文课堂的"满堂灌""一言堂"现象很具有画面感。她说：语文课堂上常常会出现这样的一个场景，老师在讲台上激情满满，学生在台下默默无声。尤其是面临中考的毕业班语文教学，一切以提高学生的学业成绩为目标，学生对语文课的兴趣持续下降，很少有学生有学习语文的热情了。很多语文课堂看似热闹，但变成了提问课堂，教师问一个又一个问题，学生逐一回答。有些提问甚至是毫无价值的，有的提问是老师只是为了让学生说出自己预设的答案。作文教学也往往是模式化的、僵化的，教师指导——学生写作——师生点评。教学策略的单一、陈旧，让学生缺少阅读、交流和表达的欲望。分析老师的课堂教学语言也是这样：每个老师都有着自己的语料库，有的老师的过渡语，永远是"接下来……接下来……""然后……然后……""后面……后面……"，要形容一个事物，永远都是用"十分""非常"等。很多老师的课堂语言永远都是平铺直叙，反复地讲，重复着某一句话，还有的老师口头禅特别多，这些都不利于学生的学习。

她提出课堂教学语言应该关注的六个关键环节，也很具有启发性：（1）具有启发性的课堂导入语；（2）激发学生参与的课堂讲授语；（3）提升思维品质的课堂提问语；（4）引人反思的课堂点评语；（5）引导自主学习的指示语；（6）启发兴趣的结束语。每一个小标题都具有导向性，都具有内涵。

沈芸就是这样，从问题出发，认真学习研究，在实践中探索解决问题的路径，提出解决问题的思路与具体措施，进而去影响他人。

陆志平

2020年1月

（陆志平，研究员、特级教师、教育部语文课程标准研制组核心成员）

前　言

随着教育改革的推进，初中语文课堂教学已经成为当前中学语文教师教学改革的方向，如何提高初中生对语文学习的兴趣，如何改变传统的语文课堂教学方式，如何培养学生的语文能力等方面是语文教师的重点研究方向。

说到语文核心素养不得不先说明核心素养，核心素养是学生借助课堂所形成的解决问题的主要素养与能力。从广义上讲，核心素养的范围更加集中，目标定位更加具体。具体来说，是学生通过课堂的学习，形成作为关键能力的内核。而语文核心素养在广义上是指学生借助语文课堂形成的解决问题的主要素养和能力。

生命是生物体所具有的活动能力，而生命课堂可以理解为在以人为本的思想指导下，确立追求以人的发展为本的教育理念。总地来说，生命课堂的主体是学生，是将学生看作是一个整体的人，阵地是课堂，是开展人与人之间的交流活动的地方。在这个活动中，教师与学生有多种需要与潜力，教师是学生的平等对话者、沟通者、引导者、互动者、意义的共建者，以学生的需求为中心，鼓励学生成为自由学习者，将传统教学中师生间的单向沟通转变成双向的或敞开式沟通，交流思想、文化、情感，进而使学生成为有智慧、有德行的人。

基于上述情况，笔者结合自身的语文教学经验，将自身的经验和实践付诸笔端。本书第一章总体介绍了研究情况。从第二章开始介绍了基于初中语文核心素养构建生命课堂的方式方法，并举实例说明。第三章研究了基于核心素养的语文教师在课堂科学中的语言使用存在的问题和优化建议。第四章对初中现代文文本细读教学提出了策略。第五章对语文核心素养视阈下的初中汉字教学进行了研究。第六章以语文核心素养为基础，研究了初中语文综合性学习教学策略。第七章研究了对话视角下初中语文阅读方法。第八章研究了对话视角下初中语文写作方法，第九章提出了初中语文教学中阅读思维能力培养方法。

本书在写作过程中，一些同行专家、学者的有关著作、论文扩展了笔者的视野，提高了笔者的专业认识与水平，并吸取了一些研究成果，在此谨致诚挚的谢意。限于笔者水平，书中难免有许多不妥之处，恳请同行专家、学者和广大读者惠予批评指正。

沈　芸

2020年7月

目　录

第一章　绪论

一、初中语文课堂教学研究的背景

2014年，教育部研制印发《关于全面深化课程改革落实立德树人根本任务的意见》，提出"教育部将组织研究提出各学段学生发展核心素养体系，明确学生应具备的适应终身发展和社会发展需要的必备品格和关键能力"。而课堂是师生进行教育教学的最重要、最主要的场所，要提升学生的核心素养，课堂改革是关键。

反观现在的课堂教学，较新课改之前的"分本课堂""知识课堂"有了很大的改观，但是受考试指挥棒的影响，课堂功利性问题尚未解决，"教什么"和"如何教"这两个问题依然存在，课改前的"少、慢、差、费"虽有改观，但仍没有根本性的变化。教学方法千篇一律，"题海战术""满堂灌""拖堂"等现象还是大量存在，严重制约学生的身心发展和思维品质的提升，严重违背了教学规律。师生关系往往公开课上热热闹闹，和谐无比，公开课过后"一潭死寂，涛声依旧"。而且这样的热闹，这样的和谐，也只可能是浮于表面的，流于形式的，是很难走进学生的心灵的。师生之间的对话也只能是隔靴搔痒。所谓的"高效"也往往以牺牲学生的兴趣、情感为代价。功利性的价值和目标指向，使得语文课堂教学的局面至今都没有得到根本性的改善，初中语文学科的特点更加难以突出。

基于初中语文核心素养的生命课堂构建研究是基于以人为本的思想，把学生的核心素养的提高作为根本的出发点、归宿点、研究问题的根本点。通过教学过程的全程优化，课堂上教师眼中有"人"，学生思维涌动、情感激荡，师生之间、生生之间通过平等立体的对话达到心灵碰撞、情感共鸣，学生在灵动的课堂教学中获得知识，激发潜能，开放的结构，具有自主、合作、探究的时间和空间，在研究和创新中进一步推进学校教学改革，着眼学生的终身发展，提高学生的主动发展意识。

二、初中语文构建生命课堂存在的问题及原因

关于生命课堂，国外在教育、教学领域，围绕着教育理念早已展开了探究，如皮亚杰的建构主义学习理论、罗杰斯的人本主义教育理论、苏霍姆林斯基的"个性全面和谐发展"的教育理论、杜威的教育理论、巴班斯基的教学过程最优化理论等，他们从某个角度切入体现了课堂教学对生命体的尊重和理解。国内叶澜教授的"让课堂焕发生命活力""应从生命的高度，用动态生成的观点看课堂教学"的观点提出在课堂教学中全方位地关注生命体的发展，让课堂教学淋漓尽致地展示出人性的魅力和对生命的挚爱。这应该是"生命课堂"的源头。

2003年王鉴老师在《教育理论与实践》第1期发表的《课堂重构：从"知识课堂"到"生命课堂"》一文中正式提出了"生命课堂"的概念。2004年，《教育研究》第2期发表《为"生命·实践教育学派"的创建而努力》叶澜访谈录。在访谈中，叶澜老师揭示了"教育的生命基础"这一命题的内涵；同时，论及了"教育学的人性假设"这一十分有意义的问题。在这篇文章中王鉴老师创造性地提出了新课程中"生命课堂"重构应坚持的理念与途径。

2005年《天津师范大学学报》（基础教育版）第1期中夏晋祥老师在《论"生命课堂"及其教学模式的构建》一文中从价值观取向、教学目标、教学方式、教学内容、教学过程、教学结果、师生角色特征、师生关系、评价管理、课堂文化这十个方面阐明了"生命课堂"的特征。2008年1月，夏晋祥老师在《课程·教材·教法》发表了《"生命课堂"理论价值与实践路径的探寻》，明确阐明"生命课堂"与其他课堂教学形式相比，具有的显著特征就是要以学生主动参与、积极活动为主线来进行。

2015年《教育研究》第10期发表了王定功老师的《生命课堂的基本特征和建构路径》，指出生命课堂就是"生命在场"的课堂。生命课堂的特征基本表现在课堂价值取向、课堂过程、师生关系上的"生命在场"，并且明确指出"生命课堂的建构路径，生命课堂需要建立生命立场的逻辑起点，搭建生命视角的解释框架，重构课堂的精神维度，形成生命关怀的语言样态，呈现开放生成的教学过程，建立互助同行的'学习共同体'，完善课堂教学评价"。

2016年，夏晋祥老师在《课程·教材·教法》第10期中《论生命课堂及其价值追求》一文中又再次强调"生命课堂"的基础价值追求是让学生掌握基本知识，核心价值追求是开发学生智能，终极价值追求是培养学生健全的心灵。《课程·教

材·教法》第12期发表了王定公、齐彦磊的《生命课堂研究二十年：回顾与前瞻》，整理了生命课堂提出的近二十年间，学者们在审思传统课堂的基础上对生命课堂的内涵、特征以及建构路径等多个方面作出的研究。并且强调"生命课堂研究需要高校学术力量与基础教育紧密结合，需要理论研究与实践探索紧密结合，需要将分散的科研力量整合起来，需要充分借鉴古往今来及国内课堂教学研究经验，需要国家做出顶层设计，共同助推生命课堂成为基础教育的课堂常态。"

综观国内外生命课堂研究，已作出许多有效的探索，对生命课堂的特征、内涵、构建路径等在理论上已经越来越明晰与成熟，但是运用生命课堂的理论来指导语文学科的教学实践，这方面的研究都是零碎的，碎片化的，目前没有形成可操作的实践范式。并且从一系列的研究中，我们也发现构建生命课堂需要以积极活动为主线来进行，学生核心素养的提升也需要在积极的、丰富的实践活动中来建构，因此培养学生核心素养不仅是生命课堂的育人目标，而且与生命课堂在构建路径上也是高度一致的。本课题研究的主要价值就在于聚焦初中生的语文核心素养，研究构建语文生命课堂的策略，确立学生主体地位，为学生的幸福人生奠基。

三、初中语文课堂教学的研究意义

（一）理论意义

目前阶段，生命课堂的构建理论已具有相对系统的梳理和成熟的研究。针对这一研究现状，本书试图在理论指导实践的过程中，进一步对生命课堂的价值和意义进行深刻的阐述，让大家认识到构建生命课堂的重要性和必要性，同时本书所探讨的一些构建初中语文生命课堂的具体策略，能对一线语文教师有一定的借鉴意义。通过教学一线的教改实践，能更好地验证和完善生命课堂的相关理论。

（二）实践意义

1. 改变学生在语文课堂上的学习状态和学习生活，发展学生的核心素养。

指向语文核心素养构建生命课堂的研究，试图转变教师的教学理念和教学方式，使教师重视学生在课堂上的学习状态和学习方式，促进学生在学习过程中生动、主动、活泼发展，充满生命活力。教师根据语文教学本身的学科特点，通过生命课堂的构建，从重视语文知识转变为重视能力的发展、思维的提升、情感的熏陶，从封闭的、传统的模式走向极具生命活力的语文课堂教学，探究有效的实施办法和操作机制，将有效服务于学生的可持续发展。

2. 促进教师不断更新教学理念和教学方式，促使教师队伍专业化

无论是教学目标的确定、教学方式的转变，还是教学内容的设置、教学过程的优化，师生角色关系的转变，都是课堂变革的要素，指向语文核心素养构建生命课堂的研究要促使课堂从原来忽略人的需求、漠视生命的体验的知识本位走向体验生命成长、品尝成功的喜悦的生命课堂，就必须要求教师研究与创新课堂教学的细节和过程，同步提高教学水平，以此促进教师的教学水平和教学革新能力。

3. 改进教研的活动方式，创新教研机制

指向语文核心素养构建生命课堂的研究，关注课堂环节的各个要素和各个环节，教研过程中促使教师关注教学过程，对课堂进行观察分析，对教学过程进行分析，以理念引领教学行为，必然促进教学研究方式方法的革新，以此创新教研机制。

4. 优化教学过程，提高教学效率

指向语文核心素养构建生命课堂的研究，着眼于学生的发展，要求优化整个教学过程，促使课前预习、课堂教学、课后作业练习等都成为学生有意义的学习活动。这就势必要求创新教师的教学策略，提高课堂教学的实施水平，进一步推进教学改革，切实推进减负增效，使课堂教学的每项教学活动都能发挥最大的价值，从根本上提高课堂教学效率。

第二章 基于初中语文核心素养生命课堂的构建研究

随着教育改革的深入，传统教学模式已经无法满足学生的学习发展，在核心素养的背景下，教师应该转变自身传统的教学观念，打造、构建生命课堂，帮助学生树立正确的人生观、价值观、生命观，重视学生学习能力的提高。

第一节 生命课堂理论

生命课堂其实是对学生生命成长过程的尊重，教师要尊重学生的成长规律，敬畏学生的生命体验，只有这样，学生才能体验到学习的快乐，并在快乐学习中成长。

一、生命课堂的概念

（一）生命课堂概念的萌芽

生命课堂概念的萌芽于20世纪末，1997年，叶澜先生在其发表的《让课堂焕发出生命活力——论中小学教学改革的深化》一文提出"把教学改革的实践目标定在探索、创造充满生命活力的课堂教学"。她认为只有在这样的课堂，才能感受到生命的涌动和成长，学生才会满足与发展，教师才能闪现"创造的光辉和人性的魅力"。由此，生命课堂作为一种具有现代意义的课堂教学理念开始萌生。

（二）生命课堂概念的丰富

很多学者虽未明确提出生命课堂的概念，但却注意到了情感在课堂教学中所具有的生命意义。如朱小蔓认为教学活动作为特殊形态的实践活动，充满着情感。情感之于人类来说，是生命发展的重要组成部分，在课堂教学中的师生情感触及了对师生生命价值的唤醒，从某种意义上来说，充盈情感教育的课堂也是生命教育的课堂。

还有如刘次林提出的"幸福教育论"，他认为幸福是教育的终极目的。其核心关键词无一不是"生命"二字，都渗透着生命课堂的理念。

（三）生命课堂概念的正式提出

随着改革传统课堂的迫切需求和对理想的课堂教学的不断深入研究，2003年，王鉴在《课堂重构：从"知识课堂"到"生命课堂"》一文中直接地、正式地提出"生命课堂"这一专用教育词汇。此后，生命课堂研究就成了生命教育领域探索课堂教学的重要维度。

因此，笔者将生命课堂的概念界定为：在以人为本的教育理念的指导下，将发展学生的核心素养作为终极目标，以学生为主体，课堂为阵地，开展人与人之间的一种充满人文关怀、生机活力、活泼灵动的思想、文化、情感的交流活动，使师生的生命价值充分体现在课堂教学中。

二、生命课堂的内涵

关于生命课堂内涵的研究，从目前来看，学者们尚未形成一致的看法。但概括起来主要有以下两种不同的观点。

（一）认为"生命课堂"是一种价值追求

李家成在《当代中国学校教育价值取向探究》一文中提出，生命课堂应该"关怀生命，关注师生生命在课堂中的生活状态，把生命的成长当作课堂的起点和归宿"。叶澜教授主张"教育活动就其过程的本质来看是人类精神能量通过教与学的活动，在师生之间、学生之间实现转换和新的精神能量的生成过程"。

（二）侧重"生命课堂"的具体内容

夏晋祥把生命课堂视为"激扬师生生命的理想课堂"。无独有偶，高志雄也提出"生命课堂是活泼、动态的课堂，其目的是为了挖掘学生的潜能，使学生产生积极、愉悦的情感体验，从而形成持续学习的推动力"。

指向初中生语文核心素养构建生命课堂，根据《义务教育语文课程标准

（2011年版）》中要求的初中阶段学生所必须具备的语文核心素养为发展目标，探索在阅读与写作语文课堂教学中构建生命课堂的路径和策略。更关注学生的个体生命，生命个体当下的学习状态和生命个体面对未知世界解决问题所需要的核心能力，强调唤醒自我，强调积极主动地去获取能得到自我发展的语文核心素养，并在自主学习、发展自我的过程中逐渐形成与他人合作、交往等各方面的能力和德行。语文课堂教学的观念和实践，以学生的核心素养的提高为出发点、归宿点、研究问题的根本点。

三、生命课堂的特征

笔者在前人研究的基础上，并经过一系列的实践探索，发现生命课堂的特征具体表现为以下五个特性。

（一）生态性

生态一词，现代汉语解释为"生物在一定的自然环境下生存和发展的状态。"课堂上师生生命发展生态主要是指课堂的常态性和真实性。课堂上，教学活动应该在生命最自然的状态下开展，撤除任何表演的成分。在公开课上，很多老师准备过度，事先把课堂流程甚至答案告知学生，在课堂上把事先准备好的东西拿来表演、作秀，课堂上只有预设，没有新的生成，更没有思维的碰撞。叶澜教授告诫老师们："不管是谁坐在你的教室里，哪怕是部长、市长，你都要旁若无人，你是为孩子、为学生上课，不是给听课的人听的，要'无他人'。"预习是必要的，但是为了表演的过度准备是违背生命发展规律、教学规律的。

因此，生命课堂不要求十全十美，完美无缺，而是真实的课堂，即使课堂不"出彩"，还有很多问题有待完善，但是只要是眼中有学生，胸中有教材，心中有核心素养的课，即使有问题，那也是研究的开始，进步的开端。这样教师才能享受到教学作为一个创造过程的全部欢乐和智慧的体验。

（二）体验性

夏晋祥认为，"师生应该把课堂生活作为自己生命中的一段重要的构成部分。"在教学活动中，主动学习成为生命课堂最重要的特征之一，学生成为学习的主人，沉浸在既严肃紧张又团结活泼的学习环境内，呈现出一种奋发向上的学习风貌，形成一种活跃昂扬的思维发展，追求一种个体价值的生命自觉。

由此观之，语文生命课堂，必须重视学生独特的感悟与体验，只有学生对知识、对精神生命具有一种整体认识，充满主动学习的渴望，才能构建长久的、富有魅力的、焕发活力的语文生命课堂。

（三）生长性

语文学习是一个学习共同体，不但包括学生的学，也包括教师对应的教。"生命课堂强调自我批判性反思，教师与学生为自我改进设置个性化的目标。"生命课堂是师生生命彼此激发，共同学习的重要场所。

（四）开放性

生命课堂具有多样性和开放性的特征。每一个学生都有自己鲜明的个性，他们对文本会形成多角度、多层次的评价。在进行文本阅读时，学生有能力赋予文字新的意义和深入的理解，并且从不同角度会有新的发现，还能在一定程度上给予合理性的建议。

（五）互动性

教学活动应该是具有创造性和有效的实践活动。王定公说："所谓'生命课堂'，就是生命教育理念指导下的课堂，就是'生命在场'的课堂。"

叶澜教授说："教师的魅力在于创造。"指向学生核心素养的生命课堂，教师把发展学生的核心素养为出发点和落脚点，对国家课程进行校本化再创造，不断创新教学设计。在课堂上，"师生、生师、生生共处于一个基于生命关联的生命共同体中。"教师全情投入课堂，将自己的思想和感情融入课堂，不断激发学生的学习热情，唤醒学生的生命潜能，让课堂充满生命活力。这样的课，使"知识"不再是冷冰冰的，而是鲜活的滋养生命的东西，这样的课堂浸染上了教师的生命"个性"，并且使学生感到在场的教师是位有血有肉的"真人"！

第二节 初中语文生命课堂现状的调查研究——以常州市东青实验学校为例

为了增加本书读者对初中语文生命课堂的认识，笔者对常州市东青实验学校的初中语文生命课堂现状进行了调查，并加以分析，具体内容如下。

一、调查对象

常州市东青实验学校位于常州东南禺的一所九年一贯制学校，于2006年2月建立。这所年轻的学校由原东青小学、原东青初中合并而成的。学校占地面积为57719平方米，建筑面积为14048平方米。全校现有42个班级，1910名学生，99名教职工，专任教师91名，其中中学高级教师19人、中级职称教师48人，35周岁以下年轻教师占教师总数的47.4%，拥有市区级五级梯队骨干教师26人。教师队伍与新课程改革的要求还不适应。虽然教师有较好的团队精神，但专业发展水平还有待进一步提高。学科带头人、骨干教师队伍人数偏少，区级骨干教师以上的优质教师群体数量不足。该校外来务工人员子弟占学校学生总人数的75.7%，客观上存在家庭教育指导有较大难度的问题等。

在确定问卷调查中的研究对象时，选择了常州市东青实验学校七至九年级进行调研。该学校位于常州市城郊接合部，在教学质量、教学设施等方面在所属区域中处于中等水平。调查问卷分为教师问卷和学生问卷。

在进行教师访谈时，共选择了5位教师，选择了不同年段、具有不同级别职称、处于不同年龄阶段、不同学历的教师，其中包括普通语文教师、语文老师兼班主任、行政领导等不同身份。在进行学生访谈时，共选择了9位学生，每个年级选取3位。在进行教学访谈过程中，尽量注意问题的连贯性，通过笔记、录音、录像等，获取课堂教学中有价值的第一手资料，同时完善和验证问卷调查中所获取的各种信息。

此外，笔者深入初中每个年段的实验班的语文课堂进行了听课，共36节。在听课过程中，对部分教师、学生依据所听课内容和相关研究内容进行了部分访谈。

通过以上多种调查研究的方法，对所掌握的初中语文课堂教学资料进行整理与分析。通过对原始资料的描述、解释、总结，对师生的调查问卷、访谈资料等进行归纳和整理，综合比较、概括和分析所获得的研究结果，力求在自然情景中较为真实地揭示初中语文教学中师生的行为及其背后隐含的深刻内涵，直面语文课堂教学现状，从而为建构初中语文生命课堂的构建奠基。

二、调查内容设计

（一）问卷内容

本次教师问卷是对照生命课堂的特征，以构成教学过程的基本要素为设计维度，主要分为五个部分，包括教师教学目标、教学内容、教学策略的设置，课堂上的师生关系以及教学评价。学生问卷的设计主要分为两个部分，包括学生在课堂上的表现、态度、想法和学生视角下的教师行为。

（二）访谈内容

本次教师访谈共设计了十个问题。主要包括三个部分的内容，一是对照生命课堂的特征，具体描述目前语文课堂存在的一些问题；二是针对语文课堂目前存在的问题，教师采用怎样的解决方法；三是了解教师对生命课堂的理解。学生访谈涉及的内容主要是从学生的角度来阐述目前语文生命课堂的现状和教师在课堂上的教学行为以及在阅读和写作教学中存在的问题。

（三）课堂观察

课堂观察同样从教学目标、教学内容、教学策略、师生关系和教学评价五个维度出发，在课堂观察的过程中，努力尊重教学现场的本来的形态，以保障研究结果的信度和效度，并且注意抓住问题的关键，挖掘课堂教学参与者行为的意义，及其行为背后所隐藏的深刻内涵。

三、调查数据统计与分析

关于初中语文生命课堂的现状调查，本次问卷采用网络形式来发放，发放平台是"问卷星"。教师问卷的调查对象是常州市东青实验学校的全体语文教师。共调查了12位教师，回收有效问卷12份，占总数的100%。学生问卷的调查对象是常州市东青实验学校所有初中部的学生，在对学生进行课堂教学调查中，共发放问卷384份，回收有效问卷380份，占总数的98.9%，为了方便分析调查数据，特将调查结果以表格的形式呈现。

（一）教师问卷数据统计与分析

表1-1-1主要是对初中语文生命课堂教师教学目标设计情况的调查。在调查中发现，一堂语文课教师设置四个以上目标的占50%，过多的目标容易导致课堂环节蜻蜓点水，难以指导学生进行深度学习。教师制订语文目标的首要依据只有四分之一的老师选择的是学生的认知水平，一半的教师依据的是教学大纲，还有少部分老师的首要依据是文本内容和编者意图，可见一部分教师忽视学生本身的认知水平，而将冷冰冰的教学内容、文本内容、编者意图作为制订教学目标的首要依据。在对语文三维目标的设置中，一半教师将知识目标作为主要落实的部分，可见新课程改革已十多年，但由于受中考、高考指挥棒的影响，知识目标仍然是很多老师在语文课上主要落实的目标。

表1-1-1　初中语文生命课堂有关教学目标的设置情况

问题	您认为一堂语文课设置几个目标比较合适？			
选项	A.1个	B.2～3个	C.4～5个	D.其他
人数	2	3	5	1
百分比	16.7%	25%	41.7%	8.3%
问题	在语文教学中，你认为制定目标的首要依据是什么？			
选项	A.学生的认知水平	B.教学大纲	C.文本内容	D.编者意图
人数	3	6	2	1
百分比	25%	50%	16.7%	8.3%
问题	在日常语文教学中，你主要落实三维目标的哪一个目标？			
选项	A.知识目标	B.能力目标	C.情感目标	
人数	6	4	2	
百分比	50%	33.3%	16.7%	

从表1-1-2来看，语文教师在课堂上的教学内容主要是文本内容、知识传授和练习与测验的占75%，方法指导仅占16.7%，情感熏陶仅占8.3%，可见教师在设定教学内容时，更多地着眼于本节课学生的收获，而很少从学生的长远发展进行考虑，较少着眼于学生的语文核心素养。

表1-1-2　初中语文生命课堂有关教学内容的设定情况

问题	在语文教学中，您认为教学内容以什么为主？				
选项	A.文本内容	B.方法指导	C.知识传授	D.练习与测验	E.情感熏陶
人数	4	2	3	2	1
百分比	33.3%	16.7%	25%	16.7%	8.3%

从"表1-1-3初中语文生命课堂有关师生关系的调查情况"来看，当学生对文本的解读与教师产生分歧时，没有老师会置之不理，一半教师会引导到预设答案，三分之一的老师会组织学生进行讨论，只16.7%的老师会鼓励肯定学生的不同想法。课堂上，学生能经常以积极的状态投入到学习中，学习气氛浓厚的仅占16.7%，大部分同学在语文上的学习热情不够高涨。当学生在课堂上做小动作时，有83.4%的老师会采用说服教育和目光警告，少部分老师会采用艺术的方式处理。当下课铃声快要响起，但是教学环节还没有结束时，大部分老师会尊重学生，让学生继续讨论或跟学生商量是否继续。可见，许多语文教师仍然是课堂的主体与权威，很多所谓的"对话"只是浮于表面的形式，教师没有从根本上将学生作为教学的主体。但是，与传统语文课堂相比，教师开始有意识地尊重学生的想法。

表1-1-3　初中语文生命课堂有关师生关系的调查情况

问题	课堂上，当学生对文本的解读与您的解读产生分歧时，您是如何处理的？			
选项	A.置之不理	B.引导到预设答案	C.肯定鼓励	D.以文本为依据探讨
人数	0	6	2	4
百分比	0%	50%	16.7%	33.3%
问题	当课堂还剩下五分钟，学生还沉浸在上一个活动任务的讨论中，但您还有一个教学环节没有开展，您会怎么做？			
选项	A.尊重学生，让学生继续讨论	B.打断学生，迅速进入下一个教学环节	C.跟学生商量是否进入下一环节	D.其他
人数	8	2	2	0
百分比	66.7%	16.7%	16.7%	0%

问题	课堂上学生是否能以积极的状态投入到学习中，学习气氛浓厚。				
选项	A.总是	B.经常	C.一半	D.很少	E.不是
人数	0	2	2	6	2
百分比	0%	16.7%	16.7%	50%	16.7%

问题	学生在课堂中不注意听讲、做小动作、出现一些违纪行为时，您通常采用的方式是什么？（可多选）					
选项	A.强行禁止	B.说服教育	C.目光警告	D.表扬其他同学	E.视而不见	F.其他
人数	0	5	5	2	0	0
百分比	0%	41.7%	41.7%	16.7%	0%	0%

从表1-1-4来看，在语文课上，采用最多的教学法是讨论法，其他方法也多有涉及。在语文课堂上，很少采用研究性学习的占一半，总是或经常采用研究性学习的占25%，仅占总数的四分之一。很少采用小组合作教学的占41.7%，总是或经常采用合作学习的占25%。教师在教学中总是、经常运用丰富的教学方法的占41.7%。可见，现在语文老师开始注重教学方法的丰富性，但是忽略学生的合作学习和探究学习，教学方式的改变浮于表面，并没有真正着眼于学生语文核心素养的提升。

表1-1-4　初中语文生命课堂有关教学方法的调查情况

问题	在您的语文课堂上，您主要采用怎样的教学方法？				
选项	A.讲授法	B.读书指导法	C.讨论法	D.练习法	E.其他
人数	2	2	5	2	1
百分比	16.7%	16.7%	41.7%	16.7%	8.3%
问题	您在课堂中经常采用研究性学习，注重学生研究性学习能力的培养。				
选项	A.总是	B.经常	C.一半	D.很少	E.不是
人数	1	2	3	6	0
百分比	8.3%	16.7%	25%	50%	0%
问题	您在课堂中经常采用小组合作教学，注意发挥学生群体的相互影响作用。				
选项	A.总是	B.经常	C.一半	D.很少	E.不是
人数	1	2	4	5	0
百分比	8.3%	16.7%	33.4%	41.7%	0%
问题	您在教学中注意运用丰富多样的教学方法吗？				
选项	A.总是	B.经常	C.一半	D.很少	E.不是
人数	1	4	5	2	0
百分比	8.3%	33.4%	41.7%	16.7%	0%

从表1-1-5来看，语文课堂教学中，教师较少注重对学生进行多元评价和综合性评价的方法。有近50%的教师在教学中除了关注学生的学习外，也关注学生的感受与体验。教师很少让学生提问，或在课堂教学中鼓励学生表达不同的观点和意见的占66.7%，经常让学生提问或质疑的仅占8.3%。83.3%教师认为在课堂

教学中结果比过程更重要。由此可见，在目前的初中语文课堂上，教师对学生的评价比较单一，虽然一部分老师也注重学生的感受与体验，但是在老师看来，教学的效果还是远大于学生的课堂感受与体验的。

表1-1-5 初中语文课堂有关教学评价的调查情况

问题	您在课堂教学中注意对学生运用多元评价和综合性评价的方法。				
选项	A.总是	B.经常	C.一半	D.很少	E.不是
人数	0	0	7	5	0
百分比	0%	0%	58.3%	41.7%	0%
问题	您在教学中除了关注学生的学习外，也关注学生的感受与体验吗？				
选项	A.总是	B.经常	C.一半	D.很少	E.不是
人数	1	5	5	1	0
百分比	8.3%	41.7%	41.7%	8.3%	0%
问题	您愿意让学生提问，或在课堂教学中鼓励学生表达不同的观点和意见吗？				
选项	A.总是	B.经常	C.一半	D.很少	E.不是
人数	0	1	3	8	0
百分比	0%	8.3%	25%	66.7%	0%
问题	您认为在课堂教学中注重结果比过程更重要。				
选项	A.总是	B.经常	C.一半	D.很少	E.不是
百分比	7	3	2	0	0
百分比	58.3%	25%	16.7%	0%	0%

（二）学生问卷数据统计与分析

从表1-2-1来看，一堂好的语文课吸引学生的因素主要是教师的教学能力、友好的师生关系和生动的教学内容。学生认为在语文课上，最主要的收获排在首位的是知识，占96.6%，其次是学习习惯，能力和兴趣都只占较少的比重。认为语文课总是、经常形式新颖的学生占32.4%。认为语文课总是、经常枯燥乏味的占31.3%。由此可见，目前的语文课在学生看来，知识仍然是语文课堂的主旋律，语文课的形式还是比较单一，不够有吸引力。

表1-2-1 学生对目前语文课的评价与期待

问题	你认为一堂好的语文课吸引你的原因是什么？（多选题）				
选项	A.教师的教学能力	B.友好的师生关系	C.良好的课堂秩序	D.生动的教学内容	E.自我的约束能力
人数	345	352	45	368	12

百分比	90.8%	92.6%	11.8%	96.8%	31.6%
问题	一堂语文课中，你认为最主要的收获是什么？（可多选）				
选项	A.获得了知识	B.发展能力	C.产生了学习兴趣	D.形成了良好的学习习惯	E.其他
人数	367	76	96	256	78
百分比	96.6%	20.0%	25.3%	67.3%	20.5%
问题	你喜欢上语文课吗？				
选项	A.总是	B.经常	C.一半	D.很少	E.不是
人数	56	67	156	56	45
百分比	14.7%	17.6%	41.1%	14.7%	11.8%
问题	语文课教学形式很新颖，非常吸引你。				
选项	A.总是	B.经常	C.一半	D.很少	E.不是
人数	65	58	145	67	45
百分比	17.1%	15.3%	38.2%	17.6%	11.8%
问题	语文课枯燥乏味，你在上课时经常偷看课外书或是做其他与本课无关的事情。				
选项	A.总是	B.经常	C.一半	D.很少	E.不是
人数	47	72	167	45	49
百分比	12.4%	18.9%	43.9%	11.8%	12.9%

从表1-2-2来看，学生认为一位优秀的语文老师必须具备新颖的教学方法、较强的业务素质、强烈的责任心和对语文教学的热情。但在目前的课堂上，总是、经常能对所有学生一视同仁的占16%。在学生看来，总是、经常在传授语文知识的同时，也注重过程与方法的指导和情感、价值观的培养的教师占20.7%。总是、经常在教学中除了关注学生的学习外，也关注学生的感受与体验的占26.3%，其比例明显低于教师问卷的调查结果。也就是说，教师认为自己注重了对学生情感、态度、价值观的培养，也关注了学生的感受与体验，但学生却并没有真切地体会到。有76.8%的学生认为语文老师总是、经常对同学的赞赏浮于表面，并没有真正激励学生。由此可见，学生对目前语文老师的教学方式、教学评价和对待学生的态度的满意度偏低。

表1-2-2　学生对语文老师的满意度评价

问题	你认为一位优秀的语文教师要具备哪些表现？（可多选）				
选项	A.有热情	B.教学方法新颖	C.业务素质强	D.服饰得体	E.有责任心
人数	216	321	256	125	231

百分比	56.8%	84.5%	67.4%	32.9%	60.8%
问题	课堂上，语文教师能对所有同学都一视同仁。				
选项	A.总是	B.经常	C.一半	D.很少	E.不是
人数	16	45	119	132	68
百分比	4.2%	11.8%	31.3%	34.7%	17.9%
问题	语文老师在传授语文知识的同时，也注重过程与方法的指导和情感、价值观的培养。				
选项	A.总是	B.经常	C.一半	D.很少	E.不是
人数	12	67	112	145	44
百分比	3.1%	17.6%	29.5%	38.2%	11.6%
问题	语文老师在教学中除了关注学生的学习外，也关注学生的感受与体验吗？				
选项	A.总是	B.经常	C.一半	D.很少	E.不是
人数	17	83	97	108	75
百分比	4.5%	21.8%	25.5%	28.4%	19.7%
问题	语文老师对同学的赞赏浮于表面，并没有真正激励学生。				
选项	A.总是	B.经常	C.一半	D.很少	E.不是
人数	145	143	48	34	10
百分比	38.2%	37.6%	12.6%	8.9%	2.6%

从表1-2-3来看，语文老师在课堂上提问的大多是积极参与课堂活动的和容易溜号的学生，一部分学生缺少回答问题的机会。只有4.4%的学生认为自己总是、经常在课堂上在有机会表达不同的观点和意见。这个数据远小于教师问卷的调查结果，也就是说教师认为给予了学生表达自己不同的观点和意见的机会，但学生并不是这么认为。有52.9%的学生认为语文课上的自主学习总是、经常流于形式，有54.2%的学生认为合作学习很多时候都是公开课上表演给听课老师看的。当老师和学生发生分歧时，老师通常引导到预设答案，这个数据与教师问卷差不多。学生认为在语文课堂上，老师愿意总是、经常让同学们提问，或在课堂教学中鼓励同学们表达不同的观点和意见的占9.5%，这个数据也小于教师问卷的调查结果。由此可见，在学生看来，新课程理念提出的所谓的"自主、合作、探究"，只是一种形式的转变，并没有改变语文教学的内核，教师关注的还是教学任务的完成，而非着眼于每一位学生核心素养的养成。

表1-2-3 学生对语文课堂的教学方式的评价

问题	语文老师在课堂上提问的大多是怎样的学生？				
选项	A.积极参与课堂活动的	B.调皮捣蛋的	C.不愿回答问题的	D.经常溜号的学生	E.机会均等
人数	181	12	56	86	45
百分比	47.6%	3.2%	14.7%	22.6%	11.8%
问题	在语文课上，同学们有机会表达自己不同的观点和意见。				
选项	A.总是	B.经常	C.一半	D.很少	E.不是
人数	15	23	67	178	97
百分比	3.9%	0.5%	17.6%	46.8%	25.5%
问题	你感觉自主学习有些流于形式。				
选项	A.总是	B.经常	C.一半	D.很少	E.不是
人数	45	156	56	67	56
百分比	11.8%	41.1%	14.7%	17.6%	14.7%
问题	你认为合作学习很多时候都是公开课上表演给听课老师看的。				
选项	A.总是	B.经常	C.一半	D.很少	E.不是
人数	124	120	45	45	46
百分比	32.6%	31.6%	11.8%	11.8%	12.1%
问题	当同学与老师对问题的见解产生分歧的时候，老师通常是怎样做的？				
选项	A.置之不理	B.引导到预设答案	C.肯定鼓励	D.以文本为依据进行探讨	
人数	67	154	67	92	
百分比	17.6%	40.5%	17.6%	24.2%	
问题	语文课堂上，老师愿意让同学们提问，或在课堂教学中鼓励同学们表达不同的观点和意见吗？				
选项	A.总是	B.经常	C.一半	D.很少	E.不是
人数	13	23	45	158	141
百分比	3.4%	6.1%	11.8%	41.6%	37.1%

四、调查结果

根据问卷调查数据的统计与分析，结合教师访谈和学生访谈以及课堂观察，笔者得出以下调查结果。

（一）教师层面

从调查的情况来看，生命课堂理念下教师课堂教学行为的转变困难，传统的教学理念仍然主导教师的行为，具体表现为如下几点。

1. 教学目标指向偏差

从调查访谈常州市东青实验学校的教学情况来看，语文课堂过分追求分数高低，往往忽视学生的个性化差异，机械式教学状态仍然大量存在。

新课标的三维目标，是语文课堂教学的终极目标。平时的语文课堂教学想要落到实处，就必须设计每堂课的具体目标。然而目前语文课堂除了目标单纯追求知识性外，还有一个现象是无目标，教完一个知识点就算完成了一篇课文的教学。开设公开课时，教学设计有明确的目标，但大多流于形式，在课堂实施的具体操作中往往会忽略一开始设定的目标。还有的教学目标面面俱到，过于笼统，无法通过课堂教学得以实现。这些现象都是由于教师忽略了以人为本，没有做到"眼中有人"，未能立足学生的发展需要来制订相应的课堂教学目标。

2. 教学内容缺乏开放性

（1）教学设计预设过多

从调查结果来看，教师还存在这样的误区："预设"=教案，"生成"=教案的实施。教师通过教学设计将教学内容限制起来，教师只是简单地按照备课教案上的内容依次开展教学活动，学生很少主动发问，主动思考问题。

（2）忽视课堂的动态生成

生命课堂要求教师在教学过程中不拘泥于预设，要因势利导，及时改变、调整预设的计划，根据学生在学习过程中遇到的问题展开教学。但是，从调查结果来看，目前很多语文课堂都必须遵循固定线路，没有任何激情，缺乏生命力与创造力。

3. 教学策略单一陈旧

从问卷调查和师生访谈来看，在目前的初中学校的语文课堂教学中，"满堂灌""一言堂"的现象仍然存在。语文课堂上常常会出现这样的一个场景，老师在讲台上激情满满，学生在台下默默无声。尤其是面临中考的毕业班语文教学，一切以提高学生的学业成绩为目标，学生对语文课的兴趣持续下降，很少有学生有学习语文的热情了。很多语文课堂看似热闹，但变成了提问课堂，教师问了一个又一个问题，学生逐一回答。有些提问甚至是毫无价值的，有的提问是老师只是为了让学生说出自己预设的答案。作文教学也往往是模式化的、僵化的，教师指导——学生写作——师生点评。教学策略的单一、陈旧，让学生缺少阅读、交流和表达的欲望。

4．师生关系和谐程度偏低

（1）师生缺乏真诚的情感交流

从调查和访谈来看，在有限的教学时间内，教师为了尽快地完成教学环节，往往不愿意给学生足够的时间进行充分的互动与交流，有的老师甚至为了节约教学时间，以权威者的姿态出现在学生面前，以结论或权威人物的看法代替学生的分析，学生只能重复教师的具有绝对权威性的内容。

（2）教师对待学生的态度缺乏公平性

在语文课堂上，教师往往对一些成绩好的学生过于偏爱，这在无形中剥夺了那些所谓后进生在课堂上的话语权。为了顺利地完成教学流程、节省课堂时间、实现教学计划，教师总是对成绩优秀或自己喜爱的学生充满期待，给予他们充分展现自我的机会。教师在态度上也大多是鼓励和赞许。而对成绩不好、表现一般的学生，教师极少给他们足够的机会提升、展示自己。这些所谓的后进生即使偶尔有机会站起来和教师互动，往往也是极不自信的，结果往往是伤害学生自尊的批评，从而使教师与这些后进生的关系再次疏远。

5．教学评价呈现单一性

从调查结果来看，教师往往关注学业成绩的结果，而忽视对学生平时表现的考核，极少有教师将过程与方法、情感态度、价值观等纳入评价。

当前课堂，教师仍具有权威性，具有绝对的话语权，事实上教师仍然是教学评价的主体，仍未摆脱传统的语文学评价，教师是评价的权威，难免使评价具有片面性，有失公正。评价结果具有浓烈的主观色彩，不仅被评价者难以认同，而且会导致师生之间产生对立情绪，使学生丧失持续发展的原动力。

（二）学生层面

1．对生命课堂充满渴望

从学生调查问卷和访谈来看，学生对目前语文课堂和语文教师的评价偏低，内心充满对师生共同学习与探究知识、智慧展示与能力发展、情意交融与人性养育的生命课堂的渴望。

2．传统的学习方式桎梏学生的思维发展

教学过程中，学生的主观能动性被严重打压，思想活动空间范围狭小，缺失积极主动地学习，丝毫没有重视语文学习在实际生活中所产生的作用。语文课堂，往往成了教师提问、学生回答。学生缺少自主学习的精神，一旦没有老师的指导，学生就不知所措，对培养学生独立的学习能力与开发学生的创造性思维造成了极大的阻碍。合作、探究的学习方式也只是在上公开课时的一种摆设，从质上来说，知识的识记仍然是目前语文课堂的主旋律。

（三）学科层面

生命课堂语文阅读和写作两种课型的调查是采用师生访谈和课堂观察来进行的。结合语文阅读和写作这两种课型的特点来看，教学目标的指向偏差、教学内容缺乏开放性、教学策略单一，其结果是：阅读课上，学生被动接受，教师往往用自己的分析代替学生的思考和个性的解读；在写作课上，教师如果一味地追求应试，其结果是不够尊重学生的生活体验和写作尝试，是无法唤醒学生的写作热情的。

教师要真正致力于发展学生的核心素养，实现生命课堂的构建，那么从阅读教学角度来说，正如崔允漷教授所说："目标从知识点的了解、理解与记忆，转变为学科核心素养的关键能力、必备品格与价值观念的培育，这要求教师必须提升教学设计的站位，即从关注单一的知识点、课时转变为大单元设计。只有这样，才能改变学科知识点的碎片化教学，才能真正实现教学设计与素养目标的有效对接。"郭教授还强调要进行大单元设计，其出发点不是一个知识点、技能点或一篇课文，而是起统率作用的"大"的观念、项目、任务、问题，以此来提升教师的站位，改变教师的格局。大单元设计及大单元设计下的任务驱动、深度学习将在第三节具体阐述。

从写作课型来看，教学目标的指向偏差、教学内容缺乏开放性、教学策略单一，其根源是教师尚未走出应试的模式，没有从生命个体的表达需要出发，观念的转变，才能带来教学行为的转变。还有部分教师有转变的渴求，只是缺少方法和策略，具体内容将在第三节具体阐述。

第三节　指向初中生语文核心素养构建生命课堂的实施要点

叶澜教授针对"什么样的课是一堂好课"这一问题，概括了以下五个方面：一是有意义的课，即扎实的课；二是有效率的课，即充实的课；三是有生成性的课，即丰实的课；四是常态下的课，即平实的课；五是有待完善的课，即真实的课。扎实、充实、丰实、平实、真实五大评课准则，也是指向语文核心素养的语文"生命课堂"的评价标准。

　　一堂扎实、充实、丰实、平实、真实的语文课，首先把学生的进步与发展作为教学的首要目标，以关注教学效益与质量的方法，要求教师把教学过程与教学结果统一起来；把教的过程与学的过程统一起来。虽然每一节课有不同的呈现形态，但从大量的、优秀的语文"生命课堂"教学案例来看，成功的语文"生命课堂"的实施必须注意以下四个维度。

一、教学整体注重全程优化

　　在实施生命课堂的过程中，往往会产生这样的误区：既然是构建生命课堂，那么所有的着眼点应该在课堂教学上。事实上，学习是一个系统工程，预习和复习阶段的学习效率，会直接影响课堂效果。因此，构建生命课堂，必须强调关注优化学生学习的全过程。

　　构建生命课堂，要逐步养成学生的良好的学习习惯。首先，可以进行分层预习要求。即针对不同学段不同层次的学生提出预习的一般要求和层级要求。如对每篇课文的字词的理解、尝试让学生针对课文内容进行提问等是一般要求，也就是基本要求，每一个学生都必须做到。但对语文基础较好，学习兴趣深厚的，可以提出赏析、搜集课外拓展材料等。构建生命课堂，遵行"自主学习，先行尝试"的学习原理，让学生掌握具体的预习步骤与方法：自主预习——自主质疑。

　　构建生命课堂，除了课前的学习，课后复习也同样重要。要真正构建生命课堂，课后复习也必须以学生为本，必须根据学生的实际，教师有针对性地布置复习任务。基础性复习任务、提高性复习任务、拓展综合性复习任务，学生根据自己的实际学习能力可以有选择性地完成相应的复习任务，巩固课堂所学内容。让每一位学生在复习阶段都有一定的提升，并且学习能力较强的学生在完成基础性学习的同时，增加发展性学习和创造性学习，增加变式活动任务和综合活动，能自主分析和解决综合性问题。

二、教学结构注重开放有度

李政涛和吴玉如教授在《"新基础教育"语文教学改革指导纲要》一书中强调课堂结构的开放。这是针对传统课堂脱离学生学习的实际，仅仅追求形式上的完整的弊端所提出的课堂理念。开放的"生命课堂"，教师不再刻意追求课堂结构的完整，而是让课堂成为学生学习生活的一部分，教师要根据学生的学习需求灵活调整教学中各个环节的安排。这样首先可以让学生针对某一问题进行深入的体验和探究。其次，能让活动成为学生参与课堂教学的主要形式。最后，可以让学生享受学习的乐趣，让积极的自我激励成为评价的主流。

但是，在实施生命课堂的过程中，不能为了"开放"而"开放"。放羊式的开放不是对学生学习需要的尊重，而是一种哗众取宠。如有老师在讲授《爱莲说》一课时，有学生仅仅抓住周敦颐这一人物的虚伪性，他通过资料查到周敦颐这个人与他所写的《爱莲说》这篇文章中"莲"所表现出的品质大相径庭，学生引经据典，侃侃而谈，义愤填膺。教师在处理这一课堂环节时，选择的方式就是放任学生发表看法，没有总结，也没有引导学生在课后进一步地去考证。开放不等于无预设，无目标，无效率，开放的课堂给教师带来了更大的创造性，也给教师更大的挑战，需要教师准备得更充分，搜集更广泛的信息，在课堂上更加灵活地应变。

三、教学过程注重灵动生成

"生命课堂"是学生思维涌动的磁场，教学过程更是不可"预设"的未知。教师应在整个教学过程中全身心地投入、倾听、领会、判断和预测，并以富有创造性的教学设计为依托，灵活应对教学中的实际情况。

扬州市广陵区教研室的王伟老师执教牛汉的《绵绵土》时，整节课抓住了"近乎重逢""土性""发祥地"和"痴愚"四个关键词，放手让学生理解和鉴赏。他没有设置固有的答案来限制学生的思维。当有学生在看似矛盾的"几乎重逢"这一词中感受到了作者对沙漠的渴望时，他肯定学生，但同时又引导学生，让更多的学生在字里行间中发现作者对绵绵土的无限眷恋。当有学生透过"土性"探究到作者生在绵绵土、长在绵绵土，感受到故乡的习俗，故乡人对绵绵土的宗教般的虔诚。他没有过多地讲解，更多的还是引导学生自己去发现。有学生透过"发祥地"品读到了沙漠与绵绵土的关系，但教师发现学生将"发祥地"误说成了发源地。抓住课堂上生成的资源，抛出"课文中能不能将发祥地改成发源地？"将学生的思维引向更深处。

因此，教学随着学生的认知、学习状态、课堂突发状况而发生变化，具有极强的随机性和现场性。

四、课堂互动走向有效对话

生命课堂突破了传统教学中"授—受"的教学模式，让课堂教学走向交往，走向对话。但是目前课堂上"伪对话"的现象非常普遍。比如游离文本的探究主题，课堂对话犹如隔靴搔痒。有老师执教郭沫若的《石榴》，他让学生看石榴、吃石榴，然后让学生谈感受，对郭沫若所歌颂的石榴的不畏炎阳，傲然开花的精神品格只字未提，课堂完全演变成生物课，完全背离了教学主题，课堂貌似对话，实则是"伪对话"。学生不能在教师指导下真正与文本进行平等的对话交流，文本的价值未能得以真正体现，造成了课堂资源的浪费。可见，在教学中始终围绕主题展开对话是十分必要的。又如有老师执教《祝福》，他提问"是谁杀了祥林嫂？"立即让学生回答。课堂热烈，对话频繁，当有学生说"礼教杀人"，教师大加赞赏，却没有进一步引导学生理解礼教如何杀人，其实这只是学生在参考书上看到的一个名词而已。这位教师，没有留给学生足够思考和自主学习的时间和空间。表面上师生或生生之间的对话有来有往，好像讨论、争辩得很厉害，但实际上却言不由衷，对话只是徒具形式的外壳。在构建生命课堂的过程中，教师只有尊重学生，着眼于学生的核心素养的发展，而不是知识与训练，教师成为对话中"平等中的首席"，才能让课堂成为"生命激荡的现场"。

第三章　基于核心素养的语文教师课堂教学语言研究

教学语言是教师的专业语言，是教师根据教学任务要求，在特定的教学内容和教材规定下，针对特定的教学对象，在有限的时间内把知识传递给学生而需要使用的语言。

语文课堂教学语言对教学效果具有直接的影响，并影响学生的语言交际能力。但当前的语文教学中，存在阻碍学生思维的发展，兴趣的提升，且对审美鉴赏、创造能力等的培养产生不利影响。

基于上述情况，在核心素养的视角下，研究语文教师课堂教学语言对强化课堂教学语言的培养意识、加强教育理念与教学实践的多角度融合、提升课堂教学语言的筛选能力、提升教师自身的语文核心素养、优化教师个性化的语言风格、加强教师思维品质具有重要的作用。

第一节　基于核心素养的语文教师课堂教学语言概述

语文教师的课堂教学语言是教师顺利完成教学任务，向学生传授知识、培养能力、陶冶情操的重要手段。新课程改革对教学提出了更高的要求，深刻理解并使用基于核心素养的语文教师课堂教学语言需要把握这些关键词语的概念，深刻理解其应用价值才能真正地深入学习并自觉运用。

一、相关概念内涵

（一）核心素养

关于"素养"一词，《现代汉语词典》里的解释很简单："平日的修养。"百度百科里的解释稍具体一些："素养，谓由训练和实践而获得的技巧或能力。"从《中国学生发展核心素养（征求意见稿）》中可以看出，已经对"学生发展核心素养"提出了合理解释：具体是指学生应具备的、能够适应终身发展和社会发展需要的必须能力和素质储备。这种素养细分为九个方面，分别为社会责任、国家认同、国际理解；人文底蕴、科学精神、审美情趣；身心健康、学会学习、实践创新。毫无疑问，"中国学生发展核心素养"的内核就应当是社会主义核心价值观：富强、民主、文明、和谐（国家层面的价值目标）；自由、平等、公正、法治（社会层面的价值取向）；爱国、敬业、诚信、友善（公民个人层面的价值准则）。

2016年9月13日，由北师大林崇德教授挂帅，联合国内高校近百位专家成立课题组，历时三年研究完成的《中国学生发展核心素养》研究成果正式发布。核心素养以培养"全面发展的人"为核心，分为文化基础、自主发展、社会参与三个方面，综合表现为人文底蕴、科学精神、学会学习、健康生活、责任担当、实践创新六大素养，具体细化为国家认同等十八个基本要点。

"中国学生发展核心素养"的提出，对教师而言，可以引领和促进教师的专业发展，改变当前存在的"学科本位"和"知识本位"的现象，更好地完善教师职业发展方向；对学生而言，可以帮助学生明确未来的发展方向，激励学生朝着更高更强的素养目标不断努力，丰富学生的素养能力；对课程发展而言，可以进一步明确各学段、各学科的育人目标和任务，建立基于核心素养发展情况的评价标准，把学习的内容要求和质量要求结合起来，推动学生的核心素养的发展。作为一名教育工作者，不仅要努力做好分内之事，牢固掌握教学需要的知识、能力以及价值观，还要时刻铭记教师团队的作用。在以"核心素养"为关键词的现代教育背景下，肩负着国家基础人才培养的重任，学校教育更应当以人的素养为核心，一方面要突出学科自身的特点，另一方面要打破学科界限，提升学生的综合素养。

（二）教学语言

教学语言是教师的职业语言、是一种专业语言。教学语言是教师根据教学任务的要求，在特定的教学内容和教材的规定下，针对特定的学生对象，在有限的时间内把知识技能传授给学生而使用的语言。

教学语言是教师从事教育教学工作最为重要的媒介，教师通过教学语言传递知识、启发学生思考、帮助学生构建自我的价值观。

教学语言是一个重要的交流工具。教学语言是教师在课堂教学中的重要工具，妥当的教学语言使得接收对象乐于接纳传递的教学信息，实现教学目标。

教学语言是一种特殊的语言形式。与日常交谈不同，教学用语既要有人们耳熟能详的活泼的口语，又要有优美严密的书面语言，教课时让学生置身于优美的文化氛围、浓郁的语言环境中，从而受到教育与感染。

教学语言是一种重要的课程资源。教师的课堂教学语言是加了工的，是围绕着教学目标或是教学任务所开展的语言活动，教师课堂教学语言是一种开展教学活动的工具、手段，是一种专业性极强的职业语言形式，强调教师课堂教学语言是课堂教学活动的重要组成部分。

（三）语文教师课堂教学语言

对语文教师课堂教学语言的定义，学者还未进行统一的规定。只有正确把握语文教师课堂教学语言的真正内涵，才能准确把握语文学科关于教师教学语言正确的脉络。语文教师课堂教学语言的内涵范围并不宽泛，它有其特定的范围，主要应注意以下几个方面。一是，语文教师课堂教学语言是语文教师在语文实践中使用的语言，它关注的是语文教师的教学语言，而非其他科目。二是，语文教师课堂教学语言的发生场所是语文课堂，它是语文教师完成阶段性教学任务或教学目标的一种工具性语言。三是，语文教师利用优美、精湛的教学语言的最终目的不是语言研究而是促进全体学生认知或能力等方面获得提升。

总地来说，语文教师课堂教学语言是指在语文课堂教学中，语文教师使用的以期促进全体学生获得听说读写等方面全面提升的个性化语言。

（四）基于核心素养的语文教师课堂教学语言

"语文学科核心素养"是指语文素养的核心要素和关键内容，主要包括"语言建构与运用""思维发展与提升""审美鉴赏与创造""文化传承与理解"四个方面。语言是重要的交际工具，也是重要的思维工具；语言的发展与思维的发展相互依存、相辅相成。语言文字是文化的载体，又是文化的重要组成部分；学习语言文字的过程也是文化获得的过程。语言文学作品是人重要的审美对象，语文学习的过程也是人审美能力和审美品质发展的重要途径。语言建构与运用是语文核心素养的重要组成部分，也是语文素养整体结构的基础层面。在语文课程的学习中，学生语文运用能力的形成、思维品质与审美品质的发展、文化的传承与理解，都是以语言的建构与运用为基础的，并在学生个体言语经验的建构过程中得以实现的。

基于核心素养的语文教师课堂教学语言指的是在课堂上教师通过教学语言可以有效实现学生的语文学科素养的提升，即"语言建构与运用""思维发展与提升""审美鉴赏与创造""文化传承与理解"四个方面的提升。实现学生的语言建构与运用能力的提升，即学生在丰富的语言实践中，通过主动的积累、梳理和整合，逐步掌握语言文字特点及其运用规律，形成个体的言语经验，在具体的语言情境中正确有效地运用语言文字进行交流沟通的能力；思维发展与提升即学生在语文学习的过程中，通过语言运用，获得的直觉思维、形象思维、逻辑思维和创造思维能力的发展，以及思维的深刻性、敏捷性、灵活性、批判性和独创性等思维品质的提升；审美鉴赏与创造得到培养即学生在语文学习中形成自觉的审美意识、高雅的审美情趣、高尚的审美品位、正确的审美观念和体验、欣赏、评价、表现和创造美的能力；文化传承与理解的能力得到锻炼即继承中华优秀传统文化，理解、借鉴不同民族和地区文化的能力，以及在语文学习过程中表现出来的文化视野、文化自觉的意识和文化自信的态度。

二、基于核心素养的语文教师课堂教学语言的研究价值

基于核心素养的语文教师课堂教学语言不仅可以解决传统语文课堂教学效率低下、上课气氛沉闷的问题，还能帮助教师和学生从语言、思维、审美等方面提升个人的能力，真正实现教师教学能力的提升和学生语文素养的进步。

（一）对教学的作用

1. 提高语文课堂教学效率

语文课堂教学是语文学习的最基本的形式，而语文教学语言则是完成语文课堂教学的重要手段和工具。越来越多的老师意识到培养学生自主、合作、探究的精神有利于提高语文课堂的教学质量。老师在课堂上要想更好地传授知识，就必须高效地使用教学语言，这会让课堂效率提高，并大大提高教学质量。

首先，教师的教学语言应该进行改变，从机械灌输性的语言转变为引导性，尽量减少单方面的命令语言，以一种平等商量的语气同学生进行交流，使学生更容易接受，从而会积极参与到教学活动中来，通过独立思考懂得了自主、在

相互交流中学到了合作，在努力寻找解答中做到了探究。以《木兰诗》为例，教师要求学生结合文本，说说你喜欢木兰这个人物吗？为什么？大家从各个角度的解读中，在思维的碰撞中，这个家喻户晓的"巾帼不让须眉"的英雄形象更全面、更清晰、更丰满。忽然一个学生的回答打破了和谐的课堂气氛……他说："我觉得木兰没有女人味"，大家都以为该教师会火冒三丈！可结果出乎意料。该教师不紧不慢地引导学生回忆七匹狼的广告语："男人，不止一面，男人的温柔面、男人的英雄面、男人的孤独面、男人的领袖面，今天你要秀哪一面？"同样，一个人是多面体，木兰驰骋沙场秀出了巾帼不让须眉的一面，可是，从文章来看，木兰也不乏女儿的娇态，但是为了"忠""孝"二字，木兰毅然舍弃了红装，更可见木兰的忠孝两全。教师一边说一边拍拍发言学生的肩膀。幽默的语言，准确的点评，关爱的动作，教师以这样的方式营造出了民主平等的对话氛围，哪个学生还不敢发表自己的观点呢？在这个自主交流的过程中，教师用微笑的表情、赞许的话语、鼓励的追问营造了民主平等的对话氛围，学生们在畅所欲言中感受着发现的乐趣，交流的愉快。

其次，有的教师在课堂教学中语速失调，有的讲话拖沓，有的讲话过快……这都严重影响了课堂教学效率，因此语文课堂教学中教师语言的规范性、准确性、生动性等，对提高学生接受知识的水平、调动学生的学习积极性、增加课堂互动等都起着至关重要的作用。

再次，教师所使用的经过精心的推敲和琢磨的教学语言，是学生学习知识的手段，是打开学生思维的手段，激发了课堂活力。课堂教学语言不同于日常生活中我们在与人交流时所使用的口头语言，也不是严谨的书面语言，更不是传统教学中所说的只要能把知识讲完就可以上语文课，语文教学语言要生动活泼、赋予活力，引导学生积极地参与到课堂活动。以语言优美，用词准确、生动的《大自然的语言》为例，具体内容如下。

师：大自然景色优美，而且有着自己的语言。同学们知道大自然的语言吗？

生：杏花开了，暗示着春天来了，农民可以耕地了。

师：你们从哪儿知道的？

生：文中第二段写的。

师：看来同学们将书读得很熟，不妨再来读一下，然后看谁搜集的信息最多。

（生认真读此段，不一会儿，一双双手高高举起。）

生：桃花开了，又好像在暗示要赶快种谷子。

生：布谷鸟开始唱歌，劳动人民懂得它在唱什么："阿公阿婆，割麦插禾。"

生：北雁南飞，活跃在田间草际的昆虫也都销声匿迹。到处呈现一片衰草连天的景象，准备迎接风雪载途的寒冬。

师：刚才同学们学得很认真，一定能把它读得很美。（生齐读）

师：同学们读得真不错，那你们读了这段会想到什么呢？

生：我想到了这种现象的出现能让我们更好地与大自然交流。

师：好，我们一道跟随着作者了解大自然的语言，同学们愿不愿意带领大家去果园里、田野里走一走，逛一逛，看看大自然告诉我们什么了？

（生此时情绪饱满，师略作提示，生动笔写起来。）

生：田野里到处洋溢着欢乐的气氛。你看，稻穗一眼望去就像铺了满地的金子；高粱涨红了脸，正在舞动着自己修长的身躯呢；黄豆咧开了嘴，正冲我们高兴地笑呢！

生：果园里的果子争着抢着让主人来摘呢，挂在树梢的红柿子就像一盏盏小红灯笼；石榴迫不及待地露出自己鼓胀的小肚皮，淡淡的香味真诱人。

最后，教师的教学语言在课堂中不仅仅只是为了传递知识信息，同时，它也是组织课堂教学、维持正常课堂秩序的一种重要工具。教师发出的指示性教学语言或者指令性教学语言不仅有助于学生更快、更好地达到既定的语文教学目标，同时也是教师对课堂进行组织管理，维持教学秩序的一种有效的方法。

在语文课堂教学中，教师要善于利用课堂教学语言的这一意义，帮助教师更加自如地应对课堂中的各种情况，帮助学生更快地进入学习的状态中去。

2. 提高语文课堂的生命力

语文课堂的语言不能等同于日常生活语言，应该具有专业性的特点，好的教师课堂语言对优化课堂教学结构、提高语文课堂的生命力起着很大的作用。有的老师语言犹如潺潺流水很有美感，有的老师语言变化多样，层出不穷，有的老师语言缜密深刻，有的老师语言平实质朴但很有感染力……这些好的教学语言都能调动起学生学习的热情，提高语文课堂的生命力。

首先，语文教师在教学的实际情境中，应结合学生的学习实践和生命体验，运用课堂教学语言对教学背景进行创设，使得教学情境更加富有生命力，更加富有理性力量。生活化教学情境的创设有助于帮助学生提高学习的活力，积极主动探究学习的乐趣，使学生养成自主、合作、探究的学习方式。其次，刚入职的年轻教师主要是模仿优秀的教师，逐步形成自己的教学风格。语文教师依靠独特的语言风格，或准确完美，或幽默风趣，或生动形象来吸引学生的，凝聚学生的注意力，提高学生的积极性。最后，担负母语教育任务的语文教师在语言的表达上需领学生在富有生活化气息的情境中学习语言、感悟语言、积累语言、发展语言，渲染浓厚的课堂学习氛围。

形成一节富有生命力的语文课堂必须要有优美的教师课堂教学语言。教师可以用自己优美流畅、饱含激情的教学语言给同学们营造一个轻松和谐的课堂氛围，使他们感到身心愉悦，使整个语文课堂洋溢着浓厚的民主气氛。

（二）对教师的作用

1. 方便教学的组织，提高管理水平

教师的课堂教学语音是否高效直接影响课堂管理的有效性，决定着课堂教学质量的高低。教师要顺利完成课堂教学的完整过程，有效的课堂管理是基本的保障。人们往往把课堂管理简单化地理解为维持课堂纪律。认识上比较肤浅，把课堂仅仅看成是单一的教学活动，忽略了管理的存在。课堂管理目标是保障课堂教学的顺利进行，课堂教学的目标是完成教学任务，实现学生的全面发展。通过运用行为管理的一般原理、原则和方法，促进课堂管理行为的规范化外，教学语言是一切管理目的得以实现的关键。

教师的教学语言是教师素质的重要组成部分，教师一定要学会组织课堂教学语言，增强语言表达的科学性、针对性、准确性，做到清晰精炼、重点突出、逻辑性强。在传统的课堂管理中，教师处在管理者的权威地位，主宰课堂，师生之间的关系是"教—被教""管理—被管理"的关系，恰当的教学语言可以创造良好的课堂气氛，改变这种被动的关系，能使学生学得轻松，开阔学生的思路。积极、良好的课堂氛围应该是教师全身心投入，学生全神贯注，师生之间交流融洽，学生思维活跃，教学效果良好。当学生出现错误的思路言语时，教师是及时的化解者，而不应用过激的言语打压学生的积极性，老师用智慧的语言化解课堂危机，不因为同学们的捣蛋哄笑而大发雷霆、怒斥学生，而是选择循循善诱把学生拉入正轨。

教师利用有效的教学语言通过一定的方式方法，营造出一种民主、和谐的课堂氛围，进而促进课堂组织和管理，提高课堂管理的效率。在一名新教师的第一堂语文课上，有这样的一段对话。

师：同学们好，我是你们新来的语文老师，我姓张。仔细看看我，有什么特点？

生：你人长得很高很瘦；

师：高好啊！站得高，看得远嘛！

生：你的头很小；

师：头小，智慧多。

生：你的牙有点向外突出；

生：眼睛好小哦；

生：脖子长长的。

师：脖子长多好！就像是白天鹅一样，那是高雅！（众笑）

生：老师你的背好弯。

师：那是因为老师在学习骆驼。可是怎么学，都只能有一个峰（众大笑）

生：老师你的板书很好看。

师：（拍拍学生肩膀）谢谢你，大家这么多人只有你夸我了！要不然我会很伤心的。

教师的语言旨在拉近师生之间的距离消除上课的紧张感。教师从让学生描述自己的特点入手，学生说完后，教师作了简单的评价，这种评价紧扣学生说话的意思，却又旁逸斜出，出人意料，表达新颖，引人发笑，较好地实现了话语交际目的。

2．增进师生关系，促进教学相长

教师的语言表达能力不仅仅对学生的影响非常大，对教师自身的成长也至关重要。语文教师是语文教学的主导者，起引导的作用，学生才是语文课堂的主体，我们的教学语言应当杜绝讥讽、嘲笑、怒骂、训斥，平等地与学生进行语言交流，通过委婉、友善的语言构建和谐平等的新型师生关系，建立和谐的师生关系还能促成教学相长。

首先，教学过程是师生双方交流互动的过程，教学语言是教师与学生平等交流的工具。语文教师在课堂教学中适时而适量地使用交际性语言，可以建立和谐的课堂气氛，有助于学生积极性与主动性的发挥，增进师生关系。此外，教学语言还可以用来帮助老师在课堂上，针对所学课文的深层思想内容进行总结和解释，通过优美的语言将其表达出来，帮助学生更好地理解所学内容，并且引导学生们使用自己的语言来表达课文的思想。以《唐雎不辱使命》这篇文言文为例，大多数学生觉得烦琐无味，理不清的字词，释不完的句意，教师也很头痛，若条分缕析，学生不厌其烦，但是只要增加互动就会给整个课堂减小阻力。

通过营造一个自由平等的课堂氛围，来进一步拉近老师与学生的关系，促进师生关系的和谐发展。这种宽松的课堂氛围，为师生创造了畅所欲言的平台，让新颖观点更容易产生。通过积极的讨论，来了解课文的内涵，达到完美的教学效果。再次，一个语文教师如果想要提升教学效果，需要在课前做大量的工作，包括知识的积累、道德的修养等方面。所以说语文教师课堂语言的完善不仅能提升他的语言能力、教学能力等，还能加强他的专业学识、拓展知识，促进教师的专业成长。最后，幽默轻松的教学语言可以创建轻松活泼的教学心态，让学生在课堂中感到安全，畅所欲言地表达自己的思想，有利于教师与学生建立良好的师生关系。语言能力的提高，实际上正是一个厚积薄发、博采众长的过程。教师应该多下工夫熟悉和背诵一些名言警句，并随时运用到课堂教学中，经过长期的积累自然会提高语言的运用能力。下面以《陈太丘与友期》为例。

师：同学们，我看大家都很投入地看完了全文，那么请大家思考几个问题，可以小组讨论。大家再仔细回顾一下课文，友人到底是一个怎样的人？从哪里看出来的？

生1：友人不讲信用，不讲礼貌。从元方的回话："君与家君期日中。日中不至，则是无信；对子骂父，则是无礼"中看出来的。（大部分同学点头，支持这个观点）

师：你读得很认真，一眼就看到了，还有哪位同学有补充吗？

生2：他的不守信用还可以从"期日中，过中不至"这句话中看出来。

师：大家觉得这句话能看出来这一点来吗？那么，友人身上就一点闪光点都没有吗？

生众回答：能看出来，友人身上也有闪光点。

生3：他知错就改，这一点可以从"友人惭，下车引之"这句话中看出来。

师：因为这里友人有怎样的神态与动作？（同学们开始了讨论）。

生众：友人有下车想跟元方握手道歉的动作。

师：看来大大读得很细心，思考问题比较全面。那么，大家再想一下元方的性格特点如何？

生4：元方聪明，这可以从他驳斥友人的话中看出来。

师：嗯，小小年纪就说出这样的话，不简单。其他同学还有什么看法吗？

生5：他性格率直，这可以从结尾处的"元方入门不顾"中看出来。

师：他耍小孩子脾气，不高兴就不理对方，哪怕他已经有道歉的意思和行为，是吗？

生众：是，这就是小朋友的直率嘛。

下面组织学生进行多角度的探讨：在友人"惭""下车引子"时，元方却"入门不顾"，这是否是失礼？

教师于无疑处生疑，教学活动转而成为学生自主探究的智力活动，发挥了学生学习的主体性。当学生思维不畅，产生阻碍时，教师的诱导适时出现，打开了学生的思维，让学生继续处于主动探索的状态。而学生，对具备语言魅力的老师往往心存崇敬。

课堂是师生进行思想情感、知识文化交流的一个重要场所。教师在和谐的教学氛围中可以增强对文本分析的能力，同时还可以使学生不断地深入思考，拓展学生的逻辑思维。

（三）对学生的作用

1. 激发内在学习潜能，提升学生的求知欲

语文课堂中的教学语言最主要的功能是传递知识信息，同时促进学生智力的发展，好的语文课堂教师语言就可以引起学生的兴趣、引发学习动机，能做到寓教于乐。

"授人以鱼，不如授之以渔"，与传播知识相比，让学生学会学习，主动学习，有终身学习的愿望和能力是基础教育更重要的目标和任务。教师用爱的语言也会激发学生想学的激情。在课堂上善于捕捉学生的闪光点，用爱的语言加以肯定和赞许会有意想不到的惊喜。学生的学习兴趣会空前高涨，学习动机也会增强。教师的教学语言要简单、明了，帮助学生认识自己语文学习习惯的优缺点。比如以讲授《论语十则》为例。

师：《论语》，是一部语录体著作，语录体的文章基本都是由一问一答的结构组成的。那么现在请大家默读课文，找到课文中既有问题又有回答的文章。

生：找到了，第十则。

师：那么，这一则的问答双方都是谁呢？

生：子贡问，他的老师孔子回答。

师：很好，能详细地说说子贡问的问题是什么吗？还有他用何种方式提问，孔子是以何种方式回答的呢？

生：子贡的这个问题大意上是询问如何修身做人，他询问孔子有没有一句话可以以一生去践行的，孔子回答说有，那就是"其恕乎！己所不欲，勿施于人"。

师：那你可不可以为大家解释一下这句话的意思呢？

生：意思就是自己无法做到或是不想去做的事，也不能强加到别人身上。自己不喜欢的事情，不要强加给别人。这告诉我们，做人要有"宽恕"之心。所以，子贡的问题是关于修身做人的。

师：是呀！你的思考严密，也很正确？谢谢！请坐！

另一方面可以明确语文学习习惯的改进方向，强化学生的改正意识，导引他们养成良好的语文学习习惯。

2. 活跃学生思维，培养学生个性

语言是思维的工具，思维又是语言的内容，两者相互依存，相辅相成。教师的语言尤其是课堂语言对引导学生思考、开启学生思维之门，培养学生个性具有十分重要的作用。杜威曾说："社会的成长依赖于每个人的个性的差异。所以一个民主的社会要符合它的理想，就必须在它的教育计划中容许个性的自由成长和发挥，使每个人的特殊天赋和兴趣都得到发展。"由此可见思维和个性培养对学生的重要性。

一方面，在老师讲解之前，应该给同学们留有足够多的时间，让他们去熟读课文，对文章所讲述的内容和表达思想有一个大致的思考，并明确学生们自己的疑惑之处。在课堂上，应该让学生们自己发表见解，不论见解是否到位，即使是浅显的见解也是值得肯定的。教师不应该执着于学生回答的准确或者见解的深入，而应该重点激发学生们回答问题的欲望，激发他们的主动性，用鼓励和赞赏推动学生们提出独到的见解。教师要鼓励学生大胆表达自己的意见与看法，相信学生的见解，对独立的见解应给予鼓励，对有价值的见解要充分肯定和赞扬，教师用肯定或赞许的评价性语言给予学生的反馈也就是肯定了学生的个性思维。这样就会让每个学生展开想象的翅膀，在探究中有所发现，创造性思维能力也会逐渐提高。当学生对所讲的内容有异议而又有道理时，教师要给予高度的评价，鼓励学生的创造性思维。另一方面，在课堂提问的设计上，少一点约束多一点开放，对学生的发言，进行开放式的评价，在多种思想观念的碰撞下达成共识。

如一位教师在执教部编版七下《紫藤萝瀑布》时的教学片段。

师：十年前的紫藤萝花稀落凋零，几近毁灭，而现在却仍开得生机勃勃，光辉灿烂，结尾处的"加快脚步"，作者的内心一定受到了强烈的震撼，她有着怎样的心路历程和人生感悟呢？请结合课文内容和写作背景描绘一下她此刻的所思所想所悟。要求：1. 以第一人称的口吻来写；2. 符合人物身份、处境。

生1：她想："紫藤萝遭受磨难仍开得生机勃勃，……我遇到点挫折又算得了什么呢？"

生2：人生的挫折就如同河畔的一片落叶，终将随风而逝，留下的是生命长河的生生不息，阳光总在风雨后，就如同这紫藤萝瀑布……

生3：几近毁灭，光辉灿烂，多么巨大的转变，紫藤萝能做到，更何况我们呢？我不能停滞不前，我要向前，向前，再向前，……

师：同学们，你喜欢哪位同学所写的心路历程？友情提醒：可以根据一开始的两点要求，当然也可从其他方面谈理由。

生4：我喜欢第三位同学的，因为"我要向前，向前，再向前"与文末的"我不觉加快了脚步"相呼应，我认为更符合当时作者的心境。

生5：我喜欢第一位同学的，因为他由物及人，与上文承接自然，与下文作者的议论也一致。

生6：我也喜欢第三位同学的……

生7：我喜欢第二位同学的，因为他的回答文采飞扬，妙语连珠，与宗璞的作家身份不谋而合。

（掌声）

其实，"放手也是一种爱"，学生的评价也能很精彩，更重要的是，生生间的评价让学生学会倾听他人的回答，学会欣赏与分享他人的精彩，点燃他们积极参与课堂教学的激情，为他们提供展示自我的舞台。板块教学的单项性通过生生评价使得课堂变成了多向性，真正由"线"走向了"块"。

这种开放性的教学形式，能激发学生的活力，不断引起学生理解、认知、探索、发现以及想象和表现的欲望，从而最大限度地提高课堂教学效率。学生的这种创造性思维是在学校学习时解决新课题、新问题的过程中得到孕育和发展的，教学中不仅要重视知识的最终获得，还要重视帮助学生理解知识的形成过程，更要重视学生获取知识的探究过程。

3．引导学生审美，提升道德水平

教师的课堂教学、教导语言在这一阶段会对学生的道德水平以及审美能力产生很大的影响。教师对学生的影响是广泛的，语文老师只要一开口说话，他自己的一些价值观念、思想情感就已经影响到了他的学生，通过自己的课堂语言，来向学生们传授正确的三观，指导学生们认识正确的道德标准，提高自身的思想素质，知道什么是善，什么是恶。通过潜移默化的言传身教，引导学生们树立良好的道德价值观念。

好的教师教学、教导语言是能提高学生的审美能力和提升他们的道德水平的。在教部编版八上《春望》中，诗一开头便紧切题目，写国家多难，亲友离散，时局让人感慨万千。诗意反复跳跃，含蓄深沉，既朴素自然，又曲折有致。教师可以根据意境描述一段文字，很快地把学生带入了杜甫当时的心境中，丰富了他们的审美情感。同时他们的审美鉴赏力和审美创造力也得到了提升。想要成为一名优秀的语文教师，必须学会利用课堂语言来营造课堂氛围。例如灵活运用修辞手法，活化所学课文，创造一个引人入胜的课堂教学，吸引学生的兴趣。通过良好地运用课堂语言，提高教学效率，来让学生的学习效果更加明显。还能通过充满美感的课堂语言，引导学生们加深对美的理解，提高审美能力。

第二节　当前语文教师课堂教学语言存在的问题及原因

语文教师课堂教学语言存在的问题主要集中在课堂教学语言的表达和课堂教学语言的形式上。笔者将通过对语文教师教学语言所存在的问题展开研究并结合语文学科核心素养的要求，对语文教学语言存在的问题进行分析，得出当前语文教师课堂教学语言产生问题的原因。

一、当前语文教师课堂教学语言存在的问题

（一）教学语言阻碍了学生思维的发展

很多老师都听过类似的话如"不愤不启，不悱不发"，然而在教学中要做到循循善诱则没有那么容易。在当下的语文课程的学习中，学生语文运用能力的

形成、思维品质与审美品质的发展、文化的传承与理解，都是以语言的建构与运用为基础的，然而我们的语文课堂并没有创造一个这样的语言环境。

首先，因为各种原因，"语言暴力"层出不穷、充斥课堂。即使经验丰富的老师，也可能在不经意间使用了"语言暴力"。不但起不到引导、启发的作用，还会使学生难于严谨思考、探索问题，大大影响了和谐的师生关系的构建。这种现象大多体现在课堂的教学语言中。比如，"就你聪明！""你长大后，不会有出息的。""我教不了你，你出去！"等，这些语言不具教育性、激励性，学生感受到的只有冷嘲热讽。学生的自尊心受挫，致使师生关系不和谐。其次，很多教师还是习惯用"满堂灌""填鸭式"的教学方法，把知识点一股脑儿地硬塞给学生，根本没有给学生思考的余地。这种课堂教学语言扼杀了学生思考的积极性，把学生教成了书呆子。最后，善用提问语，这几乎是所有优秀教师教学艺术的普遍特征。恰当巧妙的提问，不仅能激发学生对学习内容的兴奋点，而且能推动学生积极地思考，但是在现实中很多老师不根据文本内容适当提问也不切合时机，打乱；学生原有的思维；不根据学生的水平，提问过易或过难，过易的问题学生不去思考，过难的问题学生又回答不上来；无视全体学生，为了得到预期的课堂回答，提问的对象大多集中在好学生身上等。

（二）教学语言阻碍了学生兴趣的提升

语文教师的课堂言语行为是其教学思维的物质外壳，是交流信息，表达情感，加强人际沟通的重要工具。教师在言语行为上存在信息差，在讲解时，学生就会表现出似懂非懂的神态，为了改变这种状态，在语言材料、教学内容固定不变的情况下，我们也可以使我们的语言另辟蹊径、新颖独到。然而目前，很多语文教师的教学语言毫无个性特征，仅仅满足于完成课程内容，效果不甚理想。

一方面，每个老师都有着自己的语料库，很多老师或由于能力不够，或由于懒惰成性，而不愿意去挖掘新的教学语言。语文教师在进行课堂教学时，句式单调无力，用来用去总是那么几个词语，又或者重复啰嗦，学生听得厌烦，提不起兴趣。有的老师的过渡语，永远是"接下来……接下来……""然后……然后……""后面……后面……"，要形容一个事物，永远都是用"十分""非常"等。很多老师的课堂语言永远都是平铺直叙，反复地讲，重复着某一句话，还有的老师因为口头习惯，口头禅特别多，这些都不利于学生的学习。另一方面，由于课堂的教师参考是一样的，很容易导致语文教师们都采用同样的教学方法，教学语言也如出一辙，这种现象让语文课堂缺乏独特的教学语言，让语文课堂的教学成为一种模式，丧失了原有的灵活性。

（三）教学语言不利于培养审美鉴赏与创造

语文课堂不仅仅要在文学欣赏、情感培养方面吸引学生，同样的教学条件和教育任务，有的教师由于利用了具有感染性和启发性的语言，给学生以浓郁的审美感受，能激发学生学习的兴趣，调控教学气氛，因而教育效果明显。优美的教师语言就像是歌声一样，快慢适中、抑扬顿挫、高低得当，同样会让学生陶醉在知识的海洋里。然而，目前课堂教师语言却由于各种原因缺乏感染力。

首先，在教学活动中，很多教师忽视课堂导入语的重要性，致使学生上课伊始便处于低迷的学习状态中。其次，语文课本中有许多文质兼美的题材，是中华传统文化的重要载体，也是祖国人文内涵的重要展现。在实际的语文教学中，教师注重语文知识的灌输，教学语言直白、精确，很难与其他学科的教学语区别开来，教学语言毫无人文特色。刚开始学生还能集中注意力，尽量跟随教师的步伐。可时间久了便觉得很累，注意力也分散了。最后，有的老师声音过低或过高；有的老师语速又过快，说话像放鞭炮一样，口若悬河、滔滔不绝；有的老师语速过慢，停顿太多，既浪费了宝贵的课堂时间，又使学生听得昏昏欲睡；有的老师普通话不标准，甚至用方言进行语文教学。

由于忽视言语行为的信息差问题，无法调动学生的学习兴趣，甚至对课堂产生反感和厌恶的情绪，致使课堂教学效果甚微，完不成课堂教学目标等问题。

（四）教学语言难以发挥学生自主性

莎士比亚说："一千个读者就有一千个哈姆雷特。"在语文学习中，对教师的教学语言，我们一般都要求做到准确精练、明白晓畅、规范科学，同时还要考虑到不同学生的个性去调动学生自主学习的积极性。不同的学生基于自我认识的不同会有不同的看法，然而现实中很多教师在讲课的过程中常常采用一刀切的方法，把"正确的答案"硬塞给学生。这种教学方式忽略了学生分析能力、思考能力、探究能力、合作能力的培养。

一方面，每个学生的个性特点不同，不同的说话对象也应具有不同的语言特点。该抒情的地方不够抒情，该严肃的地方不够严肃。教学语言的语气、语音语调、语重，都是千篇一律、针对性不强。另一方面，语文题材广泛，有形散神聚的散文；有矛盾冲突激烈的戏剧；有节奏整齐语音押韵的诗歌；还有情节跌宕起伏的小说等，语文教师应根据文本的不同，要有针对性地选择自己的教学语言和问题，对学生的提问要贴近教材的内容，还要考虑学生个人的水平。如教授部编版八上《相见欢》时，先让学生们听示范朗读，在音乐里寻找共鸣，在画面中领悟韵味。随后请大家也饱含感情地朗读这首诗。

教学中教师组织学生进行三次配乐朗诵。第一次，教师有感情朗读，学生自由跟读。当"广陵散古琴"的乐声响起，再加上教师富有感染力的朗读，让所有学生和教师都不知不觉进入了一种惆怅的情绪中，因此当老师提问学生"同学们，读完这首诗，你有怎样的感受？"很多同学都敏锐地捕捉到了"离愁""忧愁""忧伤""悲伤"等字眼；第二次，在教师的引导和学生对"西楼""残月""深院"等意象以及作者李煜那剪不断，理还乱的"离愁"的深切感悟的情况下，师生配乐朗诵对词的解读，让大家又一次触摸到了作者李煜那种无法言说的心情。第三次，在本课教学结束时，师生再一次配乐朗诵《相见欢》这首词，在课堂的最后掀起了一个小高潮，即使课堂即将结束，但那番"离愁"仍在大家的心头挥之不去，真可谓是"入情""入境"。其间，教师指导学生重读"深院"等词，无不读出了词人的心绪。因此，将"诵读"与"音乐"巧妙结合，能使学生在"动之以情"的前提下再去"悟境"，岂不事半功倍？

二、语文教师课堂教学语言存在问题的主要原因

（一）教师对语文核心素养缺乏认知

培养学生的语文核心素养要求学生通过阅读与鉴赏、表达与交流、梳理与探究的语文学习活动，在语言建构与运用、思维发展与提升、审美鉴赏与创造、文化传承与理解几个方面都获得了进一步的发展。这些层面的进步需要在语文课堂上拓展知识，但一些教师语言的逻辑性不强，往往会借题发挥、信马由缰、离题万里、不知所云。还有所谓的"多元解读"，不尊重文本，一味地标新立异，使得形式化、无边界、无原则的"解读"在课堂上大行其道，这不仅是对学生的误导，也是低效的教学劳动。

一方面，学生的身心发展速度非常快，学生在知识积累和社会生活经验上大体相同，比如敏感、脆弱、好胜心强等，教师在教学活动中都要将这些作为开展教学的重要依据，但是大部分教师都使用一刀切的方式，忽略了学生的个性发

展。另一方面，随着教学改革的推进，教材不断得到完善，《中国学生发展核心素养》的文本要实现现实转换，主要依赖于语文教师。因为是语文教师实际进行的语文教学，每天面对学生，没有老师的创造性实践活动，再好的《中国学生发展核心素养》都只能是一纸空文。

（二）教师自身的语文素养有待提高

俗话说，"想要给学生一杯水，教师就得拥有一桶水"，很多语文教师的课堂语言贫乏最主要的原因是知识储备不足，如果教师的知识储备不足的话，他的教学语言也不会广博、智慧。一名优秀的语文教师，一定具有丰富的语文专业知识、教育教学知识以及其他相关的知识。

首先，语文教师是一个具有综合能力的职业，需要他们见多识广，学识渊博，而这些都或多或少的受教师学历的影响。学历的高低影响着教师的教学水平和教学质量，这也是学校大力推动教师进行在职教育的原因之一。除此之外，学历对教师的课堂言语行为产生了很大的影响，在教师职称评定方面，以及优秀教师评选方面，都有着直接或间接的关系，与教师的职业生涯走向有着密切的关系。

其次，语文教师的专业素养有别于其他学科，语文教师的课堂言语的质量是由教师的专业素养所影响的，教师的专业素养决定着教师的专业能力，对知识素养和文学素养的要求直接地反映在教师的课堂言语行为的质量，因此语文教师必须达到一定程度的专业素养才能进行语文教学活动。

最后，在教学实践中，由于受到中高考的压力，许多教师将全部身心放在提高学生的学习成绩上来，无暇顾及自身的教学语言，更无时间来翻阅文学书籍及其他报刊，这就导致自身的文化知识有限。语言是思想的直接体现，思想决定现实。教师要提高自身的语言修养，不仅要掌握所教学科的专业知识，还应掌握相关学科的专业知识，不断扩充自己的文化知识储备。

（三）教师的思维品质有待完善

语言是思维的工具，思维又是语言的内容，两者相互依存、相辅相成。每位教师的思维品质又是不同的，反映了每个个体智力或思维水平的差异。教师具备良好的思维品质不仅是其职业使命的召唤，而且具有重要的理论意义与实践价值。教师思维是否具有条理、是否开阔、是否敏锐灵活、是否具有创造性，都影响着教师的课堂语言的精彩程度，是妙语生花还是平白直叙。

一方面，语文新课标指出："教师应创造性地理解和使用教材，积极开发课程资源，沟通与其他学科之间的联系，沟通与生活的联系，扩大学生语文学习的视野，提高学生学习运用语文的积极性，从而丰富语文课程的内涵。"而我国目前还有许多语文教师的思维品质受限，不能创造性地理解教材，展开教学。另一方面，思维品质的形成和完善与教师的个人教学经验有很大的关系，"新手教师"和"一般教师"都未形成个人教学的独特风格，教学经验有限，更不要提思维品质了。

教师的思维品质决定着课堂教学的质量。语文教师在教学中要打破应试教育思想的束缚，解放教学思想，创新教学方法，以优质的思维品质创造优质的课堂，从而提高学生的学习热情，实现创新思维的开拓和创新能力的培养，为社会培养出创新型人才，使学生在未来的发展中制胜。

（四）语文教师教学语言受重视度不够

改变重视知识技能趋向的应试教育课程体系的弊端、构建符合素质教育要求的新的教育课程体系已是大势所趋，而教学语言是素质教育的关键因素。语文教学语言能对学生起到多方面的作用，如激发学习的动力、培养学习的兴趣、形成自我认识等。但是从调查来看，似乎管理部门、学校、教师都没有充分认识到语文教学语言的重要作用。

虽然我国现阶段大力倡导素质教育，但相当一部分地区的教育模式还停留在应试教育阶段，教学方针和教学手段还比较落后，无法满足现阶段素质教育的需要。

在现阶段，仍有许多语文教师没有转变思想，依旧坚持旧的教学理念，将课堂看作灌输知识而不是启发思维的地方。这样的语文教育模式十分不利于语文素养的传播，不利于学生对语文所蕴含的人文精神的理解和感悟。

对语文学科性质的争论，语文教材传达价值观的思考，以及传统思想在日新月异的现代社会的不兼容，都是现阶段语文教学所遇到的问题。针对这些冲突矛盾的讨论，不仅不会阻碍现代语文教育的发展，还会让更多教育工作者去审视语文教育现状，从而寻找新的适合时代发展的教学方式。

第三节　基于核心素养的语文教师课堂教学语言的关键环节及优化建议

完整的课堂教学应该包括课堂导入语、讲授语、提问语、点评语、指示语、结束语几个关键环节，在本节中围绕语文核心素养详细介绍语文教师课堂教学语言的几个关键环节，此外针对目前语文课堂教学语言存在的问题和当下需要完善的语文课堂语音环节提出了具体的优化建议。

一、基于核心素养的语文教师课堂教学语言的关键环节

语文素养的形成是一个长期的过程，是学生们在长期语文学习后，在真实的语言运用情境中表现出来的语言文字运用方式及其品质；语文素养是学生们对语文的理解程度和语言掌握能力的综合概括，集中表现了学生的价值观和人文素养。"语文学科核心素养"是指语文素养的核心要素和关键内容，主要包括"语言建构与运用""思维发展与提升""审美鉴赏与创造""文化传承与理解"四个方面。课堂导入语、课堂讲授语、课堂提问语、课堂点评语、课堂指示语、课堂结束语是一个完整课堂的重要组成部分，因此"语言建构与运用""思维发展与提升""审美鉴赏与创造""文化传承与理解"四个方面应该始终贯穿课堂的全过程。下面将培养学生这四个方面的核心素养与课堂的六大环节相结合，用一些案例详细阐述基于核心素养的语文教师课堂教学语言的关键环节。

（一）具有启发性的课堂导入语

语文课程正在向素养立意的教育目标转变，既要获得知识技能的外显功能，更要重视学科内外的隐性品质，要让学生在经历、体验各类启示性、陶冶性语文学习活动之后，逐渐将多方面素养进行综合、内化，成为一种思想品质、精神面貌和行为方式。在进行新的教学内容时，教师通常用导入语自然而然地引出新的教学内容，起到引入的作用，以培养核心素养为目标的课堂导入语要具有导引、启发课程的作用。导入语要自然，要讲究方法，导入语还要新颖、别出心裁，让趣味性和知识性相结合。

　　首先，在导入语的呈现方式上，应当尽量的平等、友善，调动课堂氛围。语文课堂教学中导入语主要有两种类型，一是"直接导入法"，这种方式直接进入课文主题，干脆了当；二是"间接导入法"，如以讲故事的形式、各种游戏、以教师和学生的随意的生活聊天等展开一节课的教学。例如：在部编版七上《雨的四季》的课文中，对雨进行了生动细致的描写，文中写出了四季不同的景象，并通过比喻、拟人等修辞手法，将雨的特点表达出来，如春雨的美丽、娇媚；夏雨的热烈、奔放；秋雨的端庄、沉静；冬雨的自然、平静，这种生动形象的表达方式，能让学生身临其境，面对面地体会到雨的美好。整篇课文充满了作者对雨的爱恋和对生活的热爱，并且在很大程度上引导学生们发挥想象，激发创造能力。有利于教师创造性地理解和使用教材，引导学生在实践中学会学习，让他们获得初步的情感体验，感受到夏天、大自然的美好。

　　播放肖邦降D大调前奏曲《雨滴前奏曲》。

　　出示一组句子：

　　天街小雨润如酥，草色遥看近却无。——韩愈《早春》

　　空山新雨后，天气晚来秋。——王维《山居秋暝》

　　雷声千嶂落，雨色万峰来。——李攀龙《广阳山道中》

　　黑云翻墨未遮山，白雨跳珠乱入船。——苏轼《六月二十七望湖楼醉书》

　　师：下面请同学们先仔细观察这组诗词，然后说说你的发现。

　　生1：我发现这四组诗词内容都是描写雨的。

　　生2：这四组诗词描写的雨是不同季节的。

　　师：这两个同学都观察得很仔细，真厉害！

　　生3：第二组描写的是秋天的雨，要读出秋天的雨的感情来。

　　师：（竖起大拇指）说得有道理。那你能把这个句子读得有感情吗？

　　生4：我发现这四组诗词都是古代诗词。

　　师：对，这四组诗词都是古代的诗词，那么，谁知道现代的诗歌吗？

　　生5：我知道戴望舒的《雨巷》。

　　师：说得真好，那你试着说几句？

　　生5：撑着油纸伞，独自

　　彷徨在悠长、悠长

　　又寂寥的雨巷

我自己希望逢着

一个丁香一样地

结着愁怨的姑娘

师：让我们把掌声送给这位有独特发现的同学！

师生一起为有独特发现的学生鼓掌。

不管是何种导入形式，其目的是让班级学生全部活跃起来，包括学生的身体和内心，让学生真正地投入到课堂教学中。教师在课堂一开始就采用民主、平等的对话聊天的导入方式，教师便与学生建立了一种宽松、和谐的课堂氛围，让学生体会到教师的随和与亲切，使学生在后续的课堂学习中更积极、更主动地参与到课堂的实际教学中，有助于构建和谐的课堂环境。

其次，在导入语的运用上，注重调动学生的积极性。目前，教师为了活跃课堂学习氛围，通过使用多媒体开展游戏教学等一系列的导入形式来活跃课堂氛围，但语文教学的课堂效果却无法达到其他学科的教学效果，导入效果并不明显。学生在这样的课堂学习氛围中无法激发自身学习的积极性和课堂学习效率，虽说导入过程被称之为"做游戏"，但实际的课堂效果却是千差万别的，枯燥的课堂教学无法激发学生的学习兴趣，导致学生无法投入到语文学习中去。学生的热情、兴趣是教师教学的巨大动力。在实际的教学实践中，教师要对班级的学生有全面的了解，如果教师在课堂上能一下子抓住学生的兴奋点，能让学生把注意力集中到课堂上，而不是让其思想游离于课堂之外，更加专注于课堂的教学内容则能达到事半功倍的效果。

最后，导入语的语言要全面设计，体现教师的个人特色。每一个教师都有自己的教学特色，是其他教师所取代不了的。相同的课堂导入语形式在不同教师的课堂中所达到的效果完全是不一样的。在实际的教育教学过程中，每一位教师在长期的教学实践中已经形成了自身区别于旁人的独特的教学风格、教学个性。有的教师擅长抒情，有些教师擅长幽默，在不同的年龄阶段，教师在课堂中使用的课堂导入语也是不同的。同样以部编版八上《相见欢》为例，如教师A：

先播放背景音乐，进入书中情境。（激趣）

师配乐范读（声情并茂，富有感染力），学生跟读。

相见欢——李煜

无言独上西楼，

月如钩，

寂寞梧桐深院锁清秋。

剪不断，

理还乱，

是离愁，

别是一般滋味在心头。

师：同学们，读完这首诗，你有怎样的感受？

生1：离愁。

生2：忧愁。

生3：忧伤。

生4：悲伤。

师：诗中的哪一句话直接表达了作者的感受？

生（齐）：别是一般滋味在心头。

师：同学们能不能用一个有形的比喻来形容一下作者此刻的心情？

生1：如流水。

生2：如毛线。

师：是一根毛线吗？

生2：是一堆，很多，因为"剪不断，理还乱"。

师：为什么不是单一的"苦"和"涩"，而是乱乱的、纷繁的愁绪呢？王国维在《人间词话》中说道："主观之词人，不必多阅世，阅世愈浅，则性情愈真，李后主是也。"让我们一起走进作者李煜的世界。

在教学的实际过程中，教师所面临的教学对象是千差万别的，教师所面对的教学文本的特性也是千变万化的。因此，在实际的教学实践中，教师要体现个人的鲜明特色，给学生新鲜感和吸引力。

（二）激发学生参与的课堂讲授语

讲授语是教师课堂教学语言的主体，也是教师课堂语言的精华。在课堂教学中，越来越注重学生的参与度，在进行讲授时教师不再是主角，课堂变成了学生自主探究语言文字运用的规律，增强对语言文字运用的敏感性，提高探究、发现的思维能力的场所。系统讲授加有效引导的语言体现教师在教学过程中的重要地位和教学才能，是学生获得知识的重要来源，也是学生素质全面均衡发展的重要媒介。

　　首先，从形式上说，讲授要形象生动、富有感染力。生动讲授是指教师在讲授时能运用生动形象的语言、丰富多样的非言语表达以及饱满的热情使讲授生动有趣、充满吸引力。还是以《相见欢》为例。

　　教师利用PPT出示李煜的简介：

　　李煜：937-978，史称南唐后主。即位后对宋称臣纳贡，以求偏安一方。

　　生活上则穷奢极欲。975年，宋军破金陵，他肉袒出降，虽封作"违命侯"，实已沦为阶下囚。从此，幽居在汴京的一座深院小楼中，过着凄凉寂寞的日子。

　　太平兴国三年七月卒。据宋人王至《默记》载，盖为宋太宗赐牵机药所毒毙。

　　师：同学们从诗中感受到了李煜的心境，你觉得他此刻在想什么？

　　生1：亡国之恨。

　　生2：悔恨，悔不当初。

　　生3：深院中的寂寞。

　　生4：思念故土。

　　师：李煜的这种情感不仅流露在这首词中，在他的其他的词中也有所体现，如他的《破阵子》《虞美人》，我们一起来读一读。

　　教师出示PPT：

　　拓展·比较1

　　破阵子

　　四十年来家国，三千里地河山。

　　凤阁龙楼连霄汉，玉树琼枝作烟萝。

　　几曾识干戈。

　　一旦归为臣虏，沈腰潘鬓消磨。

　　最是仓皇辞庙日，教坊犹奏别离歌。

　　垂泪对宫娥。

　　拓展·比较2

　　虞美人

　　春花秋月何时了，往事知多少。小楼昨夜又东风，故国不堪回首月明中。

　　雕栏玉砌应犹在，只是朱颜改。问君能有几多愁，恰似一江春水向东流。

　　师：是啊，万般离愁溶解在词句里，荡漾开去，升华成哀伤的空气，叫读者凝噎。让我们再一次有感情地朗读这首词的下半阕。（师生有感情地朗读）

师：龙榆生先生在他的《词学著作选》中说道："上半阕看似景语，而情在其中……都是'助寡人伤心资料'（借用唐明皇入蜀时语）。"这首诗除了下半阕直抒胸臆，诗中还用什么来盛载离愁？

生1：月。

师：月如钩，是怎样的"月"？

生1：残月。

师：在苏轼的《水调歌头·明月几时有》中提道："人有……"

生（齐）：人有悲欢离合，月有阴晴圆缺，此事古难全。但愿人长久，千里共婵娟。

师：是啊，残月是"不圆满"的象征，勾起了诗人的无限愁思。还有吗？

生2："梧桐"。

师（追问）：哪里的"梧桐"？

生2："深院"。

师：寂寞梧桐在深院。那是什么时候？

生2：深秋。

师：深秋是一个什么形象？

生：落叶纷飞。

师：如果你是作者，看到这样的景象，你有怎样的感受？

生3：曾经的繁华都凋落，落寞无限呐！

师：请你把这一句诗读一下，将"深院"重读。

（生3有感情朗读）

师："深"是一个什么感觉？

生4：院子大，偏僻。

师：大让我们想到了"繁华"，让我们想到了"空旷"。

生5：让我想到了诗人内心寂寞如空院。

师：曾经的繁华到如今的偏僻院落，往事不堪回首啊！诗人李煜在他的诗《院》中也将所有愁思盛载在这院中。

教师出示ppt：

【浪淘沙】李煜

往事只堪哀，对景难排。

秋风庭院藓侵阶。

一任珠帘闲不卷，终日谁来？

【捣练子令】李煜

深院静，小庭空，

断续寒砧断续风。

无奈夜长人不寐，

数声和月到帘栊。

师：还有那些词让你感受到了"离愁"？

生6：清秋。

师：怎样的秋算得上是"清秋"？

生6：所有的树叶全部凋落，唯有寂寞涌上心头。

师：你似乎已感受到了那份清冷、寂寞了。同学们有没有注意这个"锁"字？"锁"的是什么？

生7：锁的是阴冷偏僻，唯有寂寞相伴的地方。

生8：锁的是清秋。

生9：锁的是院。

生10：更锁住的是作者的心，纠结而没有自由。

在实际的教学过程中，教师不注重引导学生对教学文本所传递的感情基调的掌握，只是过于强调让学生学习课文中的基础知识，而不是让学生从通过对课文感情的理解来解读整篇课文，这样根本无法领悟语文的深切情感。虽然语文学科是一门较为抽象的学科，教师在讲授具体的学科知识时，无法再现作者当时的情与境，但是语文教师可以利用自己的语言渲染教学情境，让学生充分感受到作者当时的心境，更快地融入课堂中。

其次，从讲授语的内容上说，讲授要明确教学对象的特征。教师要关注学生的心理、生理等方面的特性，抓住学生在学习方面表现出来的一般性特征，同时还应该关注个别学生在学习以及生理、心理等方面表现出来的异于一般学生的特性，针对不同年龄和性格的学生，教师课堂讲授的内容都要做到十分清楚，使不同特点的学生清楚感知教学目的，清楚掌握教学内容，处理好整体与个别的关系。教师需要对课堂教学内容有着清楚的认识，就以部编版九上的《心声》为例，该文章就深刻地反映了上文所讲述的新理念，课文讲述了一个名叫李京京的男生在学习《凡卡》这篇课文的过程中因自身经历的缘故产生了同文章主人公相似的情感，为了能表达自己对课文的喜爱，李京京想要在公开课上进行朗读，但老师却因为嗓子沙哑的原因拒绝了李京京的请求。但李京京并没有放弃，他通过自身的努力终于得到了朗读课文的机会，将自身所有的情感抒发到课文当中去，打动了公开课上的每一位老师和同学。

再次，讲授语的选择要关注学生主体。学生在课堂学习中是学习者，在课堂中既有主动性又有被动性。教师都应该关注学生，关注学生的发展，尤其是对学生来说是获得知识的主要阶段的课堂讲授部分，教师更要关注到班级里的每个学生。教师的课堂讲授语就是把高难度的知识转化成易于理解和接受的知识的一个重要工具，以学生为主体。

最后，在讲授语的方法上注重多样性。教师在课堂中对讲授语形式的选择是自由的，且可选择的种类有很多，如重难点讲授法、顺序讲授法等。正确地进行讲授要做到讲授方法正确、教学目的清晰界定、重点突出、难点突破。教师在讲授活动中，要敏锐地辨析学生的反馈信息，帮助学生对这节课的重点、难点进行突破，对主要思想内容有所了解。因此，在实际的教学实践中，教师不要仅仅只局限于一种形式的讲授语的选择上，而是通过选择多样化的形式来帮助学生从不同的侧重点方面对这节课的内容作一个更全面、更细致的了解，要注意各种讲授语形式的综合、合理地运用。以指导学生理解词句为例，其方式就多种多样：或创设情境表演动作，或通过想象画面理解，或通过板画展示理解……这样多姿多彩的过程，既丰富了学生对词语的理解，又为课堂增添了无限的情趣。

（三）提升思维品质的课堂提问语

语言文字运用和思维密切相关，语文教育必须同时促进学生思维机制的发展与思维品质的提升，最有效的提升途径就是在思考和回答问题中进行提升。这里的提问主要指在讲解课文内容时所涉及的提问，不包括导入环节中使用的提问以及在总结环节中所提出的问题。语文课往往容易被高学段的学生和老师忽略和忽视，在课堂学习的过程中往往采取"满堂灌"。这样的课堂教学现状降低了学生学习语文的积极性，而造成这种现状的主要原因就在于教师忽略了课堂提问的艺术魅力。语文教育也是提高审美素养的重要途径，要让学生在语言文字运用的学习中受到美的熏陶，培养自觉的审美意识和高尚的审美情趣，培养审美感知和创造表现的能力。提问不只是一种教学方法，也是一种比较复杂的教学艺术。

首先，提问语要有思维上的启发性。学生对每篇课文的学习，不是从一开始就感兴趣的，因此要针对学生的心理特点，采用不同的方法调动他们思考的积极性。通过对各位教师的课堂教学情况进行分析发现，课堂提问是教师在课堂教学中运用的最为普遍的一种手段，而且在课堂的整个教学阶段中几乎都用到课堂提问。教师在使用提问语的过程中，要注重提问语的连贯性。一堂课中，恰当的教师提问语要关乎课文的内容，而且严格按照课文的内在逻辑顺序进行设计。

其次，在提问语的表现上要创新。在传统的教学方式和教学理念中，课堂提问是推动教学进度，扩展教学过程的重要渠道和方式，然而，课堂提问的过程中往往存在着大量琐碎的问题，严重影响了教学进度的推进和课堂效率的提升。教师在课堂教学的过程中，需要对提问环节进行有序的安排和设计，借此来推动教学进度的进行和教学改革的发展。通过教师来进行"提问"可以将课堂教学的重心重新回归到课堂上来，加快课堂教学的进行，加快学生对文章的理解，引导其进行相应的思考。加快课堂学习的进度，从节省更多的时间来进行深层次的课堂学习，营造以学生为主的课堂教学模式。在调解课堂气氛的过程中，注重对学生的读、写、说能力的引导，接下来以课外散文《黄蜂筑巢》为例。

师：很多同学还记得我们曾经给大家总结的方法，太棒了！那如果遇到像18题那样涉及原文引用的理解类习题呢？

生：定位句，前后找。

师：哪位同学能给大家解释一下口诀吗？

生：把原文给出句子作为定位句，到那个句子的前后去找需要的答案。

师：简明扼要，回答得非常到位！刚才第三组提出在完成修辞赏析的题型上有一些困难，这也是近三年连续设题的考查项目，为了使同学们更好地掌握，将同学们探究的结果总结成一定的答题句式，使用了比喻修辞，生动形象地写出了本体具有喻体怎样的相似性，表达了怎样的情感态度。请同学们结合答题句式，完成几个拓展小训练。要求先自行完成，有什么疑问再小组研究，再不懂的可以提出来我们共同探讨。

师：对"秋天的阳光罩住这个小小的生命（黄蜂），仿佛舞台上的灯光罩住一个即将谢幕的芭蕾舞演员"的这一句的讨论中遇到了困难，我们来一起解决。同学们有没有注意到，作者将黄蜂比喻成一个怎样的芭蕾舞演员？

生：即将谢幕的芭蕾舞演员。

师：为什么特定是即将谢幕的芭蕾舞演员呢？

生：因为是秋天，黄蜂就要死去了，就像芭蕾舞演员要谢幕了一样。

师：就要死去时，黄蜂表现得像个美丽优雅的芭蕾舞演员谢幕，作者想表现什么呢？

生：黄蜂面对死亡的坦然和平静。

师：确实是这样，这位同学思考得很深刻也很恰当。现在大家应该会整理答案了。

生：使用了比喻修辞，生动形象地写出了黄蜂临死前的优雅形态，表现黄蜂面对死亡的坦然平静。

师：解决了一个难题，我们要走向下一个难关。中考常常涉猎的修辞除了比喻还有拟人，结合我们以往做题的经验，整理出答题句式供大家规范答题，使用拟人修辞，生动形象地写出了谁什么样的形象，表达怎样的情感态度。请同学们结合答题句式，完成几个拓展小训练。要求先自行完成，有什么疑问再小组研究，再不懂的可以提出来我们共同探讨。

师：现在同学们的讨论又遭遇了困难，在"嫩绿的草芽顶破腐殖土，要以它的妙手，给大地绣出生机时，背阴山坡往往还有残雪呢"一句中，关于这个"顶"字究竟写出了小草怎样的形象，我们不妨换一个词来理解一下，用常见的"钻"字做比较。

生："钻"字重在表现探头探脑与可爱，但看不出小草使劲，和"顶"字所不同。

师：一语中的，小草使劲地钻出来，表现了小草的一生的坚强，旺盛的生命力。

师：背阴的山坡还有残雪，小草已经要顶破土层，作者的用意是什么？

生：赞美春天。

师：由此及彼，透过现象看本质，你真是太棒了！现在将你们的答案整理好，应该是……

生：使用拟人修辞，生动形象地表现了小草坚强旺盛的生命力，表达春天到来的喜悦之情。

师：当我们对某个词语理解得不到位时，不妨用换词比较法曲径通幽，说不定你就能理解得更加深刻和准确了

再次，提问语要有针对性，根据不同学生选择运用提问语的具体形式。对不同形式的提问语的运用，一方面，低年级阶段的学生，各方面的发展都比不上

高年级阶段的学生，所以在低学龄阶段的课堂中，教师提问语的表现形式多为简单提问。另一方面，在高学龄阶段的课堂中，教师提问语的表现形式受多个方面因素的影响。除了年龄之外，设置问题的目标也要对准中心点。设计课堂提问要根据教学目标，扣住重点，抓住难点，根据教师课堂提问的内容改变教师课堂提问语的表现形式，选择适合学生学习的课堂提问的形式，帮助学生更快、更容易地理解课文内容及其思想精髓。

课堂提问是教师在教学过程中最为基础的教学形式，但这简单的提问问答中却包含了教师对学生的教育和引导，课堂中的每一次提问都源自教师对教材的理解和解读。随着学生所处的年龄阶段的不同，教师在提问方式上也会有所改进和创新，课堂提问语在某种意义上反映了教师自身的教学智慧和对学科的理解。当然教师也要给予学生一定的空间，让学生能主动提出问题，自己思考并解决自身关于课文的疑惑，提升学生积极动脑筋的思维活动。

（四）引人反思的课堂点评语

语文核心素养需要在真实的语文学习任务情境中综合考查，教师的课堂评价语言既是教育理念的体现，也是教师对课堂教学结果的反馈信息。教师的点评语可以让学生更清楚地认识到自己在课堂中的表现，以及自己对课堂教学内容的把握，推动学习进程。教师要注意搜集学生在语文实践活动中产生的各类材料，如测试卷、读书笔记、文学作品、小组研讨成果、个人反思日志等对学生进行全面的评价，在全面的评价的基础上，再具体针对课堂教学情况对学生使用恰当的点评语。笔者认为可以从以下几点努力，推动语文课堂点评语的发展。

首先，在点评语的表达上，要随机应变。发现孩子身上的闪光点，要肯定孩子的优点。多采取赞赏、激励性的评价，这有助于保护学生的自尊心，激发上进心。以部编版七上中《再塑生命的人》这篇文章为例。

以"盲人猜字"这个游戏作为课程导入内容，为学生创设一种情境，让他们尝试着体会盲聋人的世界，为教学过程的开展做好铺垫。

师：同学们，我们首先来看题目"再塑生命的人"，"塑"是什么意思？

生1：塑造。

师：同学们觉得"再塑生命"是什么意思？

生2：意指"重新塑造生命、重新获得生命"。

师：回答得很对。文中指海伦的生命希望和热诚在安妮老师的教育下被唤醒，使她从寂静又黑暗的孤独世界回到了光明和快乐中。

教师请学生朗读第一段，抓住最后一句中的"回想此前和此后截然不同的生活"，要求学生结合大屏幕上出示的问题快速地默读课文：

尝试概括文中海伦凯勒"此前"和"此后"的生活状况。

默读后小组讨论，然后选出代表来发言。

师：这篇课文中是谁再塑了谁的生命？（莎莉文再塑海伦凯勒的生命）

那么莎莉文老师到来之前，海伦·凯勒是什么样子的呢？从课文中找出关键词句划出来，哪位同学回答一下海伦"此前"的生活。

生3：第三段"愤怒、苦恼，已经疲惫不堪了"；第四段"像大雾中的航船，既没有指南针也没有探测仪……"

师：同学们想一下，海伦·凯勒为什么会"愤怒、苦恼、疲惫不堪"，有谁能猜透她的心事吗？

学生发言。

师：对我们这些正常人来说，可能很难理解海伦·凯勒作为一个盲聋孩子的心情。那就让我们试着去走进她的内心。

师：关于这点，她在本文中的描述就是："当时的我，经过几个星期的愤怒、苦恼，已经疲惫不堪了。"

师：现在大家可以理解海伦·凯勒为何那么愤怒、苦恼了吗？

生4：这是因为她对外面的世界无从知晓，她的内心很害怕，她很想挣脱出黑暗的、无声的世界，以至于在不理解她的人看来她就显得有些古怪了。

师：那么，"再塑"了生命，海伦·凯勒的生活就发生了变化，她之后的生活是怎样的呢？

生5：在课文中为获得了"光明、希望、快乐和自由……"

每位教师的点评语风格都是其在课堂中结合自己的教学经验、考虑本班学生的能力素质等而综合形成的，因此点评语还有根据不同年级、不同性格、不同特点的学生表现出一定的差异性，比如高年级阶段的学生，在生理、心理等各方面的发展也更加完备，教师在课堂中的可操作性的空间更大；低年级的学生心智还不成熟，应多用鼓励、表扬的话语。教师评价语言应该灵活多样，随机应变，让学生爱听、想听、百听不厌。

其次，教师的点评语要敢于批评，指明方向。教师的评价不能只是一味地表扬，否定性的语言不会扼杀学生的灵性与智慧，也不是不尊重学生，语文教学要树立正确的价值观，照顾到学生的个性差异和主观体验。当学生的认识出现偏颇时，教师的评价要做到表扬与批评相结合，鼓励优秀，指出不足，激励后进，就是对学生在课堂中的表现给予半肯定式的点评。

以部编版九下课文《孔乙己》为例。

师：你们还记不记得，课文中孔乙己的名字叫什么？

生1：不记得。

师：为什么？

生1：因为课文中只提到了孔乙己绰号而没有提及他的名字。

师：孔乙己三个字中，"乙己"其实是他的绰号，现在就让我们打开课本，从课文中找出这一绰号的由来，大家集体朗读这一段内容。

生（齐读）：因为他姓孔，别人便从描红纸上的"上大人孔乙己"这半懂不懂的话里，替他取下一个绰号，叫作孔乙己。

师：对，这就是孔乙己这个称号的由来，"乙己"也并不是他本身的名字。同学们，你们对孔乙己的家人有没有印象？

生2：不记得。

师：为什么？

生2：因为孔乙己是孤儿，没有家人。

师：从哪里可以看出孔乙己是孤儿呢？

生3：因为文章里没有介绍过孔乙己的家人。

师：同学们，你们需要注意一点，虽然文章中并没有提及孔乙己的家人，但不能妄下结论，从文章中可以看出，孔乙己是一个孤独的人，他独自一人生活，文章中没有对他的家人进行介绍，也没有人去关注孔乙己的过往。

师：同学们，这篇小说你们已经读了好几遍了，我还听说你们拥有很多《孔乙己》的赏析资料。读了这篇小说，鲁迅先生所刻画的孔乙己这一人物形象，一定在你们的心中留下了深刻的印象。接下来，请告诉老师，对这个名字都没有人记得的孔乙己，你在阅读小说后，最能记得的是他的什么？请用一个字或一个词来阐述。可以是名词，也可以是动词，可以是表示心理状态的形容词，也可以是表示境况的形容词，当然，也可以是表示性格的词。

（学生思考）

生4：我觉得他很可怜。

师：你最能记得孔乙己的"可怜"，为什么？

生4：因为他本来就很不幸，科举没有考上，而且之后在店里还经常遭到顾客的冷眼。

师：请坐。你记得孔乙己什么？

生5：我记得孔乙己的"守信"。

师：守信，怎么说？

生5：他经常不带现钱到咸亨酒店去吃饭，就欠钱，后来他还是及时把钱还上了。

师：这也是他的一个好品德。来，女孩子，你记得孔乙己什么，用一个字来表达试试？

生6：迂。

师：迂，怎么说？

生6：因为他对人说话，总是满口之乎者也，叫人半懂不懂的。

师：满口之乎者也，能不能把"满口"这个词去掉？

生6：不能，因为"满口"体现出他的书呆子气太浓了。

师：更迂了。请坐！

师：你记得孔乙己什么？

生7：我记得孔乙己的"骄傲"。

师：骄傲？为什么？

生7：因为他到咸亨酒店吃饭的时候，他不同于短衣帮，他穿的是长衫。

师：哦，长衫。穿长衫为什么骄傲？

生7：因为这是读书人的象征。

师：也就是说，那是一种自认的身份的象征。

师：同学们，他刚才说的话有一个地方出问题了，他说孔乙己吃饭的时候，孔乙己到咸亨酒店是吃饭吗？

生（齐）：不是，是喝酒。

师：吃饭和喝酒有什么区别？

生8：吃饭更阔气。

师：他有没有能力到那个地方去吃饭？

生8：没有，他很穷的。

师：最多是一碟茴香豆，两碗酒，是吧。请坐。

师：好，再来说一说，同学们。你记得孔乙己的什么？

生9：我记得孔乙己生活得很悲观。

师：读书要学会概括，用一个字或两个字？

生9：悲。

师：孔乙己悲在什么地方？

生9：他每次到酒店，都受到别人的嘲笑。

师：精神上受欺凌折磨。你记得孔乙己什么？

生10：迂腐。

师：刚才已经有同学说过了，看来，孔乙己的迂腐给人的印象特别深刻。

生11：我记得孔乙己的落魄。

师：落魄，哪些句子可以说明？

生11：当别人问他"你识字吗"，他就显得特别神气，但是当别人问他"你怎的连半个秀才也捞不到呢"，他就立刻显出颓唐不安的样子。

师："落魄"这个词是用来形容人的境况的，更多的是指物质经济状况，你为什么从他的表情上来说明？

生11：应该是"落寞"。

师：不，我觉得你的"落魄"说得很好，在孔乙己眼里，什么落魄比没有钱、生活过得差更糟糕？

生11：他自己在仕途上的不顺利。

师：这就是孔乙己一生中最大的落魄，最承受不住打击的伤痕？非常好。

对学生有针对性的评价才是真正着眼于孩子的发展的，如果教师没有准确客观地指出学生的长处及存在的问题，学生也就失去了一次"扬长避短"的机会。

再次，要注重点评语的个性化。每个学生在知识、信息膨胀的时代中成长起来，有着完全不一样的个性特征，完全不相同的行为表现方式。然而在现实的教学中，一些教师对学生在课堂中的表现往往给予的点评是"千篇一律"的。在课堂中，教师在针对学生的课堂行为进行点评时，一定要注意点评的"个性化"特征，了解每个学生，对每个学生的行为都给予不一样的回应，让学生感受到教师对自己的关注，激发他们的学习热情。

最后，在点评语的模式上，不能忽视少而精的传统点评模式。如今，教师在课堂中对学生的语言行为的评价表现出很大的灵活性，这是一个好的现象，但是我们同样不应忽视传统的点评模式对课堂教学产生的影响。在传统的课堂教学中，常常出现教师对学生在课堂中语言行为的简单评价，如"很好""真棒"等，在一定程度上，它能增强学生的自信，让学生对自己在课堂中的表现感到满意与认可，同时以更高的热情参与到更加具有难度的课堂互动中。因此在以培养学生语文核心素养的教学中，当学生正确表达出简单行为时，教师也应该借鉴，利用一些简短的、传统的点评语对学生的行为进行总体评价。当然，这种简单的点评语不可多用，应更具针对性。

（五）引导自主学习的指示语

基于语文核心素养的课堂教学应以"语文学科核心素养"的"语言建构与运用""思维发展与提升""审美鉴赏与创造""文化传承与理解"这四个方面为着力点，以自主学习、合作学习、体验探究性学习为主要学习方式，力求避免陷入教师大量的讲授分析的教学模式中。

指示语作为语文课堂的重要教学语言的一种，是指在课堂上教师发出的针对学生和教学进行管理的语言，明确学生在课堂中应干些什么，不应该干些什么，指导学生的课堂行为，从而保证教学顺利进行的语言。它最能体现教师在课堂中的应变能力以及在组织协调课堂秩序方面的能力。恰当的指示语应当做到既能让学生明确地知道下一步的行动，又不会感到过度的压迫感，乐于接受教师的指示，自主学习、快乐学习。

首先，在指示语的运用上，注重使用策略。指示语在课堂中的运用具有一定的普遍性，它可以将全班个性各不相同、智力不等的学生统一在教学活动中，有序地展开课堂教学活动，因此教师在每节课中要会运用一系列的策略来帮助学生明确本节课要完成的任务。在课堂教学中，教师往往会根据实际的教学状况制订不同的策略来引导学生进行学习。教师在教学中通常会采取三种教学策略，也就是直接策略、规约性间接策略和非规约性间接策略。所谓直接策略，就是通过教师向学生明确规定课堂中的学习任务和学习内容，采取直白的方式让学生直接参与到学习中去；而规约性策略也就是对课堂学习中学生的言行进行一定程度的规范；非规约性策略就是教师通过发散思维的方式让学生进行学习，寻求教学知识的主要内容。作为学生，在知识、能力等方面存在一定的局限性，所以需要教师站在一个制高点引导学生学习，通过采取直接策略和非规约性策略来帮助引导学生；当学生存在着课堂学习积极性不高，缺乏足够的自控能力和理解能力时可以采取直接性策略和规约性策略。

　　其次，指示内容应注重结构安排，关注内容与规范。教师在制订课堂教学任务时，需要对所布置的内容有着清晰合理的认识，既能包含所学的知识内容，也能够满足学生自我学习和成长的需要。优秀教师的课堂，既是学生获取科学文化知识的场所，同时又是学生社会化发展的一个重要场所。教师在课前已经明确这一节课的学习任务，更重要的是让学生学会按照规范要求进行自主学习，养成良好的学习行为和学习习惯。教师在课堂中所使用的指示语一类是教师对学生提出的关于文本的要求，也就是教师对学生提出的如何解读课文、如何更深层次地理解课文内容的要求，还有就是对课文以外的相关方面的拓展。

　　最后，在指示语的呈现上应注意表达的语气，要平和、活泼。指示语一般带有一定的强制性和不容更改性，所以教师在课堂中使用指示语时一定要注意发布指示语时的态度与语气。教师应该清醒地认识到自己不是课堂的主体，学生才是课堂的主体，因此教师的指示语的语气应是亲切的，语言是柔软的，这反映了教师的"翩翩风度"与"高超人格"，有助于营造良好的师生关系，拉近学生同教师之间的距离，加强二者之间的交流，促进师生感情的升温。通过营造良好的师生关系和学习氛围，有助于提升学生在课堂上的表现能力，避免其因为害羞而影响课堂的学习效率，有助于加强学生的自信心和课堂学习氛围的提升。教师在和谐的教学氛围中也有助于教师教学水平的发挥，清晰直观地向学生表达学习要求，让同学们更好地理解教师的思想内容和教学理念。在实际的教学过程中，教师强硬的态度已经在不经意间挫伤了学生学习的积极性，因此，在教学的实际过程中，教师要格外注意自身在发布指示语时的语气与态度。

（六）启发兴趣的结束语

　　通过语文课本中语言文字作品的学习，学生懂得了尊重和包容、理解和借鉴不同民族、不同区域、不同国家的文化，吸收人类文明的精华。一节课的最大收获不仅仅是课本知识的掌握，而是让学生体会世界文化的博大精深、源远流长，增强文化自信，理解、认同、热爱世界文明，继承、弘扬优秀传统文化。

　　结束语以课堂教学结尾部分采用的语言形式呈现其独特的作用。语文课堂教学语言的结束语与其他课堂的结束语相比，有着独特的特征，它起着承上启下的作用，教师也更加注重其在课堂最后情感性的表达、启发式的作用。

　　首先，结束语在表达上，不要以老师为主体，要兼顾学生的情感。结束语的表达多以师生互动协商式，这种表达方式体现了教师对学生充分的尊重，平等地对待学生和教师，体现了学生是课堂教学活动的主体，有利于培养学生主动学习的意识。以部编版九上《雨巷》为例。

师：其实，对美的追忆和留恋是人类共同的情结，古今中外，概莫如此。同学们能否联系一下自己的阅读和欣赏的经验，谈谈自己的理解？

学生踊跃发言：

生1：李商隐的《锦瑟》中有"此情可待成追忆，只是当时已惘然。"（教师点拨）这段感情早已经逝去了，只剩下当事人面对着多少年后的物是人非来深深地怀恋，无论对过去的这段感情有多么怀念和悲痛，曾经的那份情感却再也无法挽回，事到如今，当初怎么就不知道珍惜呢？

生2：我认为，王菲在《沧海蝴蝶》中的一句歌词十分动人，"给我一刹那，对你宠爱；给我一辈子，送你离开。"（教师点拨）两人之间的相遇也只有那一瞬间，二者之间所有的包容和宠爱也都体现在那一瞬间。对感情来说，更重要的是用一生来对其进行回味，珍重那一刹那的心动，彼此的相遇，那一瞬间便是永恒。

其次，在结束语的内容上，要兼顾情感和教学任务，不可偏废其一。教师在课堂中选择结束语的表达形式、表达风格等各方面时，绝不是思维的天马行空，随意乱造，而一定是根据某种科学的依据进行具体的设计并选择课堂结束语。教师不应该把眼光局限于某一种形式或内容，而是遵循以教学目标最终的实现为原则，兼顾个人及学生的情感进行结尾。有教师在教学部编版八上《背影》这一课时做了这样的结束语："有一个人，他永远珍藏在你的心中，处在最柔弱、最无法触及的地方，你愿意穷尽自己的一生去爱他；有一种爱，它为你付出了它所拥有的一切，却不奢求任何的回报……这一个人，叫'父亲'，这一种爱，叫'父爱'。让我们对自己的父亲表示感谢，感谢他为我们无私地奉献，感谢他让我们知道了什么是父爱。"这种联系实际的结束语，融入了强烈的情感，深深地感动着学生，形成了强大的激励力量，引领学生健康成长。

最后，在进行结束语的形式选择时要注重变换不同的风格。结束语的模式大概有以下几种：任务委托式结语、愿景期待式结语、抒情式结语。其中，任务委托式结语就是教师在课堂学习之后对学生所提出的学习任务的安排和布置，是对学生课后学习的一种激励；愿景期待式结语也就是教师在课堂学习结束之后，对学生们表达对未来的美好期许，对学生茁壮成长的期盼；抒情式结语是说教师将师生之间的情感进行讲述和表达。不同的教师选择的表达模式不一样，同一课程也会选择不同的表达方式进行综合。在实际的教学中，教师不应局限于结束语选择模式上的多与少，更重要的是要让自己的课堂充满生机，让学生在学习中体会到学习本该就有的乐趣，让他们有进一步主动了解和学习的欲望。

二、基于核心素养的语文教师课堂教学语言的优化建议

（一）强化基于核心素养的语文课堂教学语言的培养意识

作为一名教师，教学语言是其工具，教学任务能否成功实施直接取决于教师如何运用课堂语言。中外众多教育家们也都提到了教师课堂语言的重要性，比如所罗门等人的研究表明，学生的知识学习同教师表达的清晰度显著相关，希特等人的研究也指出，教师讲解得含糊不清则与学生的学习成绩负相关，我国著名教育家叶圣陶先生发文称"凡是当教师的人，绝无例外地要学好语言，才能做好教育工作和教学工作。"作为一名语文教师，教学语言尤为重要。尤其在现在的教育要求下，语文教学语言艺术与语文课堂教学效果有密切的关系，语文课堂教学艺术首先是语文教师的语言艺术，是培养学生听、说、读、写能力的媒介，是学生学习现代汉语的典范参照，语文课肩负着传授文化知识、启迪学生心灵、陶冶学生情操、进行思想教育的使命。

目前在我国还有很多老师根本就没有意识到优化提升语文课堂教师语言的重要性，忽略了语文教师课堂教学和教导语言能力的培养。所以针对这现状我们应该切实行动起来，强化课堂教学语言的培养意识。笔者认为可以从以下几个方面着手：一是，日积月累地加以培训，增强教师的培养意识。教师的教学语言的提升，离不开学校的专门培训。通过开设专门的语言观摩课，或通过教师说课比赛，都不失为切实可行的方法。在国培计划中，把教师教学语言技能作为衡量教师整体素质的一个重要方面，纳入培训中来。二是，培养语文教师阅读的习惯。教师自己可以多读一些科学技术和文学艺术类的图书，另外学校也可以出资订阅报纸杂志，让老师及时了解最新信息，教材的变革，教学观念的更新，做好资料收集和积累工作。在自觉积累知识的过程中提升语言积累的意识。三是，对师范类的学生还未踏进工作岗位前就要加强这方面意识的培养。学校可以设置专门的教师语言课程，师范学生可以在课堂上学习系统的语言知识，提升语言培养的意识。同时，也可以开展说课比赛、配置微格教室等一系列措施，不失为解决问题的好方法。

（二）加强语文学科核心素养与教学实践的多角度融合

上文已经提到"语文学科核心素养"是指语文素养的核心要素和关键内容，主要包括"语言建构与运用""思维发展与提升""审美鉴赏与创造""文化传承与理解"四个方面。首先，作为加强语文学科核心素养直接体现的语文教材，在当下很具有时代性，因此教育思想与理论著作应体现当下教材的整体特征。一方面，教科书选择的言语材料应具有时代性和典范性，文质兼美。材料组织方式应充分考虑学生的言语经验，有利于开拓学习视野，激活学生思维，发展核心素养。注意语言材料的多重功能，体现文本在不同学习情景中的示范、积累、探究、构建等不同功用。不同文本，在体裁和语言风格上表现出不同的特点，这就要求语文教师的教学语言应结合文本特点来进行教学。在实际教学活动中，教师的教学语言变化并不大，很多教师把工作重点，放在仔仔细细看教参，认认真真搜索各类教案上，却很少静下心来，去认真研读文本特点，让文本真正走进自己的心灵，让自己先有所感悟。

另一方面，教师语言学理论著作中应多选择一线优秀语文教师的课堂教学实录，而不应拘泥于特级教师的教学实践。其次，教科书应有开放性和弹性。给地方、学校和教师留有开发、选择和调整的空间，也要给学生留出选择和拓展的余地，以满足不同地区、不同层次学生和教师的需要。一线语文教师，在长期的课堂教学实践中，积累了丰富的教学语言经验，专家学者则是理论知识充裕，两者如果能进行长期的良性合作与交流，势必给语文教师的课堂语言的理论研究与实践操作带来质的飞跃。

语文学科核心素养体现了新时期人们对语文课程的新的价值追求，指明了语文教育的发展方向，更是对语文教师在教育观念与认知上的革新。"语文"的内涵随着社会的发展也在不断变化，语文教师在关注语文学科性质的同时，更需要用一双发展的眼光看待事物，教师的课堂教学语言，也应随着时代的发展而加入新鲜的血液。

（三）提升课堂教学语言的筛选能力

不要以为教学语言只是手法与方式，它是一个教师全部的思想、素养、积淀的集中反映，是培育学生语文核心素养的关键要素。作为语文教师而言，需要具备深厚的语言功底，能及时掌握外界事物的发展动态，只有具备上述的品质和能力，才能使得教师在课堂上充分阐述自己的观点和看法，丰富学生的知识和见解。也就是说掌握丰富的文化品质是提升自身语言功底的重要前提。我们很多的语文教师已经积累了大量的语言素材，但并不是我们所懂得的所有知识都可以作为课堂教师语言传递给学生，我们应当有所选择和取舍。

同一堂课中，形容"青春"，说是"美丽的"，形容"玫瑰"又是"美丽的"，形容"彩霞"还是"美丽的"，形容"宝石""珍珠"，仍然是"美丽的"。语言必然单调、贫乏，要给不同的事物配上不同的具有个性的、恰当的词，说成"美丽的青春""鲜艳的玫瑰""瑰丽的彩霞""灿烂的宝石""晶莹的珍珠"，表达效果就会截然不同。笔者认为在实际教学中可以从以下三个方面对语言的筛选进行把握：一是，教师要正确把握住教学目标，了解教学要求和新课程标准的要求再进行语言的筛选。只有正确把握教学目标，才能使自己的教学以及课堂教学语言沿着正确的方向前进。二是，每个学生都是不同的完整的个体，都有着他们独有的个性特征、不同的学习态度、不同的理解能力等，因此我们还应该根据教学对象的特点选择不同的、具有针对性的教学语言。三是，除了了解课程标准之外，教师还应该努力钻研教材，根据文章风格、主旨的不同选择更适合文章的教学语言来体现文章的个性。比如讲朱自清的《背影》时应该感情真挚，突出怀念的基调，而讲《春》的时候教学语言应该生动活泼，充满活力。

提升课堂教学语言的筛选能力能为语文教师的教学语言锦上添花，有效提升课堂的教学效果，促进核心素养的培育。

（四）提升教师自身语文核心素养

《中国学生发展核心素养》对培养学生的核心素养提出了一系列的规划和要求，但是作为专业的语文老师，没有"一桶水"如何能实现给学生"一杯水"？没有根基和生命的教学语言如何能实现教学目标？所以教师必须勤奋刻苦地学习，提升自己的核心素养。首先，专业学识的积累是不可或缺的，教师优美的教学语言，深厚的语言功底都是来自教师广博的知识素养，因此，语文教师想要提升语文素养，不仅要掌握本学科的知识，还应该掌握相关学科的专业知识。语文又作为百科之母，自然与其他各个学科又有着诸多密切的联系，如教育学、心理学、美学、逻辑学甚至是其他的自然学科。语文教师想要提升语文素养，不仅要掌握本学科的知识，还应该掌握相关学科的专业知识。同时，在这样一个竞争激烈的知识经济时代，新知识、新信息源源不断。作为一名语文教师，需要及时掌握外界的动态，了解外界事物的发展变化，顺应时代的发展需求。在课堂教学过程中通过自身所掌握的丰富知识，来激发学生对课堂学习的积极性和好奇心，将外界事物同课堂内容结合起来，从而提升学生的学习兴趣，增加课堂学习的趣味性。作为语言艺术，任何缺少根基的语言都缺乏足够的生命力和感染力，只会使得课堂学习变得枯燥无味，因此，对教师来说，需要不断地扩充自己的知识，了解外界的发展变化，提升自身运用祖国语言文字的能力。努力提升思维品质，解放教学思想，创新教学方法。提升审美能力，提高欣赏美、创造美的能力。实现自身语文核心素养的提升，才能更好地扮演好"教育者"的角色。

（五）优化教师个性化的语言风格

每个老师都有着体现自己语言特点的教学语言风格，有个性的教师会应运曲折离奇的民间故事，有的会采用意味深长的哲理话语，有的会用幽默诙谐的语言使学生哈哈大笑，有的会用富有诗意的对偶诗词等。在教学过程中教学语言所表现出来的特点和整体风貌各不相同，但关键在于这些个性化的教学语言是否具有美感和魅力。很多教师会存在这样的问题，自己明明理解得很透彻，看过的书也很多，然而就是跟学生讲不清楚，也就是应了那句歇后语：茶壶里煮饺子——有货倒不出。教师无论教授何种学科，都必须具备娴熟的专业语言、丰富的态势语言和情感语言。

教学语言风格受教师的年龄、学识、性格、思维品质等诸多因素的影响，这些因素都决定了预期的效果。在个性化语言的使用过程中，笔者认为应该注意以下几点：一是，为了增加幽默感可以适当夹杂方言，但是要考虑学生对方言的接受度和方言的选择，有的教授夹杂着浓郁的方言，没有生动的说明，学生理解起来也很模糊；二是，注意语气词的使用，有时可以增强表达效果，有时却要适当控制，如部分教师在教学中的"啊""喂""哦"等语气词过多，过多地使用关联词语影响了知识的系统性、连贯性；三是，注意纠正自身在教课过程中存在的一系列习惯性用语的问题，有的语文教师在讲课时过多夹杂"因为""所以""因此"等，虽思路清晰，但学生听来有点累，还有的教师，在教学中喜欢用"如果的话，那么"等口头禅；四是，个性化的语言不一定是口语，教师可以运用表情、动作等丰富的肢体语言传递信息，活跃课堂气氛，达到预期的效果。

这些充满个性化的语言大多是受学生欢迎的语言，是值得我们推崇和学习的，所以我们一定要通过自身的努力，改掉教学语言中的不足之处，形成具有个性化的优美的教学语言风格，提升我们的教学水平，同时促进学生的创新能力的发展。

（六）加强教师基于语文核心素养的思维品质的训练

在语文课堂上，学生在观察、探索语言文字现象，在发现语言文字运用问题的过程中，自主建构语文知识，探究语言文字运用的规律，增强对语言文字运用的敏感性，提高探究、发现的思维能力。思维能力是智力和能力的核心，语言是思维的工具，语文教师的课堂语言问题的产生与教师的思维品质有着很大的关系。如果老师自身都缺乏基本的语文素养，思维品质不佳又怎么去引导学生提高语言积累、梳理与探究的能力。虽然说，部分语文教师有着不错的阅读和文化素养，但是其自身在表达能力上存在着欠缺，无法通过口语准确地表达其思想内容，这样也就使得教师在课堂教学过程中无法清晰地表达自身的观点，无法对课堂知识进行归纳总结。上述的种种问题同教师的表达存在着密切的联系。说话准确、迅速、清晰与思维的准确性、灵敏性、逻辑性密切相关。

教学语言就是教学思维的表现形式，完善教学语言，并且有意识地加强教师的思维品质的训练，有利于教学效果的提升。我们可以试着从以下几个方面入手：一是，语文老师讲授课文，首先要有清晰的教学思路，知道自己要经过什么，走向哪里。否则，教学语言就会失去重心，杂乱不清。平常我们在进行语言训练时，可以适量使用一些关联词或者是插入语，加一些"首先""其次""再次""最后""因为""所以"等关联词，增强思维的条理性。二是，对思维的创新性进行培养，增强教师独立思考，发现问题、分析问题并解决问题的能力。有意识地培养我们的正向思维和逆向思维，挖掘新奇的语言素材。三是，在课堂上进行一定的思维训练活动。让学生配合自己在限定的时间内通过联想与想象，进行口头造句训练，这样既培养了学生思维的敏捷性，训练了学生的语言表达能力，也有助于教师提升自身的语言思维的应变能力。此外，教师还可以经常组织或参加一些演讲赛、辩论赛，这样不但可以锻炼思维能力，还可以从别人的身上吸取语言养分。

第四章　基于语文核心素养的初中现代文文本细读教学策略研究

"读书譬如饮食，从容咀嚼，其味必长；大咀大嚼，终不知味也。"朱熹此言道出了细读文本的重要性和必要性。语文核心素养是初中现代文文本细读有效实施的导向，它表现出来的语言建构与运用、思维发展与提升、审美鉴赏与创造、文化传承与理解对初中现代文文本细读教学提出了要求；现代文文本细读教学是发展初中学生语文核心素养的手段之一，初中学生进行现代文文本细读时所展现出来的阅读综合素质和能力是语文核心素养的体现。二者相辅相成，要发展学生的语文核心素养，就需要关注现代文文本细读教学。因此，本章对语文核心素养的现代文文本细读教学进行了研究。

第一节　初中现代文文本细读教学存在的问题及原因

语文教学过程是一个师生双向互动的过程，如果教师对现代文文本教学的认识和做法有出入，没有从根本上认识到文本细读对现代文教学的重要性，那么教学效果就是无效的；而如果只有教师单方面的信息输出而没有学生方面的接收，那么教学也是无效的。因此，要想现代文文本细读教学有效，就需要明确存在的教学问题和问题发生的原因。

一、存在问题

（一）教师在现代文文本细读备课中的问题

1. 细读角色定位不准

教师在备课时以什么样的角色细读文本非常关键：如果教师先入为主将文本作为教材来进行细读，那么细读的成果必然是有限的；如果教师首先将自己作为普通读者，将教材作为普通读本，然后沉入文本，当其从文本中走出来后，再以教师的身份进行教学设计，那就会有意想不到的收效。调查结果表明，教师在进行文本细读前对自己的角色定位各不相同：一半的教师以教师身份进行细读，其实质是对教材的解读，是在挖掘教学内容；不到一半的教师以普通读者的身份进行细读，这种做法容易陷入教学内容杂碎的误区；其余少数教师以学生的角色进行细读，考虑到了学生的需求和需要，但没有充分发挥教师的作用。这说明教师在备课时对自己"沉入"文本时的角色定位不准。

2．细读不够深入

文本细读的常态便是"在汉语中出生入死""倾听文本发出的细微声响"，贯穿整个细读过程的关键就是"读"，这里的"读"不仅要求读的数量，还要求读的质量。一般来说，质量取决于数量，只有达到一定的量，才会发生质的转变。调查发现，教师在进行现代文备课时，认真细读文本的次数不多，仅有17.4%的教师细读次数在3次以上，其余教师皆在三次以下。从中我们可以看出，教师虽然认为文本细读对现代文教学很重要，但在备课时并未重视起来，细读的次数不多，很难达到"倾听文本发出的细微声响"这样的质变，所以说教师细读不够深入。

3．细读依赖教参

教学参考书和网络资源在给语文教师备课带来便捷的同时，也助长了教师的惰性，尤其是在网络化时代，网络教学素材的丰富多元使得教师在选择上更具有便利性。通过对教师教学参考书的使用情况和常用网络资源的搜集情况调查后发现，有82.6%的教师在备课时经常会使用教学参考书，将其作为教学设计的主要依据，很少使用教学参考书的教师所占比例较小；而教师在备课时利用最多的网络资源也是他人的教学设计和教学案例、反思。从中可以看出，教师独立进行文本细读教学设计的能力较弱，在进行文本细读时对教参的依赖性大。

（二）现代文文本细读课堂教学中的问题

1．学生细读依赖教师

在文学批评之下，个体在进行文本细读时被紧紧地限制在了孤立的文本中，要求其不仅需要具备良好的文学功底，更需要具备过硬的理论素养；而语文课程教学语境下的文本细读，则对读者自身素质放低了要求，细读的限制也不再那么严格，不再只是局限于文本，而是"文本崇拜""作者崇拜"和"读者崇拜"的并存。但是，即便如此，对教师来说，进行文本细读仍存在一定的难度，更不用说处于义务教育阶段的学生了。所以在实际的语文现代文教学中，学生的文本细读仍然是在语文教师的指导下进行的，对语文教师有一定的依赖性，如果离开了语文教师，则做不到规范的文本细读。正如问卷统计结果所显示的：约39%的学生认为现代文需要细读的是老师说的重点部分，约35%的学生认为需要细读不太容易懂的部分，约17%的学生认为需要细读自己感兴趣的部分，约9%学生认为需要细读与课后练习有关的部分。在这些比例中，"需要细读老师说的重点部分"的学生所占比例最高，从这里可以看出学生对自己需要细读的内容无从选择和辨识，仍是依赖于教师给出的指示。

2. 教师细读引导不足

在当今的学习型社会中，学生个人的学习能力显得非常重要，而学习能力的一个重要体现便是学习方法，这对"传道授业"的教师提出了新的挑战，"授之以渔"比"授之以鱼"更为重要。调查结果显示：在现代文文本细读的教学中，主要还是以老师讲解、学生做笔记的形式为主。很明显，在这个过程中，教师定会是以"满堂灌"的形式来完成自己的教学任务的，忽视了对学生细读方法的引导。另外的教学方法就是小组学习。近年来，学生小组形式的学习和探讨越来越受教师的喜爱，教师可以直接将问题抛给学生，让学生自己去讨论，但是讨论的结果怎么样，教师有没有有效地指导，不置可否。所以这个方法的运用需要具体问题具体分析，且需要教师事先设计好科学的问题方案。所以，笔者得出了这样一条结论：在实际教学活动中存在着教师细读指导不足的问题。

3. 教学效果一般

调查结果显示，教师在进行现代文文本细读教学时，收不到期望的教学效果。多数教师表示自己的现代文细读教学效果往往一般，只有极少数的教师表示满意。这说明细读教学仍需要在实践中不断提升，不断寻找可行而有效的方案和策略。

二、原因分析

通过分析，可以找出现代文文本细读在实际操作中出现问题的原因，为下一步的策略研究奠定基础。

（一）备课中出现问题的原因

不管是"细读角色定位不准"，还是"细读不够深入"，抑或是"细读依赖教参"，都反映出了语文教师在备课过程中的问题所在。这些问题的症结在哪里呢？笔者主要从以下两个方面进行说明。

1. 教师个人能力不足

在解读文本时教师会对自己的定位不准，不能很好地把握文本；细读时能力有限，在文本的纵深和拓展上达不到理想的水平，做不到"在汉语中出生入死"的状态；既然无法深入解读文本，教师就只能借助教辅材料来解决细读问题了。所以，从根本上来说，还是教师个人能力不足导致的这些问题。另外，即使解决了细读的问题，教师在将细读成果转化为教学设计时同样面临着阻碍：教学目标和教学内容的确定。文本细读最后收获的必然是"累累硕果"，而语文课堂只有短短的40分钟，要想把细读的成果全部在课堂上展现给学生并使其接收、"消化"是不可能的，也是没必要的。这就需要语文教师将这些细读的成果转化为40分钟内可以完成的教学内容。这个转化的过程是非常关键的，它关乎细读的成果是否能有效地应用于实际教学，关乎转化后的教学内容是否符合新课标、符合学情。调查结果显示，约96%的语文教师认为将文本细读内容转化为教学内容有难度，仅仅有4%的教师认为很简单。所以不论是"细读的内容太多，不知如何对其进行筛选使之成为教学内容"，还是"转化出来的教学设计太细碎，没有重点"，抑或是"本身不知道如何进行文本细读，或者细读片面，导致教学设计达不到目标"，都说明了语文教师在文本细读的转化上有所阻碍，间接地反映了语文教师在将现代文文本细读内容转化为教学内容时个人能力不足。

2. 教师惰性思维的影响

随着信息化时代的高速发展，各式各样的网络教参铺天盖而来，这为教师带来了便捷的同时，也助长了教师的惰性。在实际的教学中，有些语文教师觉得现代文好理解，不需要下工夫备课，会直接从网上下载教学课件，自己稍加修改后直接用来上课，有些教师甚至看都不看一眼就直接带着课件给学生上课去了。不得不承认，这些教师有着丰富的教学经验，或许可以轻松化解课堂上的疑难。但是，教师在备课时，不仅仅要"备教材"，更要"备学生"，同样的教学设计，不一定适合所有学生群体，教师要考虑学生的个体差异性。可以说，教师的思维惰性习惯会在长此以往中成为恶性循环，进而降低教师的备课水平。

3. 教师备课时间不足

教师角色具有多样化的特点，教师在社会上的角色还有很多：父母、儿女、妻子、丈夫等，这些角色同样需要教师的高付出。但是，教师这一"教书育人"的职业特点对个人的要求非常高，常常需要教师全身心地投入到日常的学校工作中：上课、管理班级、批作业、组织学生活动、迎接上级检查、与家长沟通等，这些繁杂的工作总是耗费教师的许多精力，导致教师花在备课上的时间不足。另一方面，正是受教师角色多样化的影响，导致教师承受着生理和心理的双重压力，久而久之，便会出现职业懈怠感，从而影响到教师的备课效果。

（二）课堂教学中出现问题的原因

1. 教学方法选择不当

教学方法作为连接教师的"教"与学生的"学"的桥梁与手段，是有科学方法可寻的，但有的教师认为教学内容的重要性远远大于教学方法，往往只重视教学内容而忽视教学方法的科学选择，授课时在教法上要么随意采取，要么偏向于讲授法，殊不知好的教学方法能起到"事半功倍"的教学效果。所以在现代文文本细读授课中难免会出现一些问题，不管是学生过于依赖教师，还是教师对学生的细读指引不足，都与教师教学方法的选择有关。文本细读对教学方法的要求较高，如果选择不当，将会达不到细读的教学效果，起不到促进学生语文素养发展的目标。

2. 细读内容定位不准

由于教师在备课时对现代文细读教学内容的定位把握不准，所以导致教师在授课时不会很好地引导学生去细读，要么教师在讲台上津津乐道，学生听得云里雾里，要么导致课堂效果不好。

3. 迫于当下考试制度的压力

虽然现在倡导素质教育，各中小学校纷纷加入了素质教育的大军，表面上看素质教育做得有声有色，但实质上还是存在一些问题。首先，素质教育的开展让学生有了更多的时间参与到课外的各项活动和比赛中去，学生实际的上课时数少了，但是考试制度没有变，学生还是围绕着考试转，所以教师更是会争分夺秒地为学生争取一切"掌握知识"的时间，在这种情况下，细读就很难实现了。

第二节 基于语文核心素养的初中现代文文本细读教学策略与建议

一、备好课的前提——提升教师现代文文本细读能力

语文教师个人的现代文文本细读能力将直接影响其现代文文本细读教学的备课能力，从而影响到现代文文本细读教学的实施，因而提升教师文本细读能力就显得尤为重要。

（一）"读者"第一，"教师"第二

在进行文本细读时，语文教师首先是一名读者，其次才是一名教师。文本细读更需要的是读者的视角，而不仅仅是教师的视角，所以语文教师首先要以读者的眼光来发掘文本内部尽可能多的艺术价值，然后再以教师的视角来对这些细读的成果进行筛选，最后再进一步地将其加工成教学内容。为什么是"读者"第一，"教师"第二呢？因为文本细读的主体是读者，如果将其身份缩小到教师的范围，不仅代表不了所有读者，更是会在细读过程中自然而然地受教师解读教材思路的影响。一般情况下，教师会从三维目标或者学情等角度出发去解读教材，挖掘教学内容，进行教学设计，但这会使得细读受到很大的限制，导致细读不够全面，不够彻底，从而影响到文本细读的教学策略。

所以这里提倡教师在进行文本细读时脱离自己固有的解读教材的思路，首先以一个普通读者的思维"沉入文本"，细读文本，挖掘文本的真正价值，再以一名语文教师的思维从中发掘文本的教学价值。这样一个"读者"第一，"教师"第二的细读姿态，对教师个人既有能力来说是个不小的挑战。但是，这也恰恰是语文教师必备的职业技能之一。语文学科的特殊性要求教师需要具备深厚的文化底蕴与文学解读能力，这样方可在日常教学中做到游刃有余。

笔者以朱自清的《背影》为例来说明"读者"第一、"教师"第二的重要性。不论是原人教版教材，还是现部编本教材，都将《背影》选入了八年级语文上册，可见该文章在语文教材中的重要地位。《背影》是现代作家朱自清写的一篇回忆性散文，记叙的是作者离开南京去北京上大学，父亲送他到浦口火

车站，照料他上车，并替他买橘子的情形。在这个情形中，肥胖而蹒跚的父亲替他买橘子时在月台爬上攀下时的背影深深地刻印在了作者的脑海中。作者用朴素的文字，把父亲对儿子的爱，表达得深刻细腻，真挚感动，从平凡的事件中，呈现出父对子的关怀和爱护。此前，有的教师在讲解《背影》时遇到了学生的"质疑"："父亲"去月台那边买橘子时违反了交通规则且其爬上攀下的形象不雅。在素质教育与新型师生关系的大环境下，教师不仅不对学生这样的"质疑"进行文学的纠正与解释，反而会觉得学生的"质疑"个性而新颖，符合时代潮流，因而会表扬学生能以新的观点来看待文中的人物形象。但学生这样的观点果真值得褒扬吗？如若该教师在备课前以一名普通读者的身份对《背影》进行细读，便会发现："父亲"的这种"违反交通规则"与"不雅"恰恰是本文的美学价值所在。去月台买橘子对作者这样手脚利索的年轻人来说轻而易举，但肥胖而蹒跚的"父亲"却很执着地要自己去。他既不考虑交通规则、自己的安全，也不在乎形象不雅，这正是从侧面深刻地反映了他对儿子的深厚情感。如果按照学生的想法，"父亲"既考虑交通及上下月台的安全问题，又顾及自己的形象问题，那么本文就不可称作是文学作品了，这样的"父亲"也就没有感情可言，甚至煞风景了。若教师在面对学生"质疑"时能这样解释一番，不仅能让学生释疑，更能间接地培养学生的审美鉴赏能力，从而促进学生语文核心素养的发展。

由此可见，"读者"第一、"教师"第二的细读姿态对教师来说尤为重要。

（二）提高个人细读理论水平与现当代文学素养

在调查中笔者发现，许多教师在进行现代文文本细读时存在困难，这说明其细读理论水平和现当代文学素养急需提升。因为他们在细读上缺乏理论知识作导引，文学视野不够开阔，知识沉淀不够深，受这些因素的限制，在进行细读时有一定的难度。教师不是一份一劳永逸的职业，语文教师更是如此。不断学习进步的教师犹如活泉，可不断地滋润渴求知识的学生。这就要求语文教师在平时要特别注重个人理论和文学修养的提升，以此来达到文本细读能力的提升。具体该怎么做呢？笔者认为以下两点建议可借鉴。

一是多阅读。不管是现当代文学原著还是现当代文学理论、文本细读理论，抑或是相关的杂志期刊，教师都应广泛涉猎。教师需要的是沉入各式各样的书籍期刊，在知识的浸润中提升自己的理论素质，开阔自己的文学视野，陶冶自己的情操。细读理论上的书籍，大到各类专著和文集，小到各个专家学者及专家型教师的细读实践研究，都可列为必读书刊。国外著作如瑞恰兹的《实用批评》，兰色姆的《新批评》，布鲁克斯的《精致的瓮》等，国内著作如赵毅衡的《新批评文集》，孙绍振的《名作细读》，王崧舟的细读研究，各中小学教师的期刊论文等，都可以作为教师细读理论积淀的读本。教师在文学书籍上的选择性较大，可以广泛涉猎国内外各大文学理论名著与文学作品原著，并做好读书笔记。此外，教师还应从其他学科中汲取知识，拓展自己的视野，发散自己的思维，这些书籍包括哲学类、社会学类、教育类、科技类等。

二是多交流。"闭门造车"式的阅读会造成个人见解的狭隘，不利于教师个人素质的提升，只有不同思想的碰撞才会擦出智慧的火花。因此，教师应在阅读中和阅读后随时交流，可以是和同行的对话，可以是和学生的对话，也可以是和自己的对话。只有在不断地交流中才能有所感悟，有所提升。教师在与同事交流时可以是面对面地谈心得，也可以专门组织读书座谈会，几人共同交流心得，畅谈于文学与知识的海洋；在与学生交流时，可以是课堂上拓展学生思维的小插曲，也可以专门在班级组织读书交流会，与新时代少年的思想碰撞出别样的思想火花；在与自己交流时，要跳出思维的局限和框架，不断地、深层次地思考自己从作品中感悟到了什么，然后做好读书笔记。

滴水穿石，只要语文教师能日复一日地将这两点建议坚持下来，文本细读能力必然会大幅度地提高。

（三）在现代文细读实践中不断升华

教师现代文文本细读教学的能力依赖于教师自身的文本细读能力，只有教师具有较高的文本细读水平时，方能在细读现代文文本和进行教学设计时做到科学而合理，在教学过程中对学生的现代文阅读起到良好的细读引导作用。

语文教师具体如何细读，如何将理论运用于实践，还需要教师自身在一次次地细读实践中慢慢体会，在一次次地实践升华中慢慢形成自己的一种细读方法。不论是专家的细读方法，抑或是一线经验丰富教师的细读方法，我们在细读实践时所要做的是尝试着选择性地用他人的细读理论知识或经验方法去解读文学作品，锻炼自身细读文本的能力，切忌全盘接受和生搬硬套，导致"画虎不成反类犬"。

万事开头难，很多教师由于文本细读存在难度，细读起来浪费时间和精力，因而不愿意花时间和精力去进行自我的细读训练，实为忽视了"磨刀不误砍柴工"和"熟能生巧"之道。教师自我的文本细读训练虽然不能让自己的语文教学一劳永逸，但能达到锦上添花的效果。所以语文教师要想自身的语文教学有所成效，要想熟练操作文本细读法进行现代文文本细读教学，就要在细读实践中不断升华自我。实践是检验真理的第一步，实践出真知。语文教师在初次细读时必会借鉴他人的细读方法，但是他人的方法不一定是"万能模板"，不一定就适合自己，适合自己学生的学情。只有适合自己的方法才是好方法，所以语文教师必须要在一次次地细读体验中找出细读规律，找到适合自己的文本细读法，这样才能在现代文文本细读教学活动中做到游刃有余、胸有成竹。

二、上好课的前提——提高教师现代文文本细读备课能力

一堂课的成与败，很大程度上取决于教师课前的备课工作，这对教师的备课能力提出了很高的要求。

（一）沉入现代文文本，为学生自主细读指明方向

初中语文课本是学生学习语文的重要载体，更是连接师生对话的媒介。教学活动的首要任务就是"备教材"，作为一名初中语文教师，"备教材"的技能是其必须熟练掌握的基本功，只有具备这一技能，才能在现代文文本细读教学中更好地指导学生，培养学生的自主细读能力，从而促进学生语文核心素养的全面发展。初中语文教材中的现代文怎么备课？首要任务就是需要教师"沉入"文本，仔细研读教材。教师只有对教材有了深刻的理解和准确地把握，才能设计出适合学生发展的教案，为学生的自主细读指明方向。

首先，教师需要确定初中语文教材中的哪些现代文适合细读教学。因为就文本细读自身的特点、现代文选文类别、学情、学校教学任务安排及初中语文课标要求等多方面要素综合考虑来看，并非所有的现代文都适合文本细读教学。那么，究竟该如何确定细读教学的文本呢？笔者以为，可以单元模块为主进行筛选。语文教材中现代文所占的比重很大，几乎每个单元都有现代文，在现代文选中又分为教读课文和自读课文两类，教师可分别从单元模块的精读课文与自读课文中各摘一篇进行文本细读教学。但并非每个单元都要选取文本进行细读教学，也并非是随意摘取一篇，而是选取具有代表性的文章：广为流传；见于各版

本教材；值得细读品味；对学生语文核心素养的发展具有极大的启发意义等。当然，具体的选取则要"仁者见仁，智者见智"了。

其次，沉入文本，对摘取出来的文本进行细读分析。初中生在语言、思维、审美和文化方面的素养具有个体的差异性和不平衡性，这就需要教师在授课时采取"学习金字塔"的原理引导学生进行文本细读。在"学习金字塔"的理论下，学习分为被动学习和主动学习两类，其中被动学习包含的项目有：听讲、阅读、视听和演示，主动学习包含的项目有：小组讨论、实际演练（做中学）和马上应用（教别人）。在被动学习下，教师需要适当地进行文本细读的方法讲解及示范，让学生对现代文文本细读有一个整体的感知与理解。在主动学习下，教师可以设计能力提升问题让学生在小组讨论或者独自思考中试着运用文本细读法解读文本，并适时地给予适当的指导，这对学生的学习效率及语文核心素养的发展具有非常积极的影响。由此可见，教师若在实际的现代文细读教学中以这一原理为指导，必能达到提升学生自主细读能力的目的，而学生在运用"学习金字塔"进行被动学习与主动学习的过程中也使其自身的语文素养得到了提升，可谓两全其美。但是这一方法对教师个人的能力和知识储备的要求极高，因此教师更需要在课前做到"沉入文本"，对摘取出来的文本进行细读分析，进而做好备课工作，这样才能在课堂上指导学生细读时做到游刃有余。

最后，在细读教材选文的基础上设计预习单。为了在课堂上更好地指导学生细读文本，教师在自身沉入文本的同时也需让学生提前沉入文本。为了让学生的细读效果更好，教师可以事先让学生预习课文，对文本有一个初步的认识。为了确保预习的有效性，教师可以在备课的同时，根据自己的教学设计流程，为学生制订一份预习单。预习单的内容按由易到难的程度逐步设计，但不可偏难、偏枯燥，需要考虑到学生的最近发展区和学生的阅读兴趣。预习单的目的是让学生通过自己的细读初涉文本，整体感知，激发学生的阅读兴趣，并非解决课堂中的疑难问题。

（二）深入分析学情，为师生课堂对话扫清障碍

教师的现代文文本细读教学不是教师个人的"独角戏"，不是教师将自己的细读成果强加于学生的教学，而是需要考虑学情这一重要因素。因而教师在备课时需要深入分析学情，为师生课堂对话扫清障碍。

1. 对教读课文进行学情分析

目前全国初中各版本语文教材均把所选篇目分为教读课文和自读课文两大

类，其中教读课文在语文教材中一直都占据着至关重要的地位，是整个教材的核心部分。因此，在进行现代文文本细读教学时，教师不能完全采用他人的教案授课，也不能自顾自地将细读见解加进教案中，这都是脱离学情的，教师必须要结合初中学生的实际情况进行教学。

笔者以部编版初中语文七年级下册第三单元的教读课文《老王》为例，做以下学情分析：《老王》是杨绛先生的一篇回忆性散文，文章以"我"与老王的交往为线索，回忆了老王的几个生活片段，也略提到作者一家对老王的关心、同情和尊重，刻画了一个穷苦卑微而又善良厚道的"老王"的形象，表达了作者对他的不安和愧怍。初中学生已具备了较好的阅读理解能力，对文学作品"有自己的情感体验"，并且能在教师的点拨下"初步领悟作品的内涵"。因此对《老王》这篇回忆性散文的初步理解并非难事。但由于课文发生的背景是在二十世纪的"文革"时期，成长于网络时代的零零后学生很难切身体会到老王、作者在那个年代所遭受的身心创伤，更是无法进一步地理解作者的愧怍之情源于何处了，这对学生深刻体会文章主旨会有较大的影响。因此在教学前，教师应提前让学生收集相关资料，让学生对文本的大背景有一个整体的了解和初步的感知，进而为学生进一步地理解文本做准备；在教学的过程中，教师可以像王君老师一样通过对文中的字、词、句的细细品读，分角色带感情地一遍遍地读，从而在细读中让学生感知当时的社会情形，体会当时的人物心理，激发学生从更深的层次去感受作者的愧怍之情。

2. 对自读课文进行学情分析

在整个初中语文教科书中，自读课文所占的比例越来越接近教读课文，甚至超过了教读课文。这个现象说明了现行教科书对培养学生自主学习能力的重视，更说明了自读课文与教读课文一样，是不容语文教师所忽视的。如果说教读课文的目的是让学生在教师的带领和引导下掌握一定的阅读方法，那么自读课文便是让学生在前者的基础上进行自我检验。因此，对自读课文的学情分析同样值得教师重视。

笔者同样以部编版初中语文八年级上册第二单元的自读课文《信客》为例，做以下学情分析：《信客》是作家余秋雨的一篇文化散文，带有其明显的诗性语言特色，与上述案例《老王》同样为写人散文。学生在学习《老王》一课时已经在教师的带领下学会了通过初步细读文章的字、词、句，从而达到理解文章内涵的方法，所以教师在备课《信客》时，可以采用导学案的方式，结合学生的最近发展区水平，设置几个具有跳板作用的问题，在讲课过程中，结合学生的细读情况，适当给予点拨，从而达到发展学生思维的目的。

三、学生语文核心素养实现的前提——构建高效的现代文细读课堂

（一）加强对学生的细读指导，为核心素养的实现搭建桥梁

当下社会对在校生的个人素养提出了很高的要求：学生既要学习老师在课堂上所讲授的知识，又要在学习知识的过程中获得一定的能力，为以后适应社会发展，解决生活中的问题创造条件，知识与能力是不可缺少的两个方面，都应该得到认真地对待。基于此，语文教育界提出了"语文核心素养"的指导思想。因此笔者试图从培养学生的语文核心素养（思维、语言、审美、文化）入手，分别从以下两个方面来谈初中语文现代文文本细读教学策略。

1. 细读语言，带领学生走进文本世界

"阅读作品，是从对语言文字的感知开始的。语言文字作为思维的载体，承载着作者思维的内容。读者要想了解作者作品的内容，就必须先通过对语言文字的感知去领会它所表达的意义。"语言和思维是密不可分的，学生思维的发展依靠语言来实现。所以，在课堂上对学生进行文本细读的训练和指导能对学生思维的发展起到至关重要的作用。初中语文课本中的现代文蕴含着丰富的语言素材，蕴藏着丰富的情感内涵，因此，在现代文教学中，很有必要引导学生细读语言，以此来帮助学生走进文本世界，品味语言魅力，为学生进一步感悟作品内涵打好基础。余映潮老师在讲解部编版九下《孔乙己》时通过"课中比读"的方法，很好地做到了细读语言，带领学生走进文本世界。

师：鲁迅先生的文章，有不少是可以用"课中比读"的方法来进行品读欣赏的……《孔乙己》也能这样，请把视线落到第4、第11段。通过细致之处的对比来感受孔乙己的变化。

师：比如，孔乙己拿钱的动作，开始是掏，而后是摸。请从两段中找出细微的地方，然后阐述表达了什么？动笔。先画下来，再分析、旁注。活动时间为五分钟。

（生写）

……

生10：他以前还会争辩，现在根本不理会嘲笑。现在只是用极低的声音，

哀求不要取笑。我看出了他身体极其虚弱，不乐观，不从容。

师：这是孔乙己第一次撒谎，他的腿断了。请关注"秋风过后"到"换上棉袄"了这一段，这是环境描写，这里为何要关注到天气的内容？

生11：增加了悲凉的气氛，反衬穿破夹袄的凄凉。

生12：天气冷了。但孔乙己依然来喝酒。可这个是深知自己时日无多了，想喝最后一碗酒。

师：发现得真好啊！这就是环境描写的魅力。

师：这样小结一下。

第4段、第11段

孔乙己的出场，孔乙己最后一次出场等于退场。

正常，残疾。

伤痕，断腿。

长衫，夹袄。

青白脸色，黑色的脸。

眼睛大大的，哀求的眼神。

师：还有，时令、语言、语气、动作、形貌、姿态、酒量、钱数、手的用途……这些对比，把精神和肉体受到了巨大摧残的孔乙己的形象鲜明地呈现在读者面前，激起了人们深深的思索。思索孔乙己的命运及命运告诉我们的道理，也许就是个人原因，也许是社会原因。

从余映潮老师的这段教学实录中可以看出，教师是在让学生了解词语、句子意思的基础上，对关键字词进行比较分析，再联系语境，进一步地品味语言所要传达的信息，整个过程可以看作是一个细读文本的过程，既让学生发展了思维，又让学生在回答问题的过程中完成了语言的运用与建构。尤其是在最后，教师对学生的回答做了升华性的总结：文章的种种细节描写将孔乙己的形象鲜明地展现给读者，发人深省，这对学生的审美和文化的提升起到了一定的作用。

王君老师在讲部编版七上《散步》一课时，采用"删除比较"的方法引导学生细读语言，通过将文中多次出现的词语"我们"删除，让学生进行品读，再让学生读原文未删除"我们"的句子，通过反复地朗读两组句子，让学生的思维和认知一步一步地得到提升，进而品味出了"我们"一词的深刻思想内涵和艺术趣味。

2．巧设问题，引导学生挖掘文本内涵

对初中生来说，仅仅了解语言文字的表层意义是远远不够的，要想得到语文素养的全面发展，还须深入文本，从中去领会它所蕴含的深层意义和情怀。尤其是文学语言，它不同于日常语言，遣词精当而含义隽永．只有透过它的表层意义才能体会到它的丰富内涵。但是准确把握文本内涵对阅读理解能力尚弱的初中生来说还是有一定难度的，学生一般能看懂作品，但对作品要表达的丰富内涵却是处于朦胧不清晰的状态。所以，教师在现代文细读教学中可以通过巧妙地设置问题，帮助学生清楚地知道文本的内容，挖掘文本内涵，主动建构文本意义，通过这样一个过程来培养学生的思维能力和语言运用能力。如何巧设问题呢？笔者认为可抓住以下两点来设问：一是抓关键词或重难点进行设问；二是鼓励学生自己提出问题。第一点抓关键词或重难点设问是语文教师采取得较多的且效果较好的设问方法，因此笔者只针对第二点"鼓励学生提出问题"进行分析论述。

在传统的课堂模式中，教师一直都是课堂的主宰者，课堂的权威，教师问什么，学生答什么。在这样一种课堂模式下，学生一直都被教师牵着鼻子走，导致学生缺乏独立自主学习的能力，缺乏质疑能力，影响了学生语文素养的全面发展。因此，新型的师生关系倡导师生之间平等对话，平等交流，课堂不再是教师个人的自导自演了，学生的主体地位被体现出来了。通过这样一种方式，不仅可以激发学生的学习欲望，还可以促进学生思维的发展。笔者以李镇西老师的《孔乙己》课堂实录（选节）为例进行分析。

教师：请同学们快速阅读一遍课文，把不懂的问题提出来。

女生A：为何说"这是二十多年前的事，现在每碗要涨到十文"？

男生C：说明物价上涨，人民生活水平下降了。

女生B：应是间接说明了孔乙己生活的年代。

教师：对，作者主要是为了交代时间背景。

男生C："大约孔乙己的确是死了"？既是"大约"又是"的确"，该怎么理解？

李镇西老师在开始上课时，让学生通过快速阅读课文，把不懂的问题提出来，于是就有学生提出了自己的问题，而其他同学回答该生的问题，教师再进行个别点评与补充说明。这样一环接一环下来，终于有学生提到了与课文内涵相关度极高的问题：既是"大约"又是"的确"该怎么理解？进而引发出后文的讲解。从这个过程中可以看出，学生在一次次的问和答中加深了对课文的进一步理解，最终直达课文的疑难问题。这个过程不仅发展了学生的思维，同时还锻炼了学生的质疑能力。

（二）建立多元化的评价方式，以细读促进学生素养的实现

《义务教育语文课程标准（2011版）》指出：语文课程评价尤其应注意发挥其诊断、反馈和激励的功能。阅读的评价，要综合考查学生在阅读过程中的感受、体验和理解，要关注其阅读兴趣与价值取向、阅读方法与习惯，也要关注其阅读面和阅读量，以及选择阅读材料的能力。重视对学生多角度、有创意阅读的评价。因此，在实际教学当中，教师建立多元化的文本细读评价方式尤为重要。

1. 评价主体的多元化

评价主体的多元化做到了对学生个体差异性的尊重，有利于学生的健康发展。在实际的细读评价中，教师可以通过三个维度的结合来对学生进行综合性评价，这三个维度分别是：教师的评价，学生的自我评价，以及学生和学生之间的评价。一般来说，教师不论是从认知水平还是已有的知识储备上来说，其评价能力都是远远高于学生的，所以教师的评价在"三维评价"中占有重要地位。然而，另外两个维度的评价同样不可忽视。加强学生的自我评价和相互间的评价，不仅能促进学生主动学习，自我反思，更是能对学生的语言建构与运用、思维发展与提升、审美鉴赏与创造、文化传承与理解的实现起到不可估量的重要作用。

2. 评价形式的多元化

运用多种评价形式不仅能从各个方面来了解学生的细读能力和语文素养，更是能起到激发学生学习兴趣的作用。对学生细读能力的评价形式，笔者以为，除了传统的笔试形式外，还可以更加多元化。如，可以通过课本剧、读书交流会、演讲比赛、诗歌朗诵赛等这些语文课外活动来综合考查学生的细读水平。从表面上看，这些评价形式与学生的细读没有关联，但是细细分析，便会发现其中有着千丝万缕的联系。就课本剧来说，学生需要在细读原作的基础上进行二次加工，将作品改成适合演出来的剧本，这个剧本成形的过程非常考验学生的细读能力，需要学生对作品的背景、人物的语言、神态等各方面进行深入的分析，从而实现二次创作。学生将剧本改写出来后还需要进一步地去表演，这个表演的过程

也是对小演员细读能力的考验。学生在表演的过程中，由其他学生对其进行评价，进行双向的思想交流，促进学生的全面发展。从课本剧这个评价形式来看，学生共经历了改剧本、演剧本、点评三个步骤，三个步骤无一不是对学生细读能力的考验。同时，我们还可以发现，学生在进行这三个步骤的同时，语言、思维、审美和文化都同时得到了发展。

文本细读的评价方式多种多样，教师只要肯下功夫、多花心思去琢磨，必定能在检验学生细读能力的同时，使学生的语文核心素养也得到提升。

笔者在本章中对文本细读策略实施方面主要以现代文中较为典型的散文、小说为例进行了说明，这些方法在初中现代文中的其他文体如：现代诗歌、说明文、议论文等文体的教学中同样适用。孙绍振先生在《名作细读》中就试着对科学小品文《花儿为什么这样红》进行了细读式的分析，效果很好，为文本细读在现代文中的普遍运用起到了很好的示范作用。

第五章　语文核心素养视阈下的初中汉字教学研究

随着新课改的深入推进，素质教育逐渐成为基础教育主流，现代教育更加注重对学生价值观念、品格和能力的培养，语文学科核心素养应时而生。语文学科核心素养是语言、思维、审美及文化的综合体现，对语文教育具有重大意义。汉字教学作为语文教育的重要组成部分，也是一切教育的起点与基石，成功与否，直接关系到语文教育质量的高低，也关系到一个人的语言能力的强弱。因此，在初中语文课堂的教学中，不能忽视汉字教学，且采取有效的教学方式提高教学效果。基于此，本章对语文核心素养视阈下的初中汉字教学进行了研究，从语文核心素养入手，分析汉字教学的依据，提出有效教学的实施策略。

第一节　汉字教学与语文核心素养

汉字，是世界上唯一一种从古使用至今的表意文字，历经数千年不断地丰富和完善，被誉为"世界文字活化石"。在当今的语言文化中，汉字与西方另一大文字——拼音文字形成了"分庭抗礼"的局面。可以肯定，世间任何一种文字都没有像汉字这样"历尽沧桑"，承载着最悠久、最璀璨、最精深的中华文化而青春常驻。

一、汉字教学的概念及其意义

（一）汉字教学概念界定

汉字教学作为语文教学的有机成分之一，迄今为止，学术界对其概念仍没有一个统一明确的界定。在界定汉字教学的概念之前，笔者查阅了有关教学的相关文献资料，发现古今中外的专家学者从教学的作用、本质等多个角度对"教学"进行了深入研究，获得了较为深刻见解。在西方形成了四种比较有代表性的观点："教学就是传授知识和技能""教学即是成功""教学是有意识进行的活动""教学是规范性行为"。我国学者的具有代表性的观点："教学是教师的教和学生的学的相统一的活动，在活动中，学生要掌握一定的知识和技能，同时身心也要获得一定的发展，形成一定的思想品德""教学是学生在教师有目的、有计划、有组织的指导下……增强体质，并形成一定的思想品德。"

基于上述分析，本章将汉字教学概念界定为："汉字教师是教学有目的、有组织、有计划地指导学生学习不认识的字词的过程，包括汉字的认识、书写和运用。"汉字教学不仅包括普通教育中的汉字教学，也包括对外汉语中的汉字教学，笔者所论述的汉字教学专指我国中小学语文教学中的汉字教学。

（二）汉字教学的现实意义

1. 夯实语文基础，积累基本语言

从《义务教育语文课程标准（2011）》所设计的学段目标和内容来看，语文教学主要内容不仅仅局限于阅读教学和写作教学，识字与写字、口语交际也并列其中。课标表明，识字与写字在阅读和写作过程中发挥着基础性作用，是基础教学的重要内容，贯穿整个义务教育阶段。根据唯物辩证法的观点，汉字、阅读、写作、口语交际与语文教学之间的关系如同部分与整体的关系，其中的每一部分都对语文教学起着至关重要的作用，只有每个部分有效配合才能发挥整体的最大功效，不可偏废其一。

汉字是最基础的文化符号代码，是语文教育的起点和基石，其独特性决定了汉字教学的基础性地位。张志公先生也曾认为，培养阅读和写作能力，一定要过字这一关，若通过字这一关，阅读和写作就都会左右逢源、事半功倍，所以汉字教学的地位就不言而喻了。的确，学生的高效阅读与写作也是建立在对汉字的正确理解与掌握之上的。一些学生认识汉字的量不够，在阅读或写作时，会出现不认识字，不理解句子意思的情况，或者出现只知道有这个字，而不知道如何下笔书写的情况。鉴于以上分析，进行汉字教学，有利于语文学科的综合、全面发展。

2. 培养思维能力，提升思维品质

汉字是东方文明的艺术瑰宝，它用形表意的特点，许慎在《说文解字》中将其总结为"六书"。换言之，汉字是通过指事、会意等造字的方法来表现其独特的表意功能。汉字构成所蕴含的思维特质为培养学生的思维提供了条件。

象形字是由图画文字演变而来的，但又区别于绘画，它无须画出事物的全部特征，只需突出具有代表性的部分，正如许慎所说："象形者，画成其物，随体诘诎"。譬如"牛"，甲骨文像动物的头，其鼻孔在鼻尖上形成了"V"字的形状，一对向两侧伸出的弯形的长尖角，"随体诘诎"描摹出来的形状，一看即知是为何物，显示出象形字蕴藏的概括性和形象性思维。指事字、会意字都是在象形字的基础之上发展而来的，区别于象形字的主要特点是增添了一定的抽象成分来表明不同汉字的含义，既突出了直观性，又需要一定的意象思维。如指事字"本"用"木"下加一横表示树根，"木"字直观形象，下面的一横通过简单地推理就会明白是树根之所在了。会意字是为了补救象形字和指事字的不足而应运产生的，由两个以上的象形字或指事字组合而成，表达的意义更为抽象。如会意字"家"，上半边的"宀"是表示房屋，下半边的"豕"是猪的别称，古时候的人们都是在家里养猪，所以就在"宀"里面加一个"豕"表示"家"。从象形字到指事字，再到会意字，最终发展为形声字，其中蕴含的思维品质历经"直观思维——意象思维——综合思维"的发展过程，形成了一个既相互联系又逐步深入的思维体系。著名的语文教育心理学家朱作仁先生曾说："中国人的形象思维和抽象思维的有机结合在汉字身上得到了和谐的统一"，因而，在汉字教学过程中，教师要以汉字构成为依托，使学生获得具象思维、意象思维、综合思维等多种思维能力的发展，进而提升学生的思维品质。

从汉字书写的角度来看，汉字书写的过程是一个极其复杂的心理过程，同时也是学生情感、态度、思维养成的过程。但受到年龄、性格等因素的影响，一些初中生在汉字书写时着急，线条和笔画凌乱，且有时会出现笔画不对的情况，当然更不用说笔顺和间架结构了。因此，学生需要耐心细致地观察、辨别汉字的笔画，牢固掌握汉字的笔顺、间架结构以及运笔程度等，整个过程都需要学生利用自己的思维能力去实现，思维品质于无形中得到发展与提升。

3. 感受汉字之美，陶冶审美情趣

汉字不同于世界上其他任何一种文字，不单单是因为它因形表意的独特性，还在于它所特有的审美肌质。鲁迅先生对汉字的审美特性有精彩的描述："其在文章，则写山曰峻峭嵯峨，状水曰汪洋澎湃，蔽芾葱茏，恍逢丰木，鳟鲂鳗鲤，如见多鱼。故其所函，遂具三美：意美以感心，一也；音美以感耳，二也；形美以感目，三也。"汉字的形美、音美、意美体现出汉字的超功利性特质上，被人类当作一种审美对象，并赋予其特有的审美功能。所谓汉字的审美功能，是指汉字在字形和字音上表现出来的美感特征以及它在实际运用中由字形引起欣赏者情感活动的一种功能。汉字独具的这种审美功能是拼音文字不具备的。鲁枢元在《超越语言—文学言语学当议》一书中曾发出赞叹："汉字是一种诗的语言"。的确，一个汉字就是一幅优美精深的画卷，在这幅画卷里生动地展示着先人们的生活习俗，脉脉流淌着民族传统文化的精神。《义务教育语文课程标准（2011）》也多次强调汉字教学要让学生"感受到汉字的形体美"、要在"书写中体会汉字的优美""体会书法的审美价值"。但学生很难单独感受到汉字之美，这就需要语文教师加以引导，在汉字教学中要善于挖掘汉字隐藏的审美因素，灵活运用汉字的审美特性，充分发挥汉字教学的美育功能，使学生在学习汉字的同时成为带领学生发现美、认识美、感受美、鉴赏美。

4. 体味汉字神韵，传承汉字文化

汉字不仅仅是一种记录语言的文字符号，更是一种独特的文化。可以说，文化是它内在的固有属性。每个方块汉字都是"先民心灵的物化，是人生的缩影，是文化的凝聚，是语言哲学，逻辑哲学与文化哲学的立体组合"，根据其字形、字义就能解读成一部文化史。它同先人的思想情感、生活习性和行为习惯紧紧联系在一起，记录着他们独特的生活方式，映射出他们的价值观念、思维方式等丰硕的文化信息。譬如，一些汉字揭示出古代人与人之间的亲密关系："仁"字《说文解字》曰："亲也。从人从二"，二个人的关系为亲密关系；一些汉字反映出当时先人们不同的社会分工："妇"字的繁体形式是"婦"，女和帚相结合，传达出古代妇女在家要承担家务劳动的责任；有一些汉字体现出了古人的价值观："私"的古字形式为"厶"，意思是私人的、各自的。"厶"字上加个"八"，就是"公"。"八"字的原意是离开、分别、相背，"厶"字的对立面就是"公"，"公"字的造字构形显示出在遥远的古代我们中国人就提倡大公无私的高尚品质。这样的例子不胜枚举，我们若以文化的眼光去审视每个汉字，就会发现它们拥有鲜活的生命，在其看似无意义的形体内却深藏着我们华夏民族的文化与文明。

初中生受到知识结构的限制，对自身民族的文化与文明的认识达不到成人的高度。而且一些学生对汉字的机械性学习方式有抵触的心理。因此，教师的汉字教学工作就需要从文化和文明的角度，引导并带领学生从字形、字音、字义中感受民族汉字、民族语言和民族文化的博大精深，将机械的、无趣的识记过程变成领略、体悟汉字魅力的精神之旅，加深对汉字、汉语优越性的认识，激发他们对汉字、汉语的热爱，增强对汉字、汉语的敬畏与认同，使学生以读母语书、写母语字为自信，为自豪。

二、语文核心素养

（一）语文素养

"语文素养"是一个综合性很强的词汇，具有丰富且深刻的内涵。《普通高中语文课程标准（2017）》认为"语文素养是……积累与构建起来，并在真实的语言运用情境中表现出来……态度与价值观的综合体现"；《义务教育语文课程标准（2011）》提出，"目标的设计要着眼于语文素养的整体提高""确定语文课程目标，与理解语文课程关于语文素养的总要求直接相关，……课程目标的确定就是基于这样一种对语文素养的总认识。"运用逆向推理思维并结合三维目标的具体内容，笔者认为，语文素养应包括语言文字运用（包括听、说、读、写）等综合能力，同时也包括知识、审美、思维等综合素养。

（二）语文核心素养

语文教育的发展需要以新的目标理念为依托，基于语文素养的深入研究与发展，语文核心素养应运而生。语文核心素养是语文素养与核心素养的高度融合并赋予新智，其内容体系既要体现出语文素养的核心成分，又要综合核心素养的意蕴特征，同时还要彰显出语文学科的特色。《普通高中语文课程标准（2017）》提出："语文学科核心素养是指语文素养的核心要素和关键内容，主要包括'语言建构与运用''思维发展与提升''审美鉴赏与创造''文化传承与理解'四个方面。"

1. 语言建构与运用

新课标认为语言建构与运用是"指学生在丰富的语言实践中，通过主动的积累、梳理和整合，逐步掌握祖国语言文字特点及其运用规律，形成个体的言语经验，在具体的语言情境中正确有效地运用语言文字进行交流沟通的能力"。

"不管我们怎样强调语文课程中文化的熏陶感染作用，如何重视语文课程丰富的人文内涵对学生审美素养的潜移默化，都不应该回避这样一个基本事实——母语语言能力的发展是语文教学最根本的目标之一。"的确，语言是重要的交际工具，学生个体语言能力的养成与运用是语文教学不竭的追求。在语文学习过程中，学生要学会积累丰富的语言材料，培养良好、敏锐的语感；要充分理解并牢固掌握汉语言文字运用的基本规律，有效地运用口语和书面语与不同的对象进行沟通交流；要灵活地将个体的言语活动经验转化为富有个性的言语能力，并在语言实践活动中运用自如。

2. 思维发展与提升

依据新课标，我们知道思维发展与提升是"指学生在语文学习过程中，通过语言运用，获得的直觉思维、形象思维、逻辑思维和创造思维能力的发展，以及思维的深刻性、敏捷性、灵活性、批判性和独创性等思维品质的提升"。

语言是思维的工具，我们的语言都是在思维的指导下形成的，是我们内部心理活动的外显，二者的发展相互依存，相辅相成。初中学生的思维模式受到多方面的影响，还不够成熟，缺少广度和深度。而语文恰好能弥补这种缺陷。因此在语文教学活动中，教师要充分利用语言知识帮助学生主体对言语对象进行深刻的理解与分析，提升学生思维的深刻性、灵活性、广阔性、敏捷性、独创性等，使之成为直接滋养学生思维的肥沃土壤，即实现语言知识的"思维化"。

3. 审美鉴赏与创造

有关审美鉴赏与创造的定义，新课标这样描述："指学生在语文学习中形成自觉的审美意识、高雅的审美情趣、高尚的审美品位、正确的审美观念和体验、欣赏、评价、表现和创造美的能力"。

语文活动是个体产生审美体验、形成审美意识、发展审美能力、提升审美品质的重要途径和主要阵地。在语文学习过程中，学生以语言文学作品为重要的审美对象，通过阅读鉴赏其丰富的情节内容、学习其高超的表达艺术技巧、品味其优美精练的语言、感受其独特的语言文字之美，逐渐形成自觉地审美意识和审美能力，养成高雅的审美情趣和高尚的审美品位。

4. 文化传承与理解

针对文化传承与理解的内涵，新课标解释"指学生在语文学习过程中，继承中华优秀传统文化，理解、借鉴不同民族和地区文化，以及在语文学习中表现出来的文化视野、文化自觉的意识和文化自信的态度"。

汉语言文字是记录与传承中华文化的重要载体，又是中华文化的重要组成部分，其字形映射着中华文明的林林总总。它博大精深、意蕴深厚，以表述精准、灵动、深邃而饮誉世界。可以说，学习语言文字的过程也是文化获得与内化的过程。

作为中国人，继承发扬优秀的传统文化是每个人的责任。但初中生的年龄偏小，在传统文化的认知和理解上有欠缺，这无疑需要教师加以指导。汉字教学过程恰恰是帮助学生认知传统文化的过程，在汉字教学过程中，教师要借助汉语言文字指导学生体会中华文化的博大精深，理解、认同并继承中华优秀传统文化，形成热爱祖国文化的高尚品德，增强文化自信力。

结合上述内容，不难发现构成语文核心素养的四个方面并非独立的个体，而是一个不可分割的整体。语言建构与运用是语文核心素养的重要组成部分，同时也是语文素养整体结构的基础层面。在语文学习过程中，学生思维品质与审美能力的养成和发展、文化的理解与传承，都是以语言的建构与运用为基础，并在学生言语经验的建构中实现的。因此，汉字教学、阅读教学、写作教学等其他教学活动，都要立足于语文核心素养的整体性、统一性、综合性特点，真正做到发展与提升学生的语文核心素养。

三、基于语文核心素养进行汉字教学的可行性

新课标规定语文是学习语言文字运用的一门课程。它需要关注汉字的特点对学生阅读、写作、思维和审美等方面产生的影响。在我们看来，这不仅仅是对语文课程性质的有效规定，同时也是对引入汉语言文字运用知识进入语文教学体系的有力强调。汉字作为一种独特的语言符号，在语文教学结构中具有独立意涵和灵魂，在语言表达和理解中发挥着强有力的核心作用。而汉字教学在整个基础教育阶段又是最重要、最关键的一个环节，其目的不只是为了让学生掌握几千个汉字，更多的是希望学生能获得较为全面、深刻的汉字认知，即积累一定量的汉字的同时，形成汉字思维，养成审美情趣，积淀与汉字相关的优秀中华文化，灵活运用汉字进行契合身心所需的阅读和写作，继而促进学生认知、情感、思想、运用等方面的全面发展，正如叶圣陶先生所说："语言文字的学习，起点在'知'，而终点在'行'，只有达到'行'的地步，才算具有生活的能力"。

当下语文学科核心素养被语文教育界誉为新一轮课程改革的"DNA"。学生语文核心素养的提升与发展将成为语文教学目标的根本追求。我们认为，落实语文核心素养的重责，不单单是落在阅读教学和写作教学的肩上，而是需要贯通语文教学的各个部分，发挥整体的效用。语文核心素养内容的构成，既囊括了教学目标中知识、能力、方法等显性的功能，又包含了情感态度、个体修养、经验

习惯等隐性的内在品质，是学生必备品格和关键能力的综合。若使其能获得全面的发展、取得长足的进步，必须从基础抓起，从源头抓起，抓好了就起着一通百通的作用。因此教师要明确汉字教学在全面提升学生语文核心素养方面的作用，为后续的阅读和写作教学打下坚实的基础。

汉字属性与语文核心素养具有密切的关系，在语文教学中充分发挥汉字的属性，发掘汉字的丰富的文化价值，可有效地提高学生的核心语文素养。

第一，汉字语言属性。

汉字，被视为中国的"第五大发明"，是世界上唯一的以形表意的文字。就汉字和语言的关系而言，汪曾祺曾说："中国语言是表意的，是象形文字，看到图像就能产生理解和想象。"汉字被学者们定义为"记录语言的书写符号系统"，因此被人理所当然地认为汉字的使用在很大程度上是出于记录语言的需要，是辅助语言进行交际的工具。其实不然，语言的意义是利用一定的语音形式来表示内容，譬如一本书的"书"字的普通话音"shu"表达的含义是"成本的著作"；而表意汉字有形、音、义集约之利，一经产生就如同积木一般，自由灵活地拼形，以自身在形、音、义上创生了无数的新概念和表达方式。再以"书"字为例，它所代表的不单单是语音"shu"，也不仅仅是"成本的著作"的含义，而是字形、语音、意义三个方面的综合。李泽厚在《论语今读》一书中认为汉字的价值在于"书面语言对口头语言有支配、统帅和范导功能，……这是中华文化的一大特征，……决定了中国思想的基本面貌，极为重要"。

第二，汉字思维属性。

申小龙在其《汉字思维》一书中论述汉字不是一种纯然的对语音记录的符号，它在构形和表意两个层面上直接参与了意义的生成，明确提出汉字蕴含中华民族的思维方式，因此他在前言部分将汉字定义成："汉字是汉民族思维和交际最重要的书面符号系统"。汪曾祺认为汉字和汉语是两回事，有文化的人，与其说他们在使用汉语思维，不如说是在使用汉字思维。一言以蔽之，汉字思维是凝结在汉字中的有关先人造字的不同思维方式。参考大量的文献资料并结合个人的思考发现，汉字思维都能从汉字的构造形式、发展演变、形义关系等方面得到印证，主要表现为形象（直观）思维、辩证思维和意象思维三大思维方式。其一，形象思维。思维是什么？思维是人脑对客观事物的本质属性或内在规律的间接性、概括性的反应，是揭示事物本质特征或内在规律的认知过程。形象思维作为思维的一种，也具备对事物表象进行分析、综合、比较和概括的过程，是利用直观形象的表象解决问题的思维方式，并且"形象"思维突出的重点是"形"。

汉字是建立在象形字基础之上的表意文字，其最大特点就是它像图画，即形象性，认识汉字的过程如同欣赏画展一般。其"形"在历史的发展过程中获得了丰富的象征意义，不管形体如何变化、发展，象征性意义依然不变。众所周知，汉字的结构有左右结构、上下结构、上中下结构等，其偏旁部首的组合顺序一般都是要兼顾各个部分之间的空间配置关系。比如汉字教学一般都是先学横、竖、撇、点、捺等基本笔画，然后再学由这些笔画组合成的独体字，再将某些独体字作为偏旁或部首组合成不同的合体字，这些在客观上都要求学习者在头脑中要对汉字的偏旁部首进行复杂的表象加工和操作，如分析、综合、比较等思维活动，这些思维就属于形象思维活动过程。

其二，辩证思维。汉字是方块形的表意文字，无论是从其结构形式，还是从其表意方式来看，都满载着汉民族的辩证思维特征。具体体现在汉字的二合建构和书写形式的结构平衡两个方面。二合，就是汉字意义结构的基本框架，造字者根据事物表象的特点和意义组合、设计或改造汉字的结构特征。每一个汉字的独特构形都是造字者看待不同事物的直观映射，或者是造字者对事物内在逻辑联系的一种特殊的理解和诠释。人们可根据字形或字的各个不同的构成部分来推断其本义。譬如，"伐"字以一戈和一人会意，以戈刃砍人的头，本义是砍杀，其字形和结构传达的意思是"以戈击颈"。而这种构造和理解，基本上都是以二合为基础，言此而意彼，据义构形，最终实现两象融合的符号化过程。这是象形汉字在会意中的表现。汉字的孳乳还采取另一种二合建构，例如，大长合为"套"，不正合为"歪"，入米合为"籴"，出米合为"粜"，上下合为"卡"，永日合为"昶"等。在这些汉字中，字符的含义替代了形符的意义，其造字结构依然是二合建构。

汉字，从产生到发展再到成熟，愈来愈讲究构造的对称性、平衡性和整体性，其中平衡性在后期的发展中占据了主导地位。譬如，"豹"字，左右结构，左边部分的笔画虽多于右边，但"勺"部的一点恰好完美地填补了右边的空缺部分，使整个字看起来匀称、整齐和平衡。

其三，意象思维。意象，古书记载："子曰：书不尽言，言不尽意……子曰：圣人立象以尽意。"由此可知，"意象"即能准确、清晰表达的形象。许慎在《说文解字》中是这样解释"意"："志也，从心察言而知意也，从心从音。"这里的"意象"是一个与抽象相关的概念，它是从"志""心"中得以生发，是人脑对客观事物的主观反映，带有主体的情绪、体验、感受等多种主观因素。综合不同的文献资料，我们可以把"意象"简单地理解为人在认识、探索客观世界的过程中形成的一种认知表象，是主观对客观的能动反映，本源基础来自客观外物。"意象思维"是一种使主体主观化的思维过程，需要运用联想、想象和推理等方式。

汉字作为一种表意符号，其构造形态所反映的表现方式在复体字中体现出鲜明的意象性特征。比如，"女、大、口、小"等字，如果将这些字进行拆分，得到的只是"一""丿""丨"等笔画，它们都只是单纯的汉字笔画，不具备表意功能；合体字是由两个或两个以上不同的偏旁部首组合而成，例如"地、好、圆、淼、编"等，若将它们进行拆分，就可以得到不同的偏旁和部首。譬如，"圆"字可拆分成"囗"和"员"，"囗"字是部首，符合"具有字形归类作用的部件，是字书中的各部的首字"的规定，而"员"字是偏旁。随着社会经济的飞速发展，思维也在无形中进行着演变和进化，巧妙地利用抽象性的语言概括、表达、解释客体对象的思维认知过程，可以说，人们的认知活动，在以具体物象为媒介的具象领域里迈开意象思维的步履，这种步履日渐趋于坚实，更显力度。

第三，汉字审美属性。众所周知，中国的汉字源于图画，图画又是审美鉴赏的产物，因此汉字的作用和价值可以通过审美欣赏来体现。汉字表现出美的特征成为中华文化中一道亮丽的风景。汉字独特的构形折射出汉民族祖先们的美学意识和审美趋向，即使是早期的原始石壁画，也都以生动、传神、鲜活的特征而显示出极高的审美价值。

审美，是对美的认识、美的感受。汉字审美则是汉字在形体上表现出来的美感特征，以及由此引起的人们情感上的共鸣。姜澄清先生曾认为国人的审美鉴赏能力，与汉语言文字密不可分，因为国人几千年来都是使用汉字，已经在不知不觉中有了对形式美的鉴赏能力。的确，先民们通过抽象的点画、线条来勾勒或概括其形状，使汉字具备了特定的、含蓄的内涵。简而言之，汉字外在美是形，内在美就是意。譬如，"集"字，上半部是"鸟"字，下边是"木"字，鸟停在树上，预示着许多鸟在森林中休息，取"集合"之意。我们仿佛听到了鸟的各种各样的啼鸣声，看到了鸟飞上又飞下的动人画面。又如"男"字，上"田"下"力"，在田地里出力的人，我们不仅明白了男人肩上所担负的责任，还能看到一幅汗流浃背的辛勤劳作图。

第四，汉字文化属性。

中国艺术研究院院长王文章曾说过，汉字是当今世界唯一留存下来、使用人数最多和饱腹内涵哲理的象形表意字，它见证了中华五千年灿烂的文明，凝聚了丰富的传统文化，是中华民族源远流长、生生不息的载体。确实，每个汉字的创生与构造，都是华夏民族文化的产物，都凝结着中华民族的丰富情感，都体现着中华民族的文化精神特质。可以说，中华民族历经几千载的沧桑与变革，使得汉字如同活化石一般，将古老的民族文化精神、审美情趣、思维方式等都生动地刻画出来，呈现在我们眼前。

汉字的文化属性主要体现在三个方面，一是汉字的形体蕴藏着丰富的古代文化信息。正如国学大师陈寅恪所说："依照今日训诂学之标准，凡解释一字即是作一部文化史"。例如"闻"字，形同耳紧贴门前，表示侧耳倾听。我们可以认为，汉字字形的分析与解释从最开始就具有文化史的意义。二是汉字的字形构造反映了华夏民族的文化心理。汉字在表意的过程中，造字者根据事物特点和造字方式进行汉字结构的设计。每个字的构形都是造字者看待事物的一种态度，或者说是造字者对事物内在逻辑的一种诠释。三是汉字超强的表意性维系了中华民族的和谐与统一。汉字在中华文化中被地理区域分割，但却以极富包容性的谐音将方言文化的异质性植入统一的文化视阈中，发挥着整合性的作用，且以极富联想力的意象凝聚起文化的精气和力量，传遍整个中华大地。

第二节 初中汉字教学的基本依据

语文教育具有综合性的特点，是提高学习者核心素养的重要途径。汉字教学作为语文教育的重要组成部分，既是初中语文教学的重要任务之一，又始终贯穿整个基础教育，是语文教学中不可忽视的重要环节。在语文核心素养视阈下，笔者认为初中汉字教学有课程、理论、方法三个方面作为支撑。

一、课程依据

（一）课程标准

义务教育新课标在前言部分对文字的地位与作用进行了明确的规定："语言文字是人类最重要的交际工具和信息载体，是人类文化的重要组成部分。"汉字教学作为语文课堂教学的重要板块之一，不仅是进行交流沟通的桥梁，更要肩负起传承民族文化的重任。新课标在编写过程中将"识字与写字"这部分从中独立出来，将其与阅读、写作、口语交际以及综合性学习并列，且将它置于首要位置，由此可见汉字教学的基础性和重要性。另外，新课标针对第四学段的"识字与写字"的目标与内容做了详细的规定："初中阶段（7～9年级）要求累计认识常用汉字3 500个左右"。新课标对每个学段的汉字教学都进行了细致的规划和详细的阐释，更符合学生身心发展的特点，更有利于语文教师的教学。

新课标在总结语文素养内涵的基础之上提出了语文学科核心素养，包括"语言建构与运用""思维发展与提升""审美鉴赏与创造""文化传承与理解"。从内容上看，语文核心素养是知识与能力、过程与方法、情感态度与价值观的高度凝练与综合表现。课标指出"高中语文课程的基本任务是继续引导学生丰富语言积累……提高运用祖国语言文字的能力……思维机制的发展与思维品质的提升……培养审美感和创造表现的能力……继承中华优秀文化"。从上述的表述中可知，语言运用能力、思维发展能力、审美鉴赏能力及文化传承能力的提升都是在汉字的运用中实现的。因此，笔者认为在语文核心素养的视阈下进行初中汉字教学，是对当前汉字教学的有效探索。

（二）语文教材

新课标对第四学段（初中阶段）的识字量，仅提出了要累计认识常用汉字达3 500个。这3 500个汉字，其中累计认识2 500个汉字是在小学阶段完成的。换言之，初中阶段的识字量只要在小学识字量的基础上再增加1 000个字就可以了。初中语文部编版新教材每篇课文中出现的生字词，有一部分是与初中阶段需要掌握的1 000个常用汉字不一致的，并且新教材也不像小学语文课本那样明确标出了本篇课文必学和必掌握的汉字内容，例如：哪些生字只要求认识、会读，哪些生字要求必须理解并且要会写；哪些词语是要求读读写写，哪些词语是要求读读记记；哪些汉字是要新学的，哪些仅是需要巩固的；哪些生字是易读错的，哪些又是易写错的；哪些是常用词语，哪些词语是相对冷僻的等。新教材都没有给予明确的标注和提醒，这就导致了教师教学的随意性和学生学习的盲目性。教师对新课标中初中阶段识字与写字的教学目标，不能简单地理解为是数量上再增加1 000个字，"累计认识3 500个字"中还蕴含着对原来所认识的常用汉字的运用，可以说新教材中的旧字新义或者旧词新义以及在阅读和写作中的运用都应该是初中阶段汉字教学的重点。

汉字教学应合理把握语文核心素养的内涵，并在理解的基础上加以灵活运用，促使汉字教学的目标能与语文核心素养的要求相契合，能更贴合学生的实际学习情况，在把握语文核心素养要求的基础上循序渐进地完成汉字教学目标，从而发挥汉字的最大价值。基于语文核心素养的汉字教学，既可帮助学生牢固掌握汉字及其相关知识，又可促进学生形成必备品格和关键能力。因此，在语文核心素养视阈下，语文教师首先要了解部编语文新教材汉字部分的编写特色、缺陷以及汉字教学中易忽视的地方，坚持以核心素养为统领，将核心素养的四个核心层面与汉字教学高度融合，使它们成为提高汉字教学质量的有力渠道，同时也是汉字教学不懈追求的终极教学目标。

二、理论依据

（一）心理学理论

建构主义学习理论属于教育心理学范畴，以其独特的思维认知方式和纯全的学术理念在教育研究领域激起层层翻腾的浪花。建构主义是认知学习理论的新发展和延伸，它认为学习者的认知结构是个体在感知、理解客观现实的基础之上，在大脑里形成的一种独特的心理结构。学习产生的过程，就是新的观念或新的信息、经验，与大脑中原有的认知结构发生关系。新观念或新信息不是改进了现有的认知结构，产生了新的图式（新的认知结构），就是被现有的认知结构所同化。建构主义学习理论的主要内容表现在知识观、学习观、学生观和教学观四个方面。知识观，它认为知识只是一种假设和解释，并不是固定不变的，强调知识的动态性和情境性；学习观，它认为知识是个体主动建构的过程，强调学生学习的主动建构性、社会互动性和情境性；学生观，它认为学生不是空着脑袋走进教室的，强调学生知识经验的丰富性和差异性；教学观，建构主义主张要为学生创设理想的学习情境，促进其知识经验的生长，使学生能积极主动地建构知识，因此提倡抛锚式教学。从整体上看，建构主义教学更加注重培养学生分析问题、解决问题的能力，有利于创造性、批判性思维的深入发展。

北京大学钱理群老先生认为语文教育就是要"给孩子一个精神的底子。"笔者认为，汉字教学作为语文教学的基础部分，更要注重对学生内在品质与能力的培养，不能一味地逼迫学生被动地进行死记硬背，机械记忆，而是要引导学生自觉地去构建新的认知结构，在文字中汲取人文精神的浸染，接受文化内蕴的熏陶，促进个体核心素养的不断发展和提升。那应该如何使初中生认识到自己是课堂教学行为的主体，有意识地自觉进行知识的建构与能力的发掘呢？笔者认为，同样的汉字教学，有些老师从字形出发，有些老师从字义开始，但殊途同归，都要求教师在教学中有一颗敏锐的心，于教学中探寻出核心素养与建构主义内在的隐性关联，求同存异，发挥二者在汉字教学中的最大效用。

（二）文字学理论

成功的汉字教学离不开"六书"理论的指导。"六书"理论是我国传统的研究汉字的理论，是先人们留下的宝贵遗产。许慎在著作《说文解字·后叙》中不仅一一列出"六书"的名称，还分别下定义并举例例证。所谓"六书"，就是古人在研究大量汉字的基础上得出的有关汉字的产生、构造、演变和使用的六种方法，分别是象形、指事、会意、形声、转注和假借，前四书被称作造字方法，后两书为汉字使用方法。"六书"理论不单单是我们了解、认识、介绍古代语言的独特桥梁，其内涵更是丰富深刻，一个字也许就是一段动人的故事，一种诗意的象征。换言之，不仅限于汉字本身，汉字所处的时代、历史、政治、经济、文化、民俗等都会透过文字鲜明生动地传达给我们。

汉字作为一种伴随历史发展、次第积累并逐步完善的文字符号，即便时代嬗变、技术革新，汉字饱经沧桑变故，字形与最初的形式有了巨大的改变，然而其性质却始终没有改变，它仍属于表意体系的文字，仍是综合形、音、义三个信息源的内在统一体。现今的汉字教学，如果我们能探源而行，以汉字的本质为基石，不仅能教会学生从形、音、义三个方面去认读、书写汉字，更能让学生知其所以然，从多个方面提升学生的素养。

汉字是以形表意的文字，其意符负载了大量的历史文化，成为提升学生文化素养的一个管道。汉字虽成千上万，读音和字义千差万别，但每个字符之间的关系却不是一盘散沙，而是彼此关联、内部有序的有机整体。在语文核心素养视阈下，要求语文教学要提升学生的语言表达能力、思维能力、审美鉴赏能力和文化理解能力。教师在课堂教学中，要着眼于汉字的基本特点，以"六书"理论为理论指导进行汉字教学。例如，表达字义为"美"，是由"女"和"子"组成的"好"；字义是"丈夫"，则由"田"和"力"组成的"男"，这些汉字都传达出人们对美好事物的憧憬、向往和热爱。教师若将这些隐藏在汉字背后的深层理据挖掘出来，实际上就是在向学生讲解先人造字的构想、创意和缘由，并且再现了当时的社会历史场景。如此一来，学生们就会在潜移默化中被汉字所承载的精深、璀璨的民族文化深深吸引。他们的语言表达、思维发展、审美鉴赏、文化理解和传承等能力在无形中得到提升。

第三节　初中汉字教学的实施策略

语文核心素养的提出，为新一轮的语文教学改革注入了新鲜的血液。从核心素养的视角实施汉字教学，既需要教学理念的改变，更需要教学策略的支持和运用。笔者详细论述了在核心素养视阈下造成汉字教学在语言、思维、审美和文化层面出现的问题并全面分析了出现上述问题的原因。本节接下来将从"把握语文教学的基本特点""贯彻循序渐进的教学原则""拓展教学内容""灵活运用多种教学方法"和"进行多方位汉字教学评价"五个方面具体探讨如何灵活有效地进行汉字教学，力求解决上述出现的各种问题，以期提高汉字教学效率，提升学生语文核心素养，进一步推动语文教学的深入发展。

一、把握语文教学的基本特点

前文已经详细地论述了当前语文教育将汉字的作用与价值定位于"工具性"的表现、原因及其带来的危害。我们已清醒地认识到将汉字看成单纯的交际工具，偏颇地认为它的价值和作用仅限于帮助我们实现阅读、写作、口语交际等方面的教学目的，这样的一种想当然的看待和处理方式，正符合"筌者所以在鱼，得鱼而忘筌"。若想打破当前汉字工具论独霸一方的局面，就要在汉字教学过程中还汉字本身所具有的丰富人文内涵，关注汉字本身的人文特性，让我们的学生从小就耳濡目染地印记在骨血里。

汉字发挥交际工具和信息载体的功用，突出了汉字的工具性；汉字是民族文化的重要组成部分之一，突显了汉字人文性。语文特级教师张庆也曾指出："……汉字本身还蕴含着丰富的民族文化。……教识字不仅是教给孩子一种工具，还要激发孩子热爱本民族的语言文字……"因此，在汉字教学时教师要关注汉字的人文性特质，带领学生去触摸、去体会、去经历汉字所隐藏的丰富情感和生命智慧，让他们清醒地意识到读汉字不是在读文字符号，不是在机械地识记，而是在和先人们进行情感的交流和智慧的对话。在古人的思想观念里，汉字是用其形体来表现他们的认知、情感、想象和思维。例如"轻"字给人以飘逸之感，"重"字给人以笨重之感，"笑"字一看就像快乐地眯了眼，"哭"字一看就像在流眼泪。这样，我们所学的汉字就不再是无意义符号的堆砌，而是一幅幅灵动精美的画卷，一首首耐人寻味的诗歌，一个个优美动人的故事。

如"信""仁"二字，在小学已经学过了，但更多的是从汉字的工具性角度去教学的。在初中阶段，我们可以从人文性视角入手帮助学生更深入地理解"信"和"仁"传达出的人文性含义。"信"字，从人从言，意为为人处世都要讲究诚信，诚信乃立人之本。"仁"字，从人从二，人和人之间相亲相爱为仁，它体现了古人们的仁爱思想。这些内容在今天也是我们极力倡导的。在中学汉字教学中，汉字的工具性和人文性都应当真正到实处，二者缺一不可，也不能厚此薄彼，偏废其一。

二、拓展汉字教学内容

教学内容属于"教什么"的范畴，在语文教学中具有举足轻重的地位和不可估量的作用。传统汉字教学内容的选取和确定存在着严重问题。笔者认为，汉字教学内容的选取和确定一方面要符合课程标准的要求，另一方面要实实在在的有利于中学生的长远发展和语文素养的提升。换言之，汉字教学只是机械地识记与抄写已不符合汉字教学内容的要求，教师应该根据学生情况，拓展汉字教学内容，在识记的基础上更侧重培养学生的语言表达能力、思维品质能力、审美鉴赏能力、理解文化与传承文化的能力。学生核心素养的提升意味着汉字教学质量的提升。

例如教授偏旁是左耳刀"阝"、右耳刀"阝"和单耳刀"卩"这一类的生字，学生在学习汉字的时候，什么时候耳刀要放在左边，什么时候要放在右边，他们往往不清楚，弄不明白。为什么有些字是单耳刀、有些字又是左耳刀或右耳刀，它们之间又有何区别和联系？这些不仅学生们不知道，很多的一线教师对其的认识也是模糊不清。其实，耳刀旁和耳朵之间没有任何的关联，是意义完全不同的两个部首，并且耳刀旁在字的左边或是右边，其意义也是不一样的。

"卩"是"人"的变体，原为跪着的人，金文写作"🦵"，这样的跪姿是古人在用餐、会客或者休息时的姿势，类似于现在我们的坐姿。"卩"组成的汉字，大部分都是动词，表示某种动作，与人有关，而"卩"的部分都是指下跪的人，譬如，"印、即、抑、却、卸"等，"印"的左边像一只手，右边是跪着的人，合起来表示用一只手将一个人往下按，使其下跪，所以"印"的本意是"按"。"阝"在字的左边时，是"阜"的变体字，本义为土山，从古字的字形能看出它是象形字，《说文解字》中记载："阜，大陆也。山无石者，象形。"有人认为"阜"是一座座的山崖，也有人认为"阜"是一级级的台阶，因而一般用来表示地势的高低、升降或是土山、阶梯。当"阜"作汉字左边部首时，简化写成"阝"，因此左"阝"组成的字有：阶、降、陟、阳、险、阴、队、陵、陷、阱、坠、陆、限、除、陛等，基本上都是和地势的高低、位置的升降、阶梯有关。如陛、除、阶表示的就是台阶；坠、队、降、陟等则表示位置的上下移动；而陵、陆、限、险、陷、阱等表示地势的高低、陡缓。当"阝"在汉字右边做偏旁时，是"邑"的变体字，本义为疆域，属于会意字。上半部是口，表示疆域，下边的"巴"，甲骨文字形像一个跪着的人，表示人口，组成字则表示"人口聚集地"。"邑"作为汉字的右边部首时，简化写作"阝"，以右耳刀旁的方式存在。一般情况下，由右耳刀组成的汉字都和人口聚集有关，或者是古地名、国名和姓名等。例如，表示古地名，如邺、邓（邓县在河南省）、郓（山东郓城）、邗（扬州邗江）等；表示古代国名，如郑国（周代国名）、邹国（周代国名）等；表示山川名有邙、鄱等；表示姓名有邢、邬、那等。整个课堂教学，教师以偏旁部首为点，综合、系统地指导学生学习同一个偏旁部首衍生出来的不同汉字并讲授相关汉字的文化背景和文化意蕴，学生不仅认识了有关这三个偏旁的汉字，更是增长了汉字文化知识，知晓了先人们的造字思维，并使自己的思维得到了训练。这样的汉字教学使得学生长期浸润在文化、思维和审美的熏陶中。

三、灵活运用多种教学方法

汉字的构造既讲究规则又体现出艺术，不仅有音的示读，更有意的表征，因此，人们对汉字的特点有不同的认识与理解。以此为基础，语文学者们创造出多种各具特色的汉字教学方法，可谓"百花齐放"。如随文识字法、字理识字法、"注·提"法、联想识字法。通过对各种识字法的分析可知，我们很难用"孰优孰劣、谁好谁坏"这类词来评定某一种识字法，正如专家们达成的共识一样：每一种具体的识字方法虽各具特色，各有所长，然而它们在拥有自身优势的同时，也有很多的局限与不足。简言之，任何一种汉字教学方法都不能恪守一方，更不能包打天下。在教学过程中教师应当根据实际的教学情况，多法并举，兼容并包，灵活运用多种教学方法，取其精髓，用其所长。这既有助于优化识字方法，解决汉字教学方法单一化倾向，又使其更加科学、实用、具有可操作性。同时还能使学生受到识字方法精髓的浸润与洗礼，核心素养于潜移默化中得到发展和提升。

笔者翻阅部编语文新教材发现，初中阶段学生学习的汉字基本上都属于形声字。经过小学六年的积累，汉字的结构特征已逐渐显明出来，尤其是通过对简单的形声字的学习之后，初中生已经大致了解了汉字的表意性特征，初步形成了形声字系统的观念。在大量接触口头语言和书面语言的基础上，他们对汉字意义的掌握与理解也在不断地加深。在这个阶段适合将随文识字教学法和字理教学法综合起来运用，学生借助复述、概括课文内容或组词造句等方式将已掌握的汉字运用到具体的阅读、写作实践中。随文识字的最大特征就是跟随课文识字，把汉字置于具体的语言情境中进行识别和运用，利用对课文的阅读和分析来解决生字的识记、书写和运用等问题，做到"字不离词、词不离句、句不离篇"，整个教学过程就是将识字与培养听说读写的能力结合起来，均衡发展。而字理教学法的使用是建立在中学生的认知能力、理解能力和思维能力进一步增强的基础之上的，其特质是根据汉字的组构义理解析汉字形义的关系，关注汉字教学的规范化，侧重于识字"知其所以然"。教师在课文教学过程中，应力求对生字词的理解做到随文处理和强化，引导学生抓住文章中的关键字词，通过咬文嚼字，理解文章中的关键句，再将其融入文本的具体情境中去，以对单个汉字的理解带动对词、句、段、篇的理解，真正做到以文释字、以文释词，词不离句，句不离段，段不离篇。

例如，在文言文阅读的教学过程中，教师可以指导学生寻找课文中的关键字，通过对关键字词的理解，使文本内容和情感的解读变得更加丰富，更加深刻。《曹刿论战》这篇文言文，教师讲解"肉食者鄙，未能远谋"时，便可从"鄙"字入手，将其融入文本语境中去分析、讲解字理。投影显示"鄙"的小篆，其右部（"阝"）是"邑"的变形。"邑"字的本义是人口聚集的地方，即村落。"鄙"是以"邑"表义、以"啚"表声的形声字，原义指农村偏僻的边远地区，组词"边鄙"等，后引申表示为粗俗的、缺乏教养的，如"鄙俗"。"鄙"字在《曹刿论战》一文中是曹刿论战的关键说辞，老师在上课时必须抓住这个关键字，进行详细的阐述。讲解后文"小大之狱"时，学生不能清楚地理解"狱"为何作"（诉讼）案件"之义，教师要有敏锐的观察力去抓住教学时机讲解"狱"的字理：投影显示繁体"狱"字，金文是𤟥，由犭（犬，"吠"，狂叫）言（诉辩）犭（犬，"吠"，狂叫）组成，《说文解字》解释为："狱，确也。从㹜，从言。二犬，所以守也。"后引申为监牢，牢房，如"监狱""牢狱"等。随着时代的变迁和发展，"狱"又借代引申为"案件，官司"，如"文字狱"。在课文中，曹刿论战时根本就不在乎鲁庄公对侍从施舍的小恩小惠或祭祀时的诚实，他看重的是鲁庄公是否真是以真实的民情审判大大小小的案件，认为这是对百姓的关心和忠诚，所以可以一战。学习每篇课文时，老师都应该有意识地去引导学生寻找文中的关键字词，运用字理随文解读，一点一滴地积累，长年累月既补充扩展了学生相关的文字学和文学常识，又加深了学生对字词含义、文章内容的理解。综合利用多种教学方法，取其所长，发挥各自的优势，对汉字教学起到了画龙点睛之效。

四、进行多方位汉字教学评价

没有规矩不成方圆。在语文核心素养视阈下，汉字教学评价方式的单一化促使汉字教学距离汉字运用、汉字审美、汉字思维和汉字文化越来越远，学生素养的培养与提升也越来越难，进行多方位的、完善的汉字教学评价迫在眉睫。笔者认为当前教师的首要工作就是要对汉字教学进行完善、多方位的评价。这样既能改善当前教师混乱的评价观，又能高效快速地推动汉字教学的发展，提升学生的核心素养。

基于对传统汉字教学评价缺陷的认识，进行多方位的汉字教学评价，教师应做到：由只关注"四会"向关注学生对汉字文化意蕴的理解和传承转变；由只注重识字数量多少和识字速度快慢向注重提升学生汉字审美能力转变；由只关注汉字教学的眼前利益向关注学生的长远发展转变；由单一的评价考核形式向多元化的评价考核形式转变。教师应将提升学生语文学科核心素养纳入汉字教学的评价体系中，在对学生的汉字掌握情况进行检测时，不仅测试学生的认读、书写和掌握汉字的数量和速度，还应适当地安排对学生审美能力的训练，对汉字文化的考核，加强汉字人文性教学，促使学生语文核心素养的长远发展。

以汉字审美为例，"……汉字教学的应用价值和审美价值本是同一事物的两个侧面，……它应是汉字书写教学自始至终的重要内容……"关于学生汉字书写情况的评价，教师评价的标准不要仅局限于汉字写得是否正确，同时也要将眼光转到其字写得是否工整、美观。俗语说"字如其人"，的确一手好字是一个人形象的代表，漂亮、工整、美观的书写在无形中给人增加印象分。老师在教新字词的时候，可以指导学生如何去欣赏和感受汉字的形体美，在写字的过程中如何体会和领悟汉字的建筑美与绘画美。另外，还可以适当地引导学生临摹名家书法作品，因为书法作品是联结名家和临摹者之间的桥梁，临摹的过程是体会汉字形体美、结构美、章法美和意境美的过程，临摹者是由临摹书法艺术形式进而掌握其内在意蕴。可以说，学习书法的过程是从艺术形式的训练到审美思想培养的过程。从审美的角度去认汉字，写汉字，理解汉字，会使汉字教学达到事半功倍的效果，也是发展学生核心素养的有效途径。

第六章　基于语文核心素养的初中语文综合性学习教学策略研究

　　语文综合性学习是新课改后提出的语文课程新形态，经过专家、学者、一线教师的不断探索和实践，逐渐适应了我国语文教育教学，但作为新生事物，其理论构建和教学实践还存在不足。在这种"瓶颈"现状下，结合语文学科特点，专家们提出了语文核心素养。语文核心素养的提出对初中语文综合性学习的开展具有启示和引导作用。本章就语文核心素养下的初中语文综合性学习的教学进行了研究，以期改变传统的初中语文综合性学习现状，使初中语文课堂教学更符合学生需要。

第一节　基于语文核心素养的初中语文综合性学习认知

一、语文综合性学习界说

　　什么是语文综合性学习？这种学习方式与语文课外活动、综合实践活动课程、研究型课程和研究性学习有什么区别？在语文教学教育研究者中，上面的问题一度是讨论的焦点，但莫衷一是。笔者对语文教育教学研究者的观点做了简单的梳理，对语文综合性学习提出了一孔之见。

　　学术界对"语文综合性学习是什么"的观点主要有三种，第一种是语文综合性学习是一种课程组织形态，第二种观点认为语文综合性学习是一种学习方式；第三种观点认为语文综合性学习是课程形态与学习方式的统一。

　　在笔者看来，语文综合性学习应当是根植于语文学科的一种课程形态，是学生在教师创设的语言学习情境中，以自主、合作、探究的学习方式，主动搜集、整合、使用合理的语文学习资源，综合运用已学知识和已备能力解决实际问题，以促进语文素养各要素的综合推进和协同发展的课程形态。笔者对语文综合性学习的定义中，试图限定并明确语文综合性学习的教学主体、教学目标及其实现途径，并兼顾其静态的课程定位和动态的教学开展。

二、基于语文核心素养的初中语文综合性学习的内涵和特征

语文核心素养作用到初中语文综合性学习上，将更强调初中生在真实的语文实践情境中敏锐发现、准确表征、深层理解、有创意地解决实际问题的表现以及从中获得的个性人格的成长。这些积极的变化必定会赋予初中语文综合性学习更为丰富的内涵和特征，有助于更新初中语文综合性学习的开展思路。

（一）内涵的丰富

语文综合性学习是能融识字、写字、阅读、写作、口语交际于一体的语文课程新形态，其中，文字的认读与书写、文章的阅读与写作以及口语交际等语言文字的运用，德育、美育、文学教育、文化熏陶以及蕴含在这些语文实践活动中的思维训练都是其应有之义，这些与语文核心素养不谋而合。语文核心素养的进步意义在于避免了"三维目标"被割裂的危险，凝练了"语文素养的核心要素和关键内容"，指明了学生在语文实践学习中应获得的关键能力和必备品格。所以，基于语文核心素养的初中语文综合性学习的内涵将更为丰富，它注重以真实、有意义的语文情境引领语言实践活动，帮助初中生更好地进入发现问题、研究问题、解决问题的实践状态中，重视学生在问题解决过程中语言、思维、审美、文化的动态发展、互相作用和创意表达。

（二）特征的丰富

语文综合性学习具有语文性、综合性和人本性三个基本特征，语文核心素养的提出使得初中语文综合性学习的特征更为丰富，既体现了核心素养的一般特征，又凸显出语文的学科特质。

1. 基于问题解决的情境性

《义务教育语文课程标准（2011年版）》明确"第四学段要多关注学生在语文活动中提出问题、探究问题以及展示学习活动成果的能力""要充分注意学生解决问题的思路和方法"，体现了对初中生问题意识以及问题解决能力的重视，这一点与《普通高中语文课程标准（2017年版）》阐明的"围绕学习任务群创设

能引导学生广泛、深度参与的学习情境……引导他们体验发现问题、解决问题的过程"相一致。初中生问题意识的培养是其进行探究学习的敲门砖，创设真实的问题情境是激发其问题意识的关键。因此，语文核心素养关照下的初中语文综合性学习强调密切联系初中生现实生活中的实际问题创设学习情境、开展学习活动，高度关注学生在这种真实的社会环境、自然环境、文化背景下形成的问题意识、解决实际问题的能力和创造想象能力。这种基于问题解决的真实情境除了以语文学科知识为基础之外，还提倡开展跨领域学习，进一步打破学科间的壁垒、教科书的束缚，把学生引向社区、社会、自然等更广阔的学习情境，由学生从个体视角发现真实而有价值的问题，并在实际问题情境中分析问题，进而创造性地解决问题。

2. 语言思维训练的应用性

语言是人类独有的、最重要的交际工具和思维工具。语言能力和思维能力是人类赖以依存的两项最基本、最重要的生存能力。语文综合性学习高度重视发展学生的创新能力，但它不是创新大赛，语言和思维作为最基础的东西仍是主要的。《义务教育语文课程标准（2011年版）》关注学生"在发展语言能力的同时，发展思维能力""能主动进行探究性学习，激发想象力和创造潜能，在实践中学习和运用语文"，语文核心素养也将两者作为一级层面和二级层面分别列出。故而基于语文核心素养的初中语文综合性学习要更强调在问题情境中，初中生正确运用得体、优美的语言文字表达、已加工成熟的思维来解决实际问题，进行人际交往等一系列语言和思维的应用性表现，这是显性特征。值得注意的是，语文学科中的思维训练有别于数学学科的思维训练，前者是基于语言现象和文学形象的，隐于听说读写等语言文字运用背后的思维训练。

3. 审美文化品质的内化性

《义务教育语文课程标准（2011年版）》中的"总体目标与内容"的前三条从语文素养的宏观层次出发，"关注学生的个性与人格发展、文化积累与文化态度"。第一条对思想道德、审美情趣、个性人格、态度精神、价值观念提出了要求，第二条侧重于对待古今中外文化的态度，第三条是有关学习语文和汉语言文字的态度的要求。这些与语文核心素养的"审美鉴赏与创造""文化传承与理解"相呼应，对初中语文综合性学习均有指导意义。审美文化品质的内化性也成了语文核心素养赋予初中语文综合性学习的隐性特征。在总体目标指导下的初中语文综合性学习，无论是教材编写、教学设计，还是课堂实践，都必须立足于语文学科，培养学生的以语言能力为核心、以人文素养为外延的语文核心素养。前者是语文学科的基本素养，后者是在实现基本素养的同时需要兼容地包括文化底蕴、审美情趣、思想道德品质等在内的延伸素养，这也与语文核心素养提出的"审美""文化"两个要点相吻合。因此，基于语文核心素养的初中语文综合性学习除了格外注重历练初中生的语言思维之外，还强调了要关注其对初中生审美情趣、文化熏陶等潜移默化的影响，使之积淀、内化为初中生稳定的人格素质。

三、基于语文核心素养的初中语文综合性学习教学的理论依据

我国设置语文综合性学习，建构核心素养、语文核心素养框架既顺应了世界教育改革的趋势，也符合了我国语文教育发展的客观实际。因此，在窥探语文核心素养背景下的初中语文综合性学习的理论基础时，不仅要寻找教育心理学理论基础，而且应关注语文学科的课程依据。

（一）教育心理学理论基础

1. 多元智能理论

加德纳的多元智能理论打破了传统的一元化理论，对教育界产生了巨大影响。加德纳认为智力不是整合而成的某一种能力，而是相对独立的一组能力，每个人均拥有这些智力潜能，但个体都是以自身独有的方式对这些智力潜能进行不同程度地开发、利用和联结，并呈现不同的组合方式。以此为基础，他列出八种智能清单，并将"智力"指向基于现实生活的问题解决能力和创造产品能力。鉴于每个人的智力及其表现形式都各不相同，与之对应的评价体系也应是多元化的，加德纳又提出"情景化评估"的思想，试图用"真实性评价"的方式代替标准化考试，"把重点放到了学生对学习内容的理解上，探讨学生在学习过程中的有意义、有价值的经历，展示出学生动手、动脑的过程和整学年的学习状况"。

《普通高中语文课程标准（2017年版）》围绕语文核心素养及其表现水平研制了学业质量标准，并设计了与之对应的五级层层递进的学业质量水平，旨在以学生综合运用知识解决实际问题的具体表现衡量其所处的学业质量水平，体现和发展了加德纳的"真实性评价"理念，这也正是初中语文综合性学习所欠缺的。可以说，多元智能理论构成了语文核心素养视角下初中语文综合性学习的心理学基础，在阐述其目标观、学习观、评价观等方面具有实际指导意义。在目标

观上，重视培养学生在语文实践活动中的问题解决能力和创造力；在学习观上，尊重学生个体差异发展的特殊性，倡导自主、合作和探究的学习方式；在评价方式上，采用过程性评价、多元化评价标准，关注每个学生在过程中有差异、有层次的表现，着重考察学生的语文综合运用能力、探究精神、合作态度。

2. 发现学习理论

布鲁纳在皮亚杰认知心理学的基础上提出了发现学习理论。他认为学习是一个主动认知的过程，学习和理解一般的原理、原则固然重要，但更重要的是培养学生拟定假设推测关系，应用自己的能力探索、解决新问题的态度或能力。发现学习是以学习者为主体的"发现"，即不把学习内容直接呈现给学习者，而是由其通过一系列发现行为（如转换、组合、领悟等）去探究并获得学习内容的过程，"发现"的学习内容可以包括学科基本知识结构、学科学习基本方法、学科学习良好态度等。发现学习理论是建构主义的早期理论之一，也构成了基于语文核心素养的初中语文综合性学习的方法论基础，即让学生经历、体验各类有启示和陶冶价值的语文实践活动，主动探求并发现知识内容的体系，掌握解决问题的方法，锻炼语文核心素养的各个要素。教师所做的是既要给学生更多的学习主动权和决定权，由他们亲身经历体验和发现的过程，又要把握初中生的经验水平，遵循他们发现认知的规律，在学生需要时提供"支架"，坚定并驱动学生的自信心和内部动机。

此外，建构主义学习理论也对语文综合性学习产生了极大影响，它强调知识的动态性，学生已有知识经验的丰富性和差异性，学习的主动建构性、社会互动性、情境性和教师的指导作用。正式有关建构主义学习理论的研究滥觞于1990年开始的美国佐治亚大学教育学院组织的"教育中的新认识论"系列研讨会，此后各类研究便如雨后春笋。其培养学习共同体、支架式教学、抛锚式教学等教学模式为基于语文核心素养的初中语文综合性学习提供了值得借鉴的做法。

3. 人本主义学习理论

人本主义学习理论高举全人教育和情感教育的旗帜，凸显了对"人"的主体地位的极大关注。在这一学习理论指导下，学生处于整个学习、过程的核心位置，学习目标、学习内容、学习方法、具体实践等各方面的确定，无不把学生放在首位。具体而言，在学习目标上，主张统一学生的情感和认知、感情和理智、情绪和行为，强调启发学生的创造潜能，促进自我实现。在学习内容上，加强学习与学习者个人生活及社会现实问题的紧密联系。在学习方法上，重视建设性的创造、经验学习、主动探索与角色扮演。在具体实践上，以学生的自我发展为导向，追求一切适合学生需要的教育措施。

人本主义学习理论面向完整的学生，高度重视学生的主体性和成长需要，是语文核心素养下的初中语文综合性学习的主体论依据。语文综合性学习是最能展现以学生的语文实践活动为主体的课程形态，语文核心素养的提出体现了语文学科在发展素质教育育人价值和落实立德树人根本任务方面做出的努力，更坚定了初中生在语文综合性学习中的主体性地位。因此，教师要充分考虑初中生面临的身心发展特点，尊重他们的兴趣爱好、能力经验、学习需求，以适合学生的方式历练他们的语言思维能力，激活其合作探究意识、人际交往意识、问题解决能力、创新创造潜力，关注审美表现、道德情操、文化品位、人格修养的内在发展。

（二）语文学科理论依据

基于语文核心素养的初中语文综合性学习不仅需要一般的、共性的教育心理学理论提供方法论和教学主体论等理论基础，还需要从我国语文教育教学出发，从语文课程的性质、目标、特点中寻找其学科理论依据。

1. 语文课程的性质与目标

从语文课程的性质来看，我国语文课程是教学汉民族语言的课程，其性质的特殊性表现为"语文课程既是一门工具课程，又是一门人文课程；语文课程既是教学语言形式的课程，又是教学语言内容的课。"这一阐述强调了语文课程的内容与形式的不可分割性。此外，语文课程目标从"双基""三维目标"到"语文核心素养"的百年嬗变历程表明：语文课程目标绝不是单一性的，它包含言语行为、知识技能、方法习惯、道德审美、文化视野与价值观等各方面要素。不管是新课程倡导的"三维目标"，还是当下热议的"语文核心素养"，都体现了语文课程目标是一个无法分割的整体，指向学生语文素养的综合发展。因此，语文课程的性质和目标明确了语文核心素养视角下的初中语文综合性学习必须要有综合性视野的大前提。

2. 语文课程的特点

语文课程性质和目标的特殊性决定了语文课程既具有民族性的特点，又具有工具性与人文性相统一的特点、实践性与综合性相统一的特点。

首先，语文课程教学肩负着语言形式和语言内容教学的双重任务，"就语言形式的教学而言是掌握中华民族乃至人类思维和交际、生存和发展的工具，就语言内容的教学而言是传承中华民族乃至人类的优秀文化"，故我国语文课程具有区别于"其他课程"的民族性的特点。其次，语文课程既是"形式训练"的学科，又是"内容学科"工具性与人文性的统一，是语文课程的"基本特点"。前者侧重于语文知识与能力的教育，后者侧重于情感、态度、价值观的教育，两者既相分不杂，又相依不离。因此，工具性和人文性的一体化构成了语文学科的一大特点。最后，语文课程具有实践性和综合性的特点。"语文课程是实践性课程，应着重培养学生的语文实践能力，而培养这种能力的主要途径也应是语文实践"。相应地，寓于在语文实践过程中的教学目标、教学方式、教学内容、教学资源、教学媒介等都具有鲜明的综合性特点，最终体现为学生语文能力的锻炼、语文学习方法的掌握、情感态度与价值观的塑造等的紧密交织和综合内化。语文课程的特点要求基于语文核心素养的初中语文综合性学习要更加密切语文课程与跨学科、跨领域、跨文化、跨媒介的联系，生发出真实灵动的语言实践活动，重视提高初中生的语文能力，但也绝不松懈对学生在语言文字运用过程中表现出来的方法习惯、情感态度与价值观的关注。

第二节　基于语文核心素养的初中语文综合性学习教学原则及教学策略

钟启泉认为基于核心素养的学科教学寻求的是真实性学力、真实性学习和真实性评价。其中，"真实性学力"是以"通用能力"为中心的"可信赖、可迁移、可持续的真实的学力"，"真实性学习"包括探究学习与协同学习，"真实性评价"是用来矫正标准评价弊端而使用的真实的、可信赖的评价。三者互相作用，形成闭合的循环路径：真实性学力需要借助真实性学习得以实现，而真实性学习又离不开真实性评价的支撑，真实性评价的最终目的是真实性学力的养成。面对不同学科，真实性学力、真实性学习和真实性评价应有不同的所指，基于核心素养的语文学科的真实性学力即是由语言、思维、审美和文化构筑的语文核心素养。因此，语文核心素养背景下初中语文综合性学习的"真实性学力"应指向初中生在这个过程中培养或提升的关键能力和必备品格，相应地，培养这一真实性学力需要真实性学习和真实性评价的保驾护航。

一、基于语文核心素养的初中语文综合性学习教学原则

初中语文综合性学习被语文核心素养赋予了更为丰富的内涵和特征，其行为主体是处于身心发展高峰期的初中生，这些都决定了它在教学原则上必须有所革新，以区别于小学语文综合性学习。笔者结合初中生身心发展规律和初中语文教育教学规律，提出"夯实语言基础，促进思维发展""创设问题情境，培养问题意识""关注过程体验，发展审美情趣""滋养文化底蕴，明确社会责任"四个原则，为具体阐述教学策略提供基础方向。

（一）夯实语言基础，促进思维发展

《义务教育语文课程标准（2011年版）》突出了义务教育阶段语文课程必须聚焦于学生学习运用语言文字的核心目标，强调"在发展语言能力的同时，发展思维能力"。语文核心素养则将"语言建构与运用""思维发展与提升"作为第一、第二层面提出，《普通高中语文课程标准（2017年版）》进一步指出要"引导学生丰富语言积累，培养良好语感，掌握学习语文的基本方法，养成良好的学习习惯，提高运用祖国语言文字的能力；语言文字运用和思维密切相关，语文教育必须同时促进学生思维能力的发展与思维品质的提升"。以上都强调了语言运用和思维发展的一体性，可以说没有成熟的思维，便无法组织优美的、符合逻辑的语言；没有扎实的语言功底，也无法准确、完善地表达思维。因此，"形于外的听话、说话、阅读、写作等言语操作技能，也包括隐于中的思维——借助内部语言在头脑里进行认识活动的心智技能"构成了学生的"语文能力"。

课程标准和语文核心素养对语言、思维的高度重视决定了基于语文核心素养的初中语文综合性学习要坚持"夯实语言基础，促进思维发展"的首要原则。初中作为承上启下的学习阶段，其语文课程乃至综合性学习的基本任务首先都应是培养初中生更高一层的语文能力。初中语文综合性学习作为侧重于语言实践的语文课程形态，能为初中生综合锻炼语言、思维提供大量的实践机会，这也是其"语文性"的体现。另外，由于小学语文综合性学习以兴趣性和体验性的语文活动为主，关注小学生初步感知语言文字魅力、进行简单的思维活动等浅层次目标的达成；而随着大脑机能的加速发育，初中生逐渐进入身心发展的加速阶段，他们的语言、思维的学习能力也进入了关键期。因此，初中语文教师需要更好地把握初中生认知发展规律和语文学习的阶段性特征，营造丰富有意义的语言实践情

境，以语言文字的历练作为激发学生思考的媒介，确保给学生的思维提供恰当强度和密度的正向刺激及有效训练，重视对学生思维方式方法的指导，提升学生思维的深刻性、灵活性、批判性、敏捷性、独创性等品质，培养学生抽象、逻辑、辩证、批判、反省、发散、创造等思维能力，帮助学生掌握思维规律、学会思维，使语文能力获得整体锻炼和均衡发展。

（二）创设问题情境，培养问题意识

《普通高中语文课程标准（2017年版）》在课程理念中指出："语文课程还应当适应当代社会的发展需要，为培养创新人才发挥重要作用。要引导学生在语言文字运用的过程中发现问题，培养探究意识和发现问题的敏感性，探求解决问题和语言表达的创新路径。"

《义务教育语文课程标准（2011年版）》在"实施建议"中明确要"重视培养学生的创新精神和实践能力""注重语言的积累、感悟和运用……发展学生的思维，培养想象力，开发创造潜能，提高学生发现、分析和解决问题的能力"。根据两个课程标准的阐述，可以提炼出"语言""创造性""解决问题"三个关键词，这也与加德纳提出的学科课程的教学目标应指向学生的问题解决能力和创造力的观点不谋而合。

以上都表明基于语文核心素养的初中语文综合性学习的具体教学过程是在一个个问题的提出和解决中不断推进的。而问题的提出需要创设真实的问题情境作为"楔子"，这种问题情境并非一个固定的框架，而是包含"结构化知识、程序性知识、反思性知识、系统表象和隐喻以及执行与策略性知识"等多种表征形式的动态发展的问题空间。结合课标的理念，教师创设的问题空间应包括一项甚至多项贴近学生现实生活的真实任务，真实任务中有丰富的能力培养元素和充分的语文实践活动，能最大限度地激发初中生的问题意识和探究欲望。在真实的问题空间下，初中生综合运用语文能力准确把握和理解问题的语义表征，由他们内在的思维活动完成发现、整理和提炼问题的过程，逐渐培养"于无疑处有疑"的自觉的问题意识。但问题意识的养成不仅依赖于教师构建的问题情境，还与初中生自身思维品质的敏锐性有关，这就要求教师不能只关注问题情境的真实性，还要重视带动学生各项思维品质的协同锻炼（即原则一）。此外，培养初中生在语文综合性学习中的问题意识既需要教师给学生足够的主体自由，由学生自主、能动地锻炼个体对问题的敏锐感，也离不开教师及时发挥自身指导、协调和纠差的

作用，通过师生双方积极发挥各自的能动性，最终提升初中生的语文实践能力、问题解决能力和创造创新意识。

（三）关注过程体验，发展审美情趣

"过程与方法"是三维目标的一个维度，语文核心素养也关注语文实践活动过程中学生多种素养的养成，语文综合性学习能很好地满足两者对学生过程性表现和个人体验的诉求。因此，基于语文核心素养的初中语文综合性学习要求的不仅是初中生掌握哪些具体的知识和技能，更看重每个学生独特的"过程性表现"，即学生能否在这一过程中对"所学的知识进行选择、批判、解释、运用，从而有所发展、有所创新"，这也是其评价的出发点。初中生正处于独立意识形成的关键时期，渴望赢得教师对自我表现的认可，教师应抓住这一心理特点鼓励学生在语文综合性学习中充分发挥个体积极性和团体合作精神，关注他们主动探究并解决困难或问题的创造性表现，珍视学生获得的自信心、成功感等独特的个人体验，引导学生认识自我，更好地发展自我。

知、情、意全面和谐地发展是素质教育的目标。在这一总目标下，智育、德育、美育三个子系统构成了语文课程目标的多元结构体系，这与新课程提出的三维目标大致吻合。德育和美育指向"情感态度与价值观"这一隐性目标，语文核心素养则将美育目标表述为"审美鉴赏与创造"。可见，从顶层设计到语文课程标准均明确了语文课程承担着开启学生情感、进行审美教育的任务，这也是初中语文综合性学习应当关注的。初中生自我意识和接受能力的迅速发展决定了初中语文综合性学习的跨领域性既高于小学阶段，也高于其他的初中语文教学形态，它能同时融合新时代下社会、科技、文化、生态等更多方面的新变化，而这些变化本身便蕴含着审美追求，可以说初中语文综合性学习有着初中生不自知的审美活动。故"关注过程体验，发展审美情趣"的原则就是要求教师以引导者和促进者的身份利用真实、具体的语文实践情境，调动学生所积累的知识、生活和情感经验，使学生初步形成对社会、自然和国家的认识，关注他们在语文实践中运用汉语言文字欣赏美、表达美、创造美等独特的思考和审美活动。这些审美体验也许还无法上升到审美鉴赏的层次，也不如高中生对美的表达来得那么理性和深刻，更谈不上真正意义上的美的创造，但教师要保护初中生对美的初体验，并充分借助这份自发的、感性的情感，促进他们逐渐形成敏锐的审美感知、自觉的审美意识、正确的审美判断和高尚的审美情趣。

（四）滋养文化底蕴，明确社会责任

语文课程是教学母语的课程，汉语作为汉民族的母语，是传播中华民族情感态度与价值观的载体，是中华民族文化、思维模式的映射，其本身也组成了汉民族文化乃至世界文化不可缺少的一部分。语文课程的民族性和文化性在《义务教育语文课程标准（2011年版）》和语文核心素养中均得到了体现：前者在"前言"中便指明"语文课程对继承和弘扬中华民族优秀文化传统和革命传统，增强民族文化认同感，增强民族凝聚力和创造力，具有不可替代的优势。"后者进一步提出了"文化传承与理解"的层面，既将学生的文化视野从对中华民族传统优秀文化的认同和传承延伸到对多元文化的包容和借鉴、对当代文化的关注和参与，也对学生的社会参与度和责任感提出了要求。

语文综合性学习既萌发于我国传统的语文教育，渗透着汉民族的文化元素，也需要紧跟时代和社会发展的步伐，注入现代社会的元素。故滋养文化底蕴，明确社会责任的原则是从语文综合性学习能连接传统、当下和未来的特点出发，有助于弥补阅读教学只能选择性地介绍优秀传统文化、与现实社会联系不紧密等方面的不足。现代社会下初中生的主人翁意识越来越强烈，科学技术的发展更增加和拓宽了他们了解社会的机会和渠道，语文综合性学习与社会生活的密切联系正能满足初中生参与讨论社会问题的渴望和日益强烈的社会责任感。因此，在初中生运用祖国语言文字进行语文实践的过程中，教师要巧妙地将我国优秀的传统文化资源与当下社会文化生活里的热点现象相融合，由初中生自主分析传统文化材料、探究现代文化现象，体会蕴含其中的民族心理、民族思维和民族精神，理解文化多样性存在的必要性，并从优秀传统文化中生发出对多元文化和当代文化的个人思考，丰富文化储备、滋养文化底蕴、提高文化品位、强化文化自信，保护和激励初中生"小主人翁"的社会责任意识，启发他们用开阔的文化视野思考和寻找优秀传统文化与多元文化、当代文化的相处之道。

二、基于语文核心素养的初中语文综合性学习教学策略

初中生在语文核心素养视域下的语文综合性学习中获得的"真实性学力"应通过开展"真实性学习"涵盖语文能力、问题解决能力、合作精神、社交能力、创造创新意识以及借助语文能力求得的审美情操、文化品格、个性人格等的内在发展，再通过"真实性评价"诊断"学力"的表现，根据反馈进一步发展真

实性学力。因此，制订基于语文核心素养的初中语文综合性学习的教学策略在实质上是从初中生应获得的"真实性学力"出发，极大地尊重初中生在整个过程中的主体性地位，又要加强教师对各个环节的科学指导，设计真正能促成真实性学习和真实性评价的可行对策。

（一）摆正教学观念，明确立体教学目标

1. 自上而下重视初中语文综合性学习

解决问卷反映的师生教学理念和教学行为有所偏差的问题，最基本的在于自上而下都要明确语文核心素养和初中语文综合性学习的共同目标，把握语文核心素养对开展初中语文综合性学习的指导意义。理念上的更新需要借助多方努力，做到理论实践"两手抓"。

首先，教育行政部门和学校管理者有必要组织专门针对"核心素养""综合性学习"的培训课程，帮助老师们了解教育界关于核心素养、语文核心素养、综合性学习的权威解读、最新研究动态和成果，并考核老师们的学习情况。学校应规定并落实每学期开展语文综合性学习的课时数，避免综合性学习课时被占用的可能，还可以举办名师、专家讲座，邀请初中语文教育名家就如何打通语文核心素养到初中语文综合性学习的实践路径这类话题做讲座。此外，学校内部可以定期组织教师分享教学心得、交流教学困惑，各校间经常合作开展语文综合性学习现场观摩课、研习课，增加教师们互相评课、实践探讨的机会，形成校内、校际学习共同体。

其次，面对问卷反映的部分教师因理论储备、实践经验不足，存有功利化的观念，对语文综合性学习界定不清，无法准确把握初中生身心发展的阶段性需求并提供相应指导等问题，教师本人更要主动自觉地进行自我培训，包括自主学习和教学反思。教师根据自身不足有针对性地研读与教育教学理论、语文综合性学习、语文核心素养有关的专著期刊，积极学习优秀教学案例，做好学习笔记；还有必要多和同行、专家探讨疑难，坚持写教学日记，反思教学行为是否有不妥当之处，是否有可创新之处，在理论和实践中同步加深对语文综合性学习、语文核心素养的理解，探求实现两者相通的路径；更要做个有心之人，切实了解初中生的兴趣所在、能力水平、疑难困惑等实际情况，从而调整相应的教学步骤以更贴合学生当前的实践水平，帮助学生向更高一级的语文素养迈进。此外，初中生有很强的向师性，所以教师要重视每一次语文综合性学习的开展，做出正确的行

为表率，带领学生从语文的角度去体察现实生活，重视学生语言、思维、审美和文化等方面的综合表现，利用综合性学习跨领域的特点转变学生狭隘的语文学习观和评价观。

最后，初中生学习观念的转变离不开老师的引导和督促，也需要他们自己付出更多的努力。学生在主观上要认真对待每一次语文综合性学习，逐渐培养能观察自己是否努力准备、主动参与的自我监督意识，锻炼能迅速排除外界干扰、采取合适的学习方式、及时调节懈怠情绪等的自我控制能力，慢慢纠正对语文综合性学习乃至语文学习的认知偏差。

2. 树立"四位一体"的教学目标

问卷结果还显示部分初中教师在对语文综合性学习的点评上仍过多地着眼于学生语文学科类的单一性知识，不能针对各年级学生面临的不同发展需要给予有计划、有区别、有层次的指导，这都源自忽视了教学目标的重要性。教学目标连接着教师教学理念和教学行为，它既是教师教学理念的直接体现，又指导着教学环节、教学行为的持续推进，因此，在摆正教学观念的基础上，树立立体教学目标是调整教师教学行为失当的切入点。在语文核心素养提出前，三维目标是统领语文课程的教学目标，语文核心素养对三维目标进行了提炼和重构后，发展为语言、思维、审美和文化四个层面的立体综合。由于小学生的感知觉、记忆、语言、思维、情感等的发展还很稚嫩，语文核心素养四个层面的目标在小学阶段难以真正实现。到了初中，学生身心发展等方面进入了加速期，这为设计与语文核心素养相衔接的初中语文综合性学习的教学目标提供了条件和可能。

在整体上，综合的语言历练是首要的、显性的教学目标，隐于内的思维、审美、文化、价值观等目标也必须交织在语言训练中实现。就各年级而言，语文综合性学习的教学目标应真正符合各年级学生特定的身心发展特点和兴趣需要，故教师对各年级学生应该达到哪些教学目标、训练哪些能力点要做到心中有数。初一是学生打基础的重要时期，教学目标可以侧重于巩固学生在小学阶段学得的语文能力，多渠道整合信息、提炼观点的能力，自主或合作组织活动的能力，初步的问题探究意识和审美感知等浅层次指标。初二学生处于抽象逻辑思维和创造想象力发展的关键期，教师可以把培养学生在综合性学习中的逻辑思维能力、问题解决能力、发散的想象力和丰富的审美体验作为该阶段的主要教学目标。初三是学生辩证逻辑思维迅速发展的转折点，学生情感的发展也逐渐深刻并趋于稳定，故而教师要特别关注学生对更深层次的美和文化的接受力，辩证思维的发展，创造性地解决问题的能力以及情感的理性表达等。需注意的是，虽然每个阶段都有各自面临和重视的教学目标，但不能因此忽视其他层面的发展，更不能割裂开各阶段间渐次递进的内在联系。

（二）开发课程资源，活化活动内容和形式

针对初中语文综合性学习活动内容和形式渐入扁平化的趋势，教师应以更开放的姿态着眼于语文学科与其他学科领域的联结，使其富于变化，这涉及如何开发语文课程资源的问题。"语文课程资源，也称语文教学资源，是语文课程与教学要素的来源，是语文课程与教学实施的必要条件。……是一切有可能进入语文课程、能与语文教学活动联系起来的资源。"《义务教育语文课程标准（2011年版）》将语文课程资源划分为课堂教学资源和课外学习资源。课堂教学资源包括教科书、相关配套阅读材料、教学工具书等，课外学习资源范围广泛，报纸、杂志、电视、广播、网络等传播媒介，社会图书馆、博物馆、纪念馆等社会文化场馆，报告会、演讲会、辩论会、研讨会等社会交流场所，生产劳动、社会实践课程等社会实践活动，甚至"自然风光、文化遗产、风俗民情、方言土语，国内外重要事件、日常生活的话题"都属于语文课程资源的范畴。可以说，语文课程资源无处不在，重要的是如何将其优化整合来为提升学生语文素养服务，而教师闻道先于学生，发现课程资源的敏锐力相对高于学生，所以教师有必要在开发与初中语文综合性学习相适应的课程资源时发挥主导作用。具体来说，基于语文核心素养的初中语文综合性学习要满足初中生的日常兴趣和能力发展需求，重视语文教材和学校生活的利用，以保证语文能力的充分训练，并善于借助地域特色和信息技术手段，帮助初中生在跨文化、跨领域、跨媒介的语文实践中开阔视野，"初步养成现代社会所需的语文素养"。

1. 依托语文教材，拓展语文类课程资源

在语文综合性学习被明确列为是与语文课程其他四个板块相并列的重要组成部分后，教科书也逐步将其从练习系统中分离，构成了语文教科书中一个相对独立的实践活动系统。每册部编本初中语文教科书共有3个综合性学习专题，每个专题下设1~3个活动，为开展语文综合性学习提供了可以选择的内容和形式。但语文教科书是一个前后相衔的系统，其本身就是一大教学资源，教科书其他子系统里有很多素材都能为教师所用，并且教师的目光不能只停留在每个单独的专题上，还要善于发掘专题间的内在关联。如部编本七年级上册"有朋自远方来"

这一专题设计了让学生搜集古今中外诗文中谈"交友之道"的材料并发表看法的实践活动，教师可以与《闻王昌龄左迁龙标遥有此寄》《陈太丘与友期行》《〈论语〉十二章》等前后课文联系，加深学生对"交友之道"的理解。再如这一册"少年正是读书时""文学部落"两个专题及"名著导读《西游记》"都与"读书"有关，教师就可以将三者结合在一起来开展，并顺势导入指导学生精读和跳读的方法。

2. 依托学校生活，善用校园类课程资源

学校生活是学生日常生活的重要组成部分，蕴含着丰富广泛的课程资源，包括学校开设的其他科目、校本课程，学校图书馆、档案馆、校史馆，学校特色科技节、读书节、艺术节、文化节及各类学生社团活动等。语文作为最基础的母语学科，它与其他学科、领域有着千丝万缕的关系，教师要做的就是恰到好处地融入多学科、多领域的内容。如"天下家国"专题下的"爱国人物故事会"活动，受语文学科文科性质的影响，很多初中生的第一反应会是搜集爱国文人的事迹，教师要提醒学生注意活动提示的内容，可以分组搜集文学、政治、数学、科学、军事、物理、医学等各领域杰出的爱国人士的资料，甚至能搜集本地爱国人士的故事。在搜集材料的过程中，学生还能涉猎历史、政治、科学、地理等学科或领域的知识；通过整理和讲述他们的故事，学生会发现这些名人虽然术业有专攻，有着各不相同的个性特点和爱国故事，来自不同领域，甚至来自不同时代，彼此素未谋面，但对祖国的执着坚守和无私奉献却是他们最大的共同点和永恒的价值追求，这都有助于学生高尚的道德情操、正确的人生观和价值观的形成。

此外，初中生还可以充分利用他们合作建立的兴趣小组或社团开展一次"课外校园生活里的语文"的综合性学习，由学生寻找、整理课外校园生活里的语文现象，再结合社团特色演绎出来。其实，在课堂之外的校园里处处都有语文的身影，很多学生天天从校园里的标语、横幅、指示牌、橱窗旁匆匆走过，却从未真正留意过它们，没有探究过校训校风校歌的内涵、教学楼名的寓意，甚至不曾完整地浏览过教学楼走廊两边或校史馆中陈列的名人简介。所以，这一活动就是以学生社团为学习共同体，打开他们发现课外语文的眼睛。社团成员彼此熟悉，团队意识更强烈，缩减了合作前期的磨合时间，提高合作效率，又因为加入了各个社团的特色，成果展示的形式也将更加新颖出彩。教师还可以引进竞争机制调动学生的积极性——合作最默契、成果展示效果最佳的两个团体作为班级代表参加学校文化节的表演节目，让学生获得合作和成功带来的成就感，从而真正把语文带入学校生活。

3. 依托地域特色，挖掘社会类课程资源

问卷中名胜古迹、自然风光、风俗民情和社会实践场所作为语文综合性学习课程资源的利用率很低，而这些恰是初中生向往和乐于积极参与的活动形式。每个城市都有特有的地域资源，如当地图书馆、博物馆、纪念馆、文化馆、美术馆、音乐厅、影剧院、名人故居、革命遗址、名胜古迹以及其他文化遗址，这些都可以成为学生开展综合性学习的场所或资源。它们都蕴含着中华优秀传统文化、革命文化、世界各民族文化、社会主义先进文化，更不乏对美的体现和诠释。教师要做的就是在师生合作或学生合作中确定社会实践场所后，创造并充分调动实践场所蕴含的语文资源，布置语言实践任务，给足学生想象和思考的空间，鼓励学生用多样化的形式表达他们从中体会到的文化启示及其背后蕴含的美，提高初中生对文化现象的鉴赏力。这既丰富了初中语文综合性学习的活动形式和内容，尊重了初中生对社会实践兴趣浓厚的主观需求，满足了他们创造性想象力正处于高速发展阶段的客观要求，也体现了对学生"审美"和"文化"层面发展的高度重视。

4. 依托信息技术，善用数字化课程资源

信息时代下，现代信息技术被越来越多地运用到课堂教学中，深刻地改变着教师教育教学的方式和学生的学习方式，师生日常的交流和互动也更为便捷和密切。对语文课程而言，《义务教育语文课程标准（2011年版）》建议运用现代科技手段和网络资源"积极建构网络环境下的学习平台，拓展学生学习和创造的空间，支持和丰富语文综合性学习"，《普通高中语文课程标准（2017年版）》强调"要高度重视信息化环境下的资源建设，引导师生运用多种媒介和信息技术手段呈现学习内容"，这些对教师开发利用初中语文综合性学习课程资源具有启发意义。数字化课程资源能最大限度地突破时空的限制，整合原本没有条件联系到一起的资源，创设出更丰富广阔的语文实践情境，极大地满足了语文综合性学习对跨领域的要求。同时，初中生普遍地对信息技术兴趣浓厚，他们接触数字化资源的途径也越来越多，运用数字化资源的本领也越来越强，只要教师借用得当，给学生提供充分、合理的利用机会，会激发他们参与语文综合性学习的兴趣。如开展"小说《西游记》与影视作品《西游记》的对话"的语文综合性学习，就可以巧借数字化资源融入初中语文综合性学习。图书馆里解读《西游记》

的著作毕竟有限，学生可以借助知网、万方等平台获取更多的资料；有关《西游记》电视剧的资料，大到整部电视剧的视频资源、拍摄经历的资料，小到背景音乐、打斗场景等都可以借助网络搜集；再从成果展示来看，有些信息技术水平高的初中生为了使成果展示耳目一新，甚至会在课件中放入自己剪辑、制作的视频。可以说，合理开发数字化课程资源为语文综合性学习服务，能真正使其活动内容和活动形式"活"起来，初中生从中获得的锻炼也绝不亚于一次社会调研、辩论赛或演讲朗诵比赛。

（三）重视实施环节，形成弹性操作机制

在明确教学观念、教学目标和教学资源后，实施环节是检验教学理念、目标是否真正实现，教学资源是否得到了充分、合理、创造性地利用的关键。开展基于语文核心素养的初中语文综合性学习应避免以固定的框架禁锢师生的表现和发挥的空间，但应该形成相对稳定的结构又富有弹性的实施机制。

1. 课前准备力求保质保量

"备好课是上好课的前提"，问卷却反映出师生们或多或少会忽视课前准备的问题。语文综合性学习的课前准备工作包括确立活动主题、制订活动方案、搜集和整理所需的资料、提炼个人观点等。其中，确定活动主题和制订活动方案是最重要的步骤，关系到整个语文综合性学习的推进方向和实际的可操作性。一方面，确定活动主题需要在开发、整合和利用语文课程资源的基础上，考虑学生的身心发展特点、兴趣爱好、能力经验等因素；另一方面，活动方案是学生实践语文综合性学习的详细计划，包括预期目标、具体步骤、实施方法、可能遇到的困难及预设的解决方案等，也要尊重学生的安排。因此，两者都必须以学生为主体，辅以教师的协助：由学生根据自己的爱好需求、实际能力确定一些自己感兴趣的主题，制订初步的活动方案，教师再进行调整、优化主题或方案中的不科学和不完善之处，补充适用的语文课程资源，最终在师生的协商和讨论下确定活动主题和方案。

此外，材料的搜集和整理、个人观点的提炼也离不开教师前期的指导。特别是初一学生对语文综合性学习的认识还停留在小学阶段，更需要教师耐心地、有计划地指导。例如，在开学初期，教师先选一种报纸（如《南方周末》）倡导学生每周读两期，让学生读完后从自己喜欢的几则报道中找出多个关键字并用自己的语言组织成报道的中心意思；再请学生分享他们在读报过程中想到的任何一

点与报道内容有关的想法，尤其鼓励学生质疑提问。之后，学生可以自由选择报纸，选择同种报纸的学生分为一组，以小组为单位读报并完成以上所讲的任务。读报活动由学生自主完成，交流活动需要在课上进行，教师负责主持串联和示范指导。上述做法的目的是：在充分的语言实践活动中，循序渐进地训练学生多渠道检索筛选信息、提炼表达观点、发散思维、提问质疑、分工合作等方法性知识。这些前期的方法性知识一旦转化为稳定的实践运用能力，将有助于语文综合性学习的开展。

最后，部分家长会对孩子参与的语文综合性学习和大量的课前准备工作存有不解，这也是问卷和访谈反映的问题。教师要为学生争取家长的支持，重视与家长的沟通，可以在家校联系群里向家长解释清楚语文综合性学习的性质和目的，推送有关语文综合性学习和语文核心素养的权威解读文章，让家长了解当下语文教育教学的新动态，帮助家长更新学习观和评价观，甚至可以布置适合家长与学生合作完成的任务，让家长参与部分活动，这既能减少学生可能遇到的客观阻力，又为之后家长参与评价提供了依据。

2. 活动环节丰富问题"因子"

语文核心素养和初中语文综合性学习都极为关注对初中生问题解决能力和创造力的培养，因此不能只把这两个能力点的训练当成一个教学原则和口号，而要用具体的教学策略加以落实。王本华将兴趣和能力比作并蒂莲花，其他几位老师在访谈中也提到会将激发学生的学习兴趣或学习动机作为开展初中语文综合性学习的第一步，可实际上比激发兴趣先行一步的是能引起学生学习兴趣的问题"因子"。可以说，丰富的问题"因子"是营造问题情境的催化剂，是激发初中生探究兴趣的关键，是培养他们问题意识和问题解决能力的摇篮，是让"并蒂莲花"盛开的养分。问题"因子"的丰富性有两个含义：一是指问题表征多样化，可以涉及语文、数学、音乐等多门学科，政治、经济、文化、社会、生态等多个领域。二是指语言活动频繁化。基于语文核心素养的初中语文综合性学习的本质是初中生运用语言文字创造性地解决跨领域问题的语文实践活动，尽管语言实践活动会以更开放的形式呈现、会与多学科多领域融合，但其中对倾听、说话、阅读、写作的有效训练仍是基本要素。因此，由问题"因子"导出的主问题必须是语言活动，涉及的基本训练点应涵盖语言、思维、审美和文化四个方面，还要兼顾真实性、开放性、实践性三个要素。

首先，真实的问题"因子"是实践活动有效可行的保障，它必须来源于学生熟知的日常生活，符合初中生由感性向理性过渡的思维特点，且至少有一项能转化为与现实生活息息相关的真实任务，以确保学生进入熟悉又感兴趣的真实问题情境后，解决起来会更加得心应手，这也有助于今后学习的迁移。其次，开放性是要求教师以语文学科为出发点，与多学科领域交融形成知识背景，由主问题引领主题、牵引预设的分问题，实现语文综合性学习与多学科、多领域的交叉。此外，开放性还意味着问题"因子"的动态性和生成性，即主问题将随着初中生实践活动的推进生发出不在预设范围内的，甚至是超出他们能力经验的问题"因子"，此时便需要学生在教师的引导下通过自主、合作学习将"因子"转化为可接受的表征。最后，实践性强调多种多样的问题"因子"不仅具有理论操作意义，更具有实际探究价值，可以在学生合作、发现、探究、创造等有效的实践活动中得到解决。

3. 积极变革语文学习方式

学习方式是"学生在完成学习任务时经常表现出来的习惯化了的学习策略和学习倾向的综合"。语文学习方式是学生在完成语文实践任务中，一贯表现出来的具有个性特质的学习策略和学习倾向的总和，"应该包括语文学习者在语文学习方面的学习态度、学习意识、学习习惯等品质，也包括学生在语文学习方面的学习策略和学习方法。"《义务教育语文课程标准（2011年版）》《普通高中语文课程标准（2017年版）》都积极倡导自主、合作和探究的学习方式。前者把这一点作为新课程理念之一并强调"综合性学习既符合语文教育的传统，又具有现代社会的学习特征，有利于学生在感兴趣的自主活动中全面提高语文素养，有利于培养学生主动探究、团结合作、勇于创新的精神"；后者也明确指出要"加强实践性，促进学生语文学习方式的转变……要引导学生在语言文字运用的过程中发现问题，培养探究意识和发现问题的敏感性，探求解决问题和语言表达的创新路径"，并把自主、合作、探究作为实现学习任务和培养语文核心素养的主要学习方式。

基于语文核心素养的初中语文综合性学习应致力于培养初中生掌握并灵活应用自主、合作、探究和问题解决的语文学习方式。其中，自主学习是"以学生主体性的彰显和个性的呈现为特点的"最基础的学习方式，表现为学生能"独立分析、独立决定，并且对学习效果进行自我评价、自我控制"。在调查中，初中生的主体意识和自主学习能力已得到了彰显，但由于教师的指导方法不到位以及部分学生的学习观念、学习行为的偏差等原因，合作、探究、问题解决等学习方式或学习能力的表现却不太理想，远未达到课程理念的要求。因此，转变初中生在开展语文综合性学习时的语文学习方式需要师生的合力。教师应足够重视对初中生除语文能力之外的组织、合作、交流、探究、实践、问题解决、创造性等一般能力的指导，辅导他们自主训练和提高上述能力的方法；还要关注学生情感层面的体验和表达，包括思想道德、审美情趣、人生态度、民族情怀、文化修养等。学生（尤其是九年级学生）从受教师影响转变到自觉转变原本对待语文综合性学习不甚重视的态度，掌握适合自己的策略和方法，最终形成稳定、高效的语文学习方式。要实现以上设想，可以借鉴培养学习共同体、支架式教学和抛锚式教学设计教学策略。

（1）合作学习：培养学习共同体

"独学而无友，则孤陋而寡闻。"初中语文综合性学习的开展难度高于小学阶段，对初中生提出了更高的要求，很多活动只凭学生个人的自主学习是无法完成的，需要采取一定形式的合作学习，取长补短、互助共进。合作学习是学生为了完成共同的语文实践任务，通过有效地团体合作和"明确的责任分工并且以小组总体成绩为评价依据的互助性学习方式"，更侧重于发展学生交流、合作、应变等人际交往能力。这就是"真实性学习"所称的协同学习，建构主义学习理论也将其称之为学习共同体。

合作学习包括学生小组合作、师生合作、班级间的合作等多种形式。学生小组合作是最主要和最重要的形式，它是由学生根据不同的主题或任务，按照各自的兴趣或能力分组，并以小组为单位，通过组内成员主动合作学习的方式代替教师主导教学的策略。因此，学生小组合作学习要把握三点：组内分工要合理，确保任务数量和难度适中；成员要有责任意识，明确各尽其力是成功的基础；成员间要有互助精神，充分发挥分工合作的效能。但在实际开展的过程中，真正实现学生小组合作的高效性还需要教师关注三点内容。

一是要充分尊重初中生的合作活动，信任他们的合作能力。初中生心智发展水平已高于小学生，教师不能再把他们当作小学生来对待，更不能出现问卷中反映的部分教师会全程控制活动流程的现象。教师要给学生足够的空间去自主学习和自我管理，由他们自己处理个人和团体的关系，学习待人处事的基本技巧，在组内充分地交流、讨论、争辩、合作和分享，构建团体共享性知识。学生会将教师给出的这份信任转化为他们合作学习的自信和动力，促使他们积极合作，勇于展现自我。

二是要宏观调控学生的合作学习。教师给足空间不代表放任不管，在团队合作学习的方向、内容或方法出现问题时，教师必须提供有效的帮助。如在学生分组时会出现小组人数过多或过少的问题，教师可以按照"组内异质、组间同质"的原则将每组人数调整到4到6人。再如定期举办的文学兴趣小组交流会容易在内容和形式上趋于固定、难有新意，教师可以提示学生按不同标准进行分组，或分成诗歌、散文、剧本、小说等组别，或分成政治、经济、历史、科技等领域，或按照不同时代和国家来分组，也可按照同一国家不同时期或同一时期不同国家的横纵对比来分组。但以何种具体的标准分组还是由小组间讨论决定，教师不能横加指挥和干涉。这能使各组的研究不局限于某一位作家、某一本作品，发展初中生对不同民族、不同时代文学产物的审美感知力，还能调动他们关于世界历史、地理的知识储备，增加了解各国家、各民族特定时期下社会文化面貌的机会，拓宽他们的文化视野。

三是要积极促成合作成果的实体化。合作学习取得的团体成果或成绩不仅是评价团体合作效能的依据，如果利用得当，它还极大地调动学生再次进行合作学习的热情，所以教师要想办法将合作成果实体化。如教师可以将学生们合作完成的文学作品、调研报告等分类整理成集，或将优秀的作品发表到校报等纸媒上，这些实体成果将会成为学生积极参与合作学习的驱动力，促进他们更好地完成今后的团队任务，进一步提高合作能力和团队意识，帮助语文综合性学习进入常态化的良性循环轨道。

（2）探究学习：进行支架式教学

探究学习的理论依据源自以皮亚杰和布鲁纳为代表的建构主义理论，它是"在教师指导下，学生自主探究有关问题并获得相应知识、经验以及相关能力的学习方式"，重在锻炼学生发现问题的敏锐性，探究意识、探究能力以及实践能力。与探究学习相似的是布鲁纳提出的发现学习，这两种学习理论为基于语文核心素养的初中语文综合性学习提供了一种新的开展形式和教学策略——支架式教学。支架式教学是在学生探究完成蕴含某种文化的活动过程中，由教师或其他助学者在学生无法独自完成任务时，为学习者提供外部支持并逐渐撤去"支架"帮助，最终回归于学生的自主探究或合作探究的教学策略。因此，支架式教学策略能有效结合三种学习方式的训练要素，锻炼初中生自主、合作和探究的能力，对他们的合作精神、问题解决能力的发展也有重要的推动作用。在运用支架式教学作为探索探究学习的教学策略时，教师要做好两个方面的内容，以开展课外阅读情况的调研活动为例。

一方面，教师要让初中生进行充分的自主和合作探究，并由学生把握两者的主次关系。在调研活动中进行自主探究，能极大地锻炼初中生独立分析、独立决定的学习能力，从安排活动步骤、编制调查问卷、确定调查场域及对象到处理分析数据等具体任务，都需要给学生足够的个人空间去自主设计、分析、思考和研究。但这么多的任务不是任何一个初中学生能独立完成的，当遇到无法独自解决的问题时，学生间通力的合作探究必不可少。比如在写调研报告时，初中生既要自己去分析数据、发现问题，又要通过团体合作弥补其在自主研究活动中无法避免的片面性。但不管是自主研究还是合作探究，教师不能在看到学生犯错后就立刻中止他们的活动，而要允许学生适当地犯错，让学生通过试误和释误巩固发现的知识、掌握的方法和获得的能力。

另一方面，教师要切实发挥好"支架"作用，在必要时为学生分解复杂任务、提供必要的学习辅导。在具体操作中，教师先作为旁观者观察学生发现、探索、操作等学习行为，在学生经过多次合作还未完成任务时，教师再提供学习"支架"。如初中生搜集资料的途径毕竟有限，他们撰写的调研报告会有不合理和不规范的地方，教师就要提供指导撰写调研报告格式的论文或著作以及符合初中生理解水平的优质调研报告，和学生一起研究调研报告的写作体例，再撤去给学生搭建的"支架"，由学生探究如何撰写或修改他们自己的课外阅读情况调研报告。再如初中生为课外阅读献计献策时，他们的思维容易受问卷限制而提出模式化的建议，教师可以让学生搜集近年来权威机构发布的全民阅读数据、专家学者的建议性文章等，提示学生从不同的社会群体，阅读者年龄、职业等多个角度给出切实可行的建议。这样既增加了初中生接触真实社会的机会，又提升了他们的社会责任感，其思维的灵活性、初步的问题解决能力和创造性意识、文化传承意识都将有所发展。

（3）问题解决和创造性：开展抛锚式教学

无论是创设问题情境，培养问题意识的教学原则，还是设计丰富的问题"因子"，培养初中生合作、探究、发现学习的教学策略，最终都是为了实现学生能创造性地解决语言实践类问题的目标。问题解决既是一种学习方式又是一项综合能力，是"问题解决者面临问题情境而没有现成方法可以利用时，将已知情境转化为目标情境的认知过程"。创造性寓于问题解决的过程中，是问题解决的最高表现形式。陈琦和刘儒德分别从作品、个性特质、过程三个方面界定了创造性的概念，笔者结合他们的观点将"创造性"定义为创造主体出于某一目标，利用一切信息方法，产生出某种独特、新颖并具有社会意义的产物的活动过程。问题解决和创造性是教师希望初中生通过语文综合性学习锻炼的一种语文学习方式或能力，对其的培养可以借鉴抛锚式教学。"锚"即包含问题的真实语言情境，故"抛锚式教学"也称"基于问题的教学""情境性教学"，指教师将设计好的以问题为中心的真实情境呈现给学生，激发学生的学习动机，培养学生问题解决能力和创造力的教学策略。上述界定表明在运用抛锚式教学策略时，教师不能过多介入学生的活动，但仍要把握四点。

首先，教师设置的问题情境和隐于问题情境中的任务、概念、理论都要与产生的问题保持一致，体现语文学科和其他学科领域的交叉，并且难度系数要在初中生能力接受范围以内有梯度地递增，具有实践操作的可行性。

其次，在满足前一点的基础上，教师要充分尊重和调动初中生的主体性和合作意识。教师不能对情境内包含的任务、概念或原理做简化处理，应该把原始状态呈现给学生，由学生自主识别、理解、表征并尝试解决问题。因为在学生解决问题的任何一个步骤里，总会出现一些他们的亮点，得出属于他们自己的新观点或新结论。这些创新表现或创新成果体现了学生利用思维活动实现语言表达、审美感悟、文化解读等的创新，虽然不是严格意义上的创造活动，但却是属于他们这个学习阶段的创新，是他们的实践成果，应当得到教师的鼓励。每一次语文综合性学习涉及的问题都较多，初中生容易应接不暇，教师要鼓励学生采取合作学习的方式，自主组队、分配任务、集体讨论、解决问题。

再次，教师要重视效率。当学生经过合作都无法充分解读材料、解决问题，甚至影响到活动进度时，教师应给予必要的辅导。如初中生的思绪在理解和表征问题时易发生混乱，教师要引导并示范分析问题和对问题归类的思路或方法；当学生受定势思维干扰时，教师要鼓励学生大胆地、多角度地提出他们能想到的各种假设，耐心听学生陈述其验证步骤，帮助学生打破思维局限，以便慢慢培养学生高效完成任务、解决问题的自觉意识和能力。

最后，初中生问题解决能力和创造性的形成不是借助一两次语文综合性学习就能实现的，教师还要利用平时的语文教学丰富学生的知识储备，沟通课内外和学科领域间知识的联系，并在此基础上有意识地训练初中生的逻辑思维、批判思维、发散思维，提高他们的思维品质的灵活性和独创性。

虽然每种学习方式都需要教师进行有区别的指导，对应着不同的学习策略，侧重于不同的训练点，但彼此间是无法割裂的。任何一次初中语文综合性学习都不可能只由某一位初中生凭借某一种学习方式单独完成，自主学习是合作、探究、问题解决的基础；探究、问题解决和创造离不开学生间的合作互助和思维碰撞；问题解决作为最高级的学习方式，更需要初中生个体自觉主动地学习和彼此充分的协作、探究，在这一过程中不乏会摩擦出创意的火花，初中生语文素养的各个要素也将得到不同程度的历练。

如在部编版七上《皇帝的新装》中，教师可抓住"新"来探究："新"装有什么特点？怎样展示"新"装？在"新"装面前不同人的表现体现了什么样的性格特征？这种探究方式是抓题眼。而还有一种探究是对反复出现的词句进行探究，如《孔乙己》中出现两次了"店内外充满了快活的空气"，各有什么用意？这样的提问，就会让学生深入挖掘作者的意图：前一处是表现人们麻木的嘴脸，后一处是体现了人们的幸灾乐祸。当然除了上面的探究方法，还有修辞处探究、题材拓展探究、评价性探究等多种方法。但总地来说，在语文教学中，教师要充分调动学生的探究欲望，促进学生创新思维的发展，正是体现了新课程标准下的初中语文课堂教学的教学理念。

（四）着眼过程表现，构建立体评价网络

《义务教育语文课程标准（2011年版）》强调："应充分发挥语文课程评价的多重功能，恰当运用多种评价方式，注重评价主体的多元与互动，突出语文课程评价的整体性和综合性。"《普通高中语文课程标准（2017年版）》指出要"倡导评价主体的多元化""选用恰当的评价方式""全面提高学生的语文学科核心素养"。由此可以看出新课改下的语文课程评价强调评价主体、方式、内容的立体和多维，这也是基于语文核心素养的初中语文综合性学习"真实性评价"的应有之义。可传统的课程评价理念还残留在部分教师的教学理念中，阻碍着初中语文综合性学习评价的实施、语文核心素养的落地，更满足不了初中生学习评价主体、内容和方式单一性的弊病，首先要在评价理念上由单一、静态的"判别式"评价转为多维、动态的发展性评价和激励性评价，再从评价主体、评价内容和评价方式着手制订对策。在实际开展中，"真实性评价"应当始终伴随着语文综合性学习的推进，评价策略也应融入实施环节，但出于评价策略的重要性以及论述的方便性，便单独展开讨论。

1. 评价理念："以评价促发展"

传统课程评价以教师为评价主体，"双基"为评价中心，只采用纸笔测试得到的成绩作为评价学生的依据，再以此作为甄别和选拔学生的唯一标准，忽视

了学生非智力因素的表现。这种狭隘的评价理念执行起来简单易行，反而为很多教师用，导致了学生的片面发展。但新课改后，"以评价促发展"成为包括语文在内的所有学科的基本评价理念，教学管理人员、教师乃至家长不仅要明确这一评价理念的转变，理解其具体内涵、特点，还要和初中语文综合性学习、语文核心素养相统一。两个课程标准分别将"以评价促发展"的理念解读为"促进学生学习，改善教师教学"和"全面提高学生的语文学科核心素养"，即致力于激励、发展每个学生的学习和促进教师教学行为的改进，这也是语文核心素养指导下初中语文综合性学习应有的评价理念，也只有基于这一评价理念，才能推动评价主体、评价内容和评价方式的变革，真正促成"真实性评价"。

（1）致力于每个学生的全面发展

对初中生来说，语文综合性学习是一种最能体现他们自主、合作、探究学习的课程形态，其评价应着眼于初中生在其中展现出的"过程性表现"，包括思维力、创造力、想象力等智力因素，兴趣动机、情感意志、理想信念、世界观等非智力因素，以及两种因素共同作用下的语言综合运用、合作探究、问题解决、创造性、道德审美、文化修养等实践能力或素养。由于初中生处于身心发展的高峰期，他们会产生更加多样化、个性化的发展需求，会呈现更有特点的表现形式，因此教师要尊重每个独立个体，综合应用恰当的评价方式，以激励、发展、全面和科学的评价观考查学生的表现。

（2）致力于教师教学行为的改进

初中的语文综合性学习和小学的相比，是要尽可能多地体现和培养初中生自主、合作探究、问题解决的学习方式，促进他们情感、能力、态度等各方面的发展，但又不能完全脱离教师的协助。可在实际开展中，大部分教师都拿捏不好学生活动和教师指导两者间的分寸，所以这既是初中语文综合性学习开展的一大亮点，又是难点。从教师的角度看，初中生在综合性学习每个环节中的表现既是教师评价学生的依据，又是教师教学反思的源泉。每次语文综合性学习从设计到开展不可能尽善尽美，总有学生会表现欠佳，达不到预期效果，很多教师沿袭传统的评价理念去评价学生或者"多走一步"让学生评价彼此的表现，却较少反观自己的教学行为是否有不妥当之处。因此，"以评价促发展"的理念不仅在于确保每个初中生都能获得全面而均衡的发展，还在于检验和改进教师的教学行为，改善教师的指导，促进教学反思，提升教学素养，实现终身学习，这也就是"以学定教"。如在综合性学习开展初期，初中生本应高涨的学习积极性却反常地低落，教师就要思考创设的情境是否太稀松平常或者由学生自主设计的活动主题或许不是大多数人最感兴趣的，并提醒自己多多了解学生感兴趣的话题，适度参与学生确立主题的环节。再如若学生对美的体验和表达过少或者学生思维训练的强度不够，教师就要反思活动中是否缺失了这一方面的材料、活动或训练，要找准时机进行延伸的补充。

2. 评价主体：形成多元评价合力

调查结果表明教师、学生已成为评价主体，参与度极高，家长、学校领导也慢慢加入评价行列中，但并非全体学生都成为评价者，家长、学校领导的参与率也较低，且半数以上的学生希望家长能参与评价。因此，在评价主体上，要保证师生作为评价主体的地位，重点实施以学生为主的评价，积极创造家长、专业人员和教学管理人员（教育行政部门、校领导等）参与评价的机会，实现上下相通、纵横相连的评价合力。

首先，初中生是初中语文综合性学习全程的实践者，教师要确保他们每一个都是评价自己、评价彼此、评价教师的人，让学生回忆整个实践活动，总结个人获得的进步、存在的不足，是否达到了预期目标，还需要付出哪些努力，并大胆地点评同伴、教师的表现等。教师作为引导者除了要对学生的表现给出详细、到位的描述性评价和实在的反馈建议外，还要坚持写活动后记反思自身的教学行为。此外，师生双方的评价过程必须在课堂上面对面地进行，教师不能以任何理由省略或简化这一环节，因为师生作为语文综合性学习的亲身实践者，双方当面的自我评价和相互评价会直接影响到语文综合性学习的完整性、互相的信任感、学生的积极性以及下次活动的开展效果。

其次，家长的理解和支持是激发初中生学习积极性的一大因素，教师需要让家长知道什么是语文综合性学习，创造家长参与其中的机会。教师可以布置需要家长协助才能完成的课前准备任务，若有条件还可请家长参与学生的实践过程。如可以请家长填写学生自主合作设计的课外阅读调查问卷，甚至协助设计调查问题等，向家长展示学生综合性学习的实体成果，请家长以书面形式评价孩子的表现，放进学生的成长记录袋里，让家长实实在在地感受到孩子的进步。

最后，教师有必要适当地请同行专业人员、教学管理人员参与评价，这将极大地调动教师的教学热情，督促教师积极地进行教学反思、改进教学行为、拓宽教学思维、寻求教学创新，更好地发挥自己在语文综合性学习中的指导作用。教师可以将整个语文综合性学习活动过程摄制成录像或教学实录，请同行专业人员点评，还可以请同行到现场观摩，课后直接进行交流和点评。教师也有必要向教学管理人员呈现初中生在语文综合性学习中获得的进步或取得的实践成果，以争取更多的支持。

3. 评价内容和评价方式：构建立体评价"经纬线"

两个课程标准都对评价内容和方式做了详细阐述：《义务教育语文课程标准（2011年版）》总体上将综合性学习评价内容放在学生的语文综合运用能力、合作态度和探究精神上，更重视初中生探究、解决问题的思路和方法、学习成果有新意的表达，还鼓励多开展教师评价、学生自我评价和相互评价。《普通高中语文课程标准（2017年版）》虽没有语文综合性学习板块，但明确要"创设综合性学习情境……根据学生的发展需求，围绕学习任务群创设能引导学生广泛、深度参与的学习情境"，并反复提及"语言运用情境""自主的语言实践活动""语文实践""真实的语文学习任务情境"等短语，这表明高中语文学习任务群实质上囊括了语文综合性学习之义。在评价内容和评价方式上也与初中的相承接，如评价内容"不仅要关注学生外在的学习结果，更要关注内在的学习品质""全面考查学生核心素养的发展情况""注意考查学生在活动中表现出来的参与程度、思维特征，以及沟通合作、解决问题、批判创新等能力"。评价方式应"根据实际需要，整合诊断性评价、形成性评价、终结性评价""可采用纸笔测试、现场观察、对话交流、小组分享、自我反思等多种评价方式"。

在两个课程标准的作用下，语文核心素养视角下初中语文综合性学习的评价内容和评价方式要与其评价理念保持一致。其中，评价内容是纵向的"经线"，立足于初中生在真实情境或任务中的表现，包括智力因素、非智力因素以及两者综合作用下形成的各项实践能力或素养。评价方式是横向的"纬线"，重视学生自评、学生互评，并根据特定的开展形式和评价内容有选择地使用，以照顾初中生情绪上的可接受性，维持他们学习的积极性。此外，评价方式各有优缺点，教师必须综合应用形成性评价和终结性评价、定性评价和定量评价、全面评价和差异评价等评价方式，发挥评价方式的长处，增强评价的科学性和可靠性。立体评价"经纬线"是达成"真实性评价"的关键，它将发展性评价和激励性评价的理念贯穿整个初中语文综合性学习的过程中，交织运用合适的评价方式，使得初中语文综合性学习的评价内容和方式在语文核心素养的作用下，不仅能实现评价的科学性、可行性、全面性和高效性，而且记录着初中生语文素养、精神态度以及个性品质的成长轨迹。

为了给初中生在语文综合性学习中的表现进行"量"的测评，给一线教师提供量化评价指标，笔者结合部编本七年级上册语文教科书"有朋自远方来"综合性学习专题后的《综合性学习评价表》，将立体评价"经纬线"设计为《初中语文综合性学习评价量表》（表6-2-1所示，以下简称"《评价量表》"）。此外，笔者将每个阶段可以采用的评价方式以及对应的评价主体总结为《综合性学习多元评价方案》（表6-2-2）

表6-2-1　初中语文综合性学习评价量表

评价项目		评价指标	评价主体		
			学生	同学	教师
前期准备	课程资源	善于利用数字化资源；整合跨领域资源；有创意地、高效地使用各类资源			
	活动主题方案	学生是设计主体；适应学生兴趣需求和能力经验；活动方案具有新颖性和可行性			
	资料收集	多途径搜集所需资料；归类整理加工资料；提炼信息并形成个人观点			
	与家长合作	教师为学生争取家长的理解；学生与家长充分合作；家长提供有效的书面评语			
活动环节	问题情境	包含真实的语文实践任务；具有多样化的表征；训练点涵盖语言、思维、审美和文化			
	过程生成	对新信息的敏感性；能分析、重组、有效利用新信息；及时调整方案的应变能力			
	指导反馈	及时给予科学的指导反馈；提供学生需要的指导；有效地深入推进活动			
	语文核心素养	训练语言综合运用能力；掌握思维方法、提升思维品质；较深刻地表达审美体验和文化感悟			
	学习方式 自主学习	能独立分析和独立决定；能进行自我调节和自我监控；能确保独立学习的高效率			
	学习方式 合作学习	师生合作恰到好处；善于处理个体和团体的关系；形成高质量的合作成果			
	学习方式 探究学习	能主动探索并发现问题；能制订合理的探究方案；能借助探究巩固知识、经验和能力			

续　表

评价项目		评价指标	评价主体		
			学生	同学	教师
活动环节	问题解决与创造力	准确把握问题实质；高效地解决问题；有创意地解决问题			
	非智力因素	激发并保持内部学习动机；调控并形成稳定的情绪情感；锻炼克服困难的毅力			
	成果展示	展示形式的创新性；内容的延伸与深化；表达流畅、有条理、有感染力			
总评	师——生评价	学生自评			
	生——师评价	学生互评			
注:	共有A、B、C、D四个评价等级供评价主体选择 各等级指标：A：三项指标全部达标　　B：两项指标达标 C：仅有一项指标达标　　D：三项指标均未达标				

表6-2-2　综合性学习多元评价方案

	评价方式	评价主体
前期准备阶段	师—生评价、学生自评、生生互评、外部评价	教师、学生、同学、家长
活动实施阶段	师生互评、学生自评、生生互评、外部评价	教师、学生、同学、同行、教学管理人员
成果展示阶段	师—生评价、写生自评、生生互评、外部评价（现场观察）	教师、学生、同学、家长、同行、教学管理人员
总结反思阶段	教师自评、师生互评、学生自评、生生互评、外部评价、量表评价、学生文件夹评价	教师、学生、同学、同行、教学管理人员

在《评价量表》"活动环节"的评价项目里，语文核心素养、学习方式、问题解决与创造力等评价项目包含了对思维力、想象力、创造力等智力因素的测评。由于非智力因素更多地采用质性评价方式，简单的量化手段很难对其进行全面的概括，故将其单独列为一项是为了引起教师对初中生非智力因素的重视，并非代表其他评价项目无法考量非智力因素，如自主学习方式离不开独立的品质，审美感是情感的一种高级形式，学生解决问题的过程需要意志力的支持等。量表中的"评价主体"也可以根据实际参与评价的人员进行增减。因此，两个表格都是相对的，教师可以根据初中学生各自的学习情况、语文综合性学习不同的活动主题和具体开展形态做出调整或补充，形成相对稳定而又灵活的评价机制。

最后，"真实性评价"的目的是发展初中生的语文素养和改善教师的指导，因此，整个评价活动的完成不代表语文综合性学习的结束，教师和学生通过多元、立体的评价都获得了不少启发，总结了很多可以改进的心得体会，这些都可以体现在进一步完善语文综合性学习的成果上。如以调研报告为主要开展形式的综合性学习，在经过评价后，学生不能把调研报告扔在一边或者依赖教师的修改，而是要根据各方的评价自觉主动地加以完善，教师再将这些二次打磨的"成品"和前期的调查问卷装订成集，用实体的成果激励他们对待语文综合性学习的积极性，这才真正称得上是一次成功的、完整的语文综合性学习。后续活动的实施延续着初中生对综合性学习的热情，还会让他们形成有始有终的学习观念，更让他们明白语文学习在任何时候都是自己的事，自始至终都要有自主学习的意识和习惯。

第二节　基于语文核心素养的初中语文综合性学习教学设计案例及评析

教学设计是一个系统化规划教学系统的过程。基于语文核心素养的初中语文综合性学习的教学设计既要用语文核心素养规范初中语文综合性学习的教学目标和开展方向，又必须充分体现初中语文综合性学习的特色，符合不同年级初中生的学习兴趣和能力提升等要求。下面以部编版七上的小说《西游记》与影视作品《西游记》的对话为案例，进行教学设计和评析。

一、教学设计案例

（一）活动目标

1. 自主利用各种途径查阅、收集信息材料，分类整理自己需要的材料，与成员分工明确、各尽其职、研讨交流、有效合作、分享收获。

2. 借助材料归纳我国国民阅读情况，对比分析国内外民众阅读现状，联系自身课外阅读情况谈谈对这一现状的思考。

3. 提高独立阅读能力，掌握并合理运用精读和跳读的方法，加深对《西游记》文学史地位的认识，组织精练的语言总结其文学价值。

4．提升对传统名著和经典影视作品的审美体验，能有条理地表达从中获得的审美感悟和对我国优秀经典文化的敬意。

（二）活动重点

1．进行有效的自主学习和合作学习，初步掌握收集整理信息和提炼个人观点的方法。

2．掌握阅读方法，形成良好的阅读习惯。

3．能具体地表达个人的审美体验和对经典文化的新认识。

（三）活动周期

三周

（四）活动准备

1．师生合作确定本次语文综合性学习活动主题，并确定以小组合作学习为主要学习形式。学生自由分组，全班分成六至八组，小组讨论确定组长并进行分工，教师从旁协调。

2．学生自主完成教科书第88页的"个人阅读状况调查问卷"，充分利用网络资源搜集最近几年由国内权威机构发布的全民阅读调查报告，国外民众阅读情况等，筛选重要信息。

3．学生通过自主阅读、合作学习《西游记》中的人物、情节，查找《西游记》的创作背景、作者生平、专家学者的解读文章等，形成大致的认知框架。

4．学生观看86版《西游记》电视剧，找出剧情与名著描写不一致的地方，进一步思考改动是否有必要、改动的原因、改动的效果等问题。（注：3和4可以邀请家长参与合作。）

（五）活动过程

1．第一阶段：讨论国民课外阅读情况（一周）

学生以小组为单位，根据自己搜集到的材料对比分析国内外民众阅读状况，重点反思自身课外阅读情况、总结我国国民阅读现状、存在的问题以及专家学者给出的意见，做好学习笔记。

2．第二阶段：《西游记》名著阅读和影视作品欣赏（两周）

（1）在两周的时间内，学生自主确定阅读《西游记》文本和观看86版《西游记》电视剧的进度，做好读书笔记和观看记录。

（2）与小组成员讨论、交流、共享信息资源，合作攻克自主学习中无法解决的困难。

（3）学生自主搜集有关《西游记》小说的创作背景、作者生平、解读文章等相关鉴赏资料，以及86版《西游记》电视剧的拍摄材料，进而形成大致的认知框架。

（4）教师跟进各组名著阅读的进度，了解学生在阅读名著过程中遇到的困难，选取《西游记》中适合的片段，利用一个课时指导和示范精读和跳读的方法。

（5）小组合作分享各自搜集到的材料，选择小组要对比分析的切入点。成员们围绕小组展示的角度，选择成果展示形式，进一步分工查找更详细的资料。（注：七年级学生易受惯性思维限制，每组找的切入点容易雷同，需要教师了解每组对比的角度，指导并协调适合每组学生能力水平的切入点。如电视剧对名著文本中人物对话的改编是否合理，名著塑造的和电视剧呈现出的人物形象、服装有何异同，再如背景音乐的设计是否贴近人物、情节和原著，还可以探究名著中有而电视剧中删减的情节等。）

（6）成员们制作课件并以课件作为展示研究成果的凭借，还可以设计其他有创意的展示活动。各组具体分工由成员按照实际情况讨论决定，教师只需提出3个总体要求。

①每个组长需要介绍组内合作情况，并在小组成果展示结束后进行总结和评价。

②除组长外，每组选出两位主讲人合作展示课件。

③除组长和主讲人外，各组在展示环节的分工应保证每个成员都有在全班同学面前展示的时间和机会。

3．第三阶段：成果展示（两个课时）

（1）先由各组组长轮流谈谈自己查找各类资料的方法、获得的心得、遇到的困难；介绍小组成员和分工，大家如何一起分享资料、克服困难等合作情况。

（2）请两位主讲人详细展示小组合作研究的成果，并穿插其他成员准备好的展示活动；展示结束后，先由该组组长总结成员表现，其余各组再分别请一个同学进行点评。

（3）所有小组展示结束后，由教师给出总体点评和分组点评，教师组织每组内部进行个人总结和相互评价。

（六）后续工作

每组根据课堂成果展示后得到的修改意见合作完成小组的学习报告和心得体会，读完小说《西游记》，请家长评价学生在家中的学习情况，由教师一同放入学生成长记录袋中。

二、教学设计评析

"立身以立学为先，立学以读书为本"，对初中语文教学来说，培养初中生爱读书、读好书的习惯是每个语文教师的追求。而初中生，尤其是七年级学生正处于养成稳定、良好的学习习惯的关键期，单纯的阅读教学很难激发他们自发地阅读名著的动机，维持稳定持久的阅读意志力。受某中学初一语文组将《从百草园到三味书屋》与"《朝花夕拾》：消除与经典的隔膜"名著导读相结合的整本书阅读教学启发，笔者尝试将国民阅读情况这一社会问题与经典名著的阅读、影视课程资源相结合，兼顾部编本七年级上册"少年正是读书时""文学部落"两个综合性学习专题和"《西游记》：精读和跳读"名著导读，希望学生在七年级这一崭新的学习阶段和经典名著的阅读有一个美妙的开始。

现代电视电影、网络等新媒体的加速发展冲击了纸质经典名著在受众心目中的地位。为了迎合观众对感官视听的需求，很多经典名著被反复翻拍成影视剧，尽管评价褒贬不一，但仍阻挡不了新媒体更受欢迎而传统经典名著阅读式微的趋势，最近几年的国民阅读情况更是令人担忧。七年级学生虽然还无法独立完成社会调研，但他们已经具备分析、归纳并提炼调研报告的能力，并且在这一系列的思维活动中，他们将间接地熟悉社会调研的流程、调研报告的撰写方法和体例，为日后开展社会调研埋下引线。学生在对比发现国内外国民课外阅读的差距，反观自身阅读情况后，容易激发他们的阅读需求，将"为了读而读"的外在动机转换成提高自我审美感知和文化修养的内在动机。86版《西游记》在名著《西游记》的所有翻拍作品中，可以说是最经典的一部，可其中不免有二度创作的成分。所以，对比其与原著《西游记》的异同，既从新的角度为学生提供研读《西游记》的契机，搭建学生思维碰撞与合作探究的平台，也明确了阅读要求，为指导精读和跳读的方法做铺垫。

　　通过这一活动，旨在让初一学生逐步积累丰富且更高一级的语用材料，锻炼其逻辑思维能力，形成初步的审美感知力和文化传承意识，对他们掌握高效的语文学习方法，培养良好的语文学习习惯，有创意地展示成果也有推动作用。考虑到七年级学生还不容易立刻跳出小学语文综合性学习的活动模式，所以他们自主性的发挥会略差，需要教师更多的引领。

第七章　对话视角下初中语文阅读方法研究

　　源自西方哲学解释学和文艺学的"对话"理论倡导对话主体间的平等地位和互动关系，因其符合新课程改革"以学生为本"的理念而被引进教育学研究领域，并与具体的教学问题结合形成了对话教学理论。对话教学理论最主要的实践场所是课堂，它被当作调动学生思维、提高学生课堂参与度、发挥学生主体性的有力武器，被视为改造传统灌输式课堂形态的法宝。对话教学理论对语文阅读教学最直接的影响就是促进课堂教学的范式转型：从信息单向传递的"授—受"式转换成信息多向传递的对话式，这对构建师生共同发展的生态课堂具有重要意义。

第一节　语文对话阅读的主要理论

　　语文阅读教学是语文教学中的重要组成部分，同时也是许多教师眼中最为棘手的问题，对话理论的出现成了语文阅读教学的新理念，在阅读教学中运用对话十分重要。它可以有效地影响当今阅读教学中普遍存在的"灌输化""独白化""程序化""单一化"和"标准化"等教学现象。本节总结了语文对话阅读的主要理论，为后面的语文对话阅读的现状分析和有效教学策略提供了理论基础。

一、相关概念

（一）对话

　　对话二字是我们生活中最为熟悉的字眼，国际组织总是倡导通过对话解决国际争端，商界也常常是通过对话找到利益交合点达成合作，电视栏目中也常常以对话为题。各种领域、各个环节都少不了对话的身影，其重要作用可见一斑。而对话的定义是什么呢？它不只是简单的你问我答，也不能等同于讨论。我们首先可以从其词源来分析，在英语中对话是"Dialogue"，这个词源于古希腊语中的"dialogos"，Dia通through也就是穿越的意思，而Logue的解释是词，蕴含着概念、思想、语言等内涵。据此，从词源学的角度看来，对话是在两人之间或之上以及通过两个人的语言。可以看出对话不仅仅是局限在两个人的，可以在任意数量中实现，哪怕只有一个人，只要他有对话的精神和思维那么也是与自我对话的一种形式。因此英国的戴维·伯姆认为对话就像一条小溪，流淌在参与对话的所有成员之间，每位对话者都沉浸在这条小溪中，共享知识和信息，并在过程中创造出新的概念和理解，最终达成共识。在汉语中，对话是一个现代生成的词汇，在《现代汉语词典（修订本）》中对它的释义为："两个或更多的人之间的谈话""两方或几方之间的接触或谈判"。而以汉字解析的角度看来，对字首先有应答的意思，其次有向着的含义；而话字的含义首先是言语，其次可以理解为谈论、议论。综上所述，在汉字溯源的视角下，对话是发生在主客体相互之间，利用言语的形式进行交流和沟通的活动。虽然单纯从字面意义上对话的定义比较清晰明确，但在历史发展的洪流中，这个词早被赋予了更加丰富的内涵，不只是指形式上的言语的沟通交流，更多的是指在对话过程中理解和意义的再创造和再生成。

（二）对话教学

对话教学概念的确定受到了马丁·布伯尔、保罗·弗莱雷、雅思贝尔斯、伯姆、佐藤等哲学界和教育家的观念影响。首先布伯尔提出了我—你关系和我—它关系的对话教学模式，就是以工具主义为特征，对话的主体和客体之间形成一种利用与被利用的关系。投射到教学中就是教师和学生之间是我—你的平等关系，而不是自上而下的灌输式关系。保罗·弗莱雷则通过对灌输式教育弊端的批判提出应该建立一种新型的师生关系，那就是通过对话来实现。基于这些思想家的观点，我们通常认为教学本身就是一种对话活动，教学行为的本质就是对话。对话教学是基于师生平等的关系下，以言语交流为中介，学生自主研究为主，教师引导为辅，学习的各主客体之间共同参与对话，从中得到启示、创造性的理解和个性化的体验的一种教学模式。

（三）阅读教学

语文学科教学中的重要环节就是阅读教学，它是一门在理解世界的过程中理解自己的艺术。首先在《义务教育语文课程标准》中对语文学科里的阅读是这样定义的："阅读是运用语言文字获取信息、认识世界、发展思维，获得审美体验的重要途径。""语文新课程标准"对初中学生的阅读能力有了更高的要求。教师在初中语文教学中一定要颠覆传统教学模式，着重加强语文阅读教学中引导学生体验式学习方法，以有效提高初中学生的语文阅读能力。阅读教学就是要有明确的调动学生阅读兴趣、增强学生阅读理解能力的教学目标。在兴趣的支撑下，学生自然会养成良好的阅读习惯，加上教师科学的引导，学生就可以掌握系统的阅读方法和自主探究技巧。阅读教学的重点就在于阅读兴趣的培养和良好阅读习惯的养成，著名语文教育家叶圣陶先生就曾说过："阅读教学之目的，首在养成读书之良好习惯。"阅读教学的内涵不仅只是教会学生辨认字词，理解文意，现在更多的是指在阅读过程中由文本的知识为启示，促进新知识的生成和信息的交流，实现语文学习中知识不断更新，螺旋式增进的过程，不再以教师和教材为中心，这是学生、教师、阅读文本之间的平等的多重作用关系。

（四）对话式阅读教学

在对阅读教学和对话教学的定义理解的基础上，对话式阅读教学的概念也比较明确了，就是指在阅读教学中运用对话理论，在具体的教学目标和教学设计的引导下教师与学生进行真诚、和谐的对话，同时教师引导学生进行与阅读文本、教材编写者、同学以及学生自身的对话活动，在对话的过程中理解文本的含义和最基本的，更重要的是灵魂和思想的相互碰撞，在已有的文本知识中重新建构出新的想法和思路，以文本为重要媒介，提高自己的精神境界。因为不同的人由于知识结构的差异对同一个文本的理解不可能完全相同，传统阅读教学中教师一味地将自己的理解或是教参的解读传输给学生，那并不代表文本的本质内涵，学生也很难吸收。对话式阅读教学的中心是阅读的文本，教师和学生都是围绕文本进行对话的参与者，没有高低之分，课堂氛围民主、和谐、平等。但也并不是没有目的和计划的进行对话，教师要有意识地引导对话，帮助学生的理解尽量靠近编者和文本，而不是天马行空，学生也要学会倾听，真正的对话实现的前提是对话的参与者要有接收外界信息的意识，而不是只顾说自己的。

在阅读教学过程中，教师与学生作为对话的主体，以真诚的态度、平等的地位、彼此理解的心态进行对话，以文本为中介，学生纯粹地表达个人真实的见解，教师从较高领域的理论角度对其进行引导和启发，以提高学生的阅读理解能力和语文素质的培养为目标，同时也能提升教师的教学能力，建构起一个完善的对话式阅读教学生态系统。

二、对话阅读教学的理论依据与特点

（一）理论依据

1. 义务教育语文课程标准（2011）年版阅读课程目标与内容

在义务教育语文课程标准（2011）年版中可看到7～9年级在阅读目标和内容上要求学生能用普通话正确、流利、有感情地朗读。养成默读的习惯，有一定的速度，阅读一般的现代文，每分钟不少于500字。能较熟练地运用略读和浏览的方法，扩大阅读范围。在通读课文的基础上，理清思路，理解、分析主要内容，体味和推敲重要词句在语言环境中的意义和作用。对课文的内容和表达有自己的心得，能提出自己的看法，并能运用合作的方式，共同探讨、分析、解决疑难问题。欣赏文学作品，有自己的情感体验，初步领悟作品的内涵，从中获得对自然、社会、人生的有益启示。对作品中感人的情境和形象，能说出自己的体验，品味作品中赋予表现力的语言。

2. 接受美学理论

接受美学的概念最早是由德国康茨坦斯大学的文艺学专业教授姚斯在20世纪60年代提出来的，也被称为文学的作用和接受理论，这种理论认为文学本身是一种社会交流存在，是一种具有特有形式的对话方式。姚斯强调读者在阅读过程中的创造作用，他认为作者创作出来的作品在有读者进行阅读之前都是一个半成品，作品的真正完成需要读者的参与，在阅读中实现与文本的对话和交流，从而建构起完整的文本意义。读者通过文本与作者进行思想的对话，最终更深入地理解文本。将接受美学的理论应用到阅读教学来看，就是强调教师与学生要与教材文本进行对话，共同实现文本的价值。接受美学理论视角下的阅读教学实质上是一种以达成彼此的理解和知识的再创造为目的而进行的对话活动，因此，阅读教学就是对话教学的变式，阅读本身也是一种对话活动。

3. 建构主义学习理论

建构主义属于认知心理学的一个重要学派，在二十世纪八十年代风靡教育界。代表学者有皮亚杰、斯滕伯格、布鲁纳、维果茨基等著名心理学家、教育家。建构主义理论主要包括知识观、学生观和教学观。它的主要观点是学习并不是学生被动地接受教师的信息传输，而是以学生自己已有的学习经验为基础，对外部信息进行主动的对话、吸收、加工和整合，从而建构出新的意义，形成个性化的理解。在教学内容上，建构主义认为是由教师引导学生从对文本的陌生到逐步了解和最后的掌握，最终目的是学生能形成自主探索、研究自然界和社会出现的规律和原理的能力。在这种教学方式中学习变成了学生对自我意义的建构过程，对传统的教师与学生间单纯的灌输—接受模式造成了冲击，有效地转变师生关系的定位。在初中语文阅读教学中以建构主义理论的思想引入对话的教学方式，建构起全新的阅读教学模式，建构主义理论认为阅读教学的重点是要纳入学生自己的知识经验。学生是主动的进行阅读，结合自己的知识储备和生活阅历去理解文本，在教师的对话中，总结凝练新创造出来的意义，同时与教师一起去体验作者的思想感情和灵魂世界，实现个性化的文本体验。

4. 教育交往理论

著名教育家叶澜女士曾针对教育与交往之间的联系做了大量研究，她认为教育和交往之间存在着特殊、必然而微妙的联系。早在远古时期人与人之间的交往中就显现出来一些教育的特质，也就是说人类的教育形态实质上是以人类的交往行为为基础的，人类世界离不开交往，而交往的重要形式就是对话。在对话的过程中对企图、分歧达成理解和一致，促进交往的进行，在这个过程中一定会借助一定的语言与符号，逐渐地形成彼此信息经验的转移，最后就形成了教育。因此，从社会交往的理论视角看来，教育实质上是一种对话交往的行为，教师与学生还有对话的主体，阅读文本和言语是对话的媒介。在运用教育交往理论指导下的对话式阅读教学时，教育的目的不再是单独地为个人或是为社会服务，师生间也不是从上到下的服从关系，更多的是对教学现状的理性对话和批判性的思考，对话式阅读教学有利于师生间的和谐、友好的来往，建构起良好和谐的师生关系。

（二）对话式阅读教学的特点

对话教学需要教师与学生的共同搭建出彼此进行诚挚交流的平等对话平台，在阅读教学结合的过程中呈现出突出的特点。

1. 平等性

不论是社会意义上的对话或是教学对话，都有一个突出的特点，那便是对话双方应该处于平等的地位，对话的氛围是民主而和谐的。这种平等、民主的关系体现在教学中则是教师与学生在对话中处于尊重彼此的知识结构和人格地位，认真倾听彼此对文本的理解。教师不抱着权威性的姿态，学生能放下心防，亲近老师，大胆说出自己内心的理解和思考，教师也会找出学生观点中的闪光点加以鼓励，实现课堂上的有效对话。这种教学状态需要师生双方都秉持着彼此平等的观点。教师不能认为学生好像在学识上低自己一等，对学生的想法不屑一顾，应该把学生当作自己的朋友，可以与之交流的对象；学生也不要惧怕教师的权威性形象，认为教师是高高在上的，要敢于表达所思所想，这样才能激发出更多创新性的知识。因此，平等性是对话式阅读教学的重要色彩，是师生进行有效对话的前提。

2. 交互性

对话式阅读教学中的交互性，首先是指对话的实质就是交流者之间的交流和互动，这种互动不只表现在言语上，还有精神的碰撞和情感的交流，在这个过程中都表现出了明显的交互性。其次在阅读教学中，教师、学生、文本、编写者四个要素是不可分割的，他们彼此依赖，共同参与对话过程。阅读教学在教师与学生对文本理解的基础上共同揣测编写者的意图和情感，彼此交换个人的经验和体会，在信息的迁移中建构出新的意义。因此，交互性是对话式阅读教学模式中所具备的基本特征之一，实现师生间的灵魂交流和思想的碰撞。

3. 意义生成性

对话式阅读教学是有目的、有组织的教学，生成性是教学目标中一个明显的特点。如果学生的阅读学习只是机械地记忆教材上的知识，被动地等待教师灌输给自己已有的信息意义，那么学生的思维能力和阅读理解能力没有提升的机会。对话式阅读教学应该是一个主动的动态意义生成的过程，因为传统的阅读教学的文本是确定的，教学重难点和教学内容早在课前就被教师设计好，教师自己也早对教材文本进行了多重解读，在课堂上就是将这些课程准备不带感情地复述出来，学生只要死记硬背，记住教师划定的标准答案就可以了，学生的自我体验和个性思考没有参与的空间，更没有话语权。这严重限制了学生的思维发展，拉低阅读教学成效。对话式阅读教学就很好地突破了这种教学困境，教师与学生有默契地进行平等对话，在对文本基本含义理解的基础上通过对话，结合各自的独特阅读体验，逐渐生成新的文本理解，给学生的思维发散提高空间和平台。

4. 多重对话性

对话式阅读教学中的多重对话性就是指在阅读教学中的对话参与者不只是

教师与学生，还有教师与自我、学生与自我、教师与文本、学生与编者、学生等关系之间的对话。结合对话式阅读教学的主体性来看，在阅读教学的多重对话形式中一定要注重每一种主客体的话语表达权，不能忽视其在对话中的存在，尤其是学生的主体性，毕竟教学是为了学生的教学，是以培养学生的语文素养为目标的教育行为。

第二节　阅读教学对话方向偏失的现状分析

自二十世纪末的新课改推行后，对话理论被广泛地引用到语文学科。但在对话理论实际运用在初中语文阅读教学的过程中，常常会出现一些误区和偏差，进而对语文教学的效果产生影响。基于此，本节对语文阅读教学对话方向偏失的情况进行了探究。

一、阅读教学对话方向偏失的现象透视

阅读教学对话的方向偏失有两个层面的内涵，一是"方向偏离"，指语文课堂对话偏离了语文课程目标与教学目标，偏离了语文学习的轨道；二是"方向迷失"，指语文课堂对话缺乏方向感和目标意识，找不到对话的落脚点，不知道对话应该朝哪个方向进行，也不知道哪里是对话的终点。

（一）阅读教学对话方向偏离

阅读教学对话是语文课堂教学流程的有机组成部分，它应该有助于提升学生的语文能力，因此对话要带有"语文学习"的烙印。然而在教学实践中经常出现课堂对话偏离语文课程目标与教学目标，偏离语文学习领域的情况。

首先，偏离语文课程目标。课堂对话从语文课程内部跑到语文课程之外——把语文课上成历史课、政治课、思想品德课、社会学课。如《智取生辰纲》，教师经常用这样的问题来引发学生的对话：杨志为什么丢了生辰纲？师生在对话交流中总结原因：对手太狡猾、团队内部矛盾等因素。实质上是把语文课上成了社会学的解读课。《智取生辰纲》属于"历史小说"，"历史事件"本身不是"语文"，"小说文体"才是语文学习的内容。然而语文教师常常犯的错误是只抓住

其中的历史事件来组织课堂对话，却忽视了"故事"背后的语文元素。因此，小说阅读教学对话的关注点不应该是"历史事件"本身，而是讲述这个历史故事的方式，叙述人称、叙述视角、情节与人物的关系等内容，不能从语文学习领域跑到社会学、历史学等其他领域。

其次，偏离语文阅读教学目标。课程目标与教学目标是两个相互联系又有区别的概念，教学目标是课程目标的细化和具体化，而课程目标又是通过多个具体教学目标的达成而实现的。阅读教学目标是语文课程目标与具体教材选文（课文）相结合的产物，如果脱离课文文本，阅读教学目标便会失去具体内容的依托而变成空中楼阁。阅读教学对话是以课文文本为基点展开的，是师生基于课文理解的对话，这就要求课堂对话过程不能脱离或者"架空"课文。然而有的课堂对话只是把文本当作一个话题生发的引子，对话内容和过程却跑向了文本之外。如阅读朱自清的《春》，学生从"坐着，躺着，打两个滚，踢几脚球"的话语中得出"不爱护草坪，不重视保护环境"的结论。

这样的课堂对话是架空文本的主观强制阐释，完全无视文本内部的语境要素，因为部分教师没能及时引导和调整对话的方向，从而导致课堂对话偏离了阅读教学目标。

（二）阅读教学对话方向迷失

语文课堂教学既有预设性，也有生成性。预设性体现为教师备课时对教学内容、教学环节、课堂学习活动的预先安排，而生成性体现为师生在课堂交流中产生的教学设计预设之外的新教学内容和学习活动。无论经验多么丰富的教师都不可能对学情把握得精准无误，因此课堂也不可能完全按照教师的预设发展，总会因为学情的变化而产生新的课堂对话。然而课堂教学中临时生成的对话时常因为缺乏充分的学理思考而出现方向迷失的问题。比如《孔乙己》里有一个经典的动作描写："孔乙己排出九文大钱。"有的教师不是从动词"排"和形容词"大"的表现效果引导学生品味语言的妙处，而是让学生交流：根据小说中孔乙己生活的年代来推断，他排出的九文大钱是什么钱？考证他使用什么货币对理解课文有什么帮助呢？况且根据课文文本的信息根本无法确定小说人物生活的年代。这说明教师对为什么要交流这个话题、对话要朝哪个方向走、要实现什么目标等根本没有考虑，导致课堂对话迷失了方向。

二、阅读教学对话方向偏失的原因

阅读教学对话活动总是围绕着特定的话题展开的，话题承载着对话的内容，体现着教师对语文教学内容的理解。话题内容既来源于文本诠释，也来源于教师对学情的把握以及对文本教学价值的判断和选择，因此对话方向偏失的问题实质上与教师对文本的诠释和对教学的理解有关。

（一）关注文本解读的多元性而忽视文本的内在逻辑

对话的核心要素是话题，话题的合宜性直接影响着对话的有效性和方向性，影响着阅读教学目标的达成。对话方向偏失在很大程度上是因话题设置得不合理、不合宜问题引发的。教师在备课环节依据某种文学理论先与文本对话，然后再选择和设置话题，因此教师对文本解读理论的理解影响着课堂对话的方向。比如"多元解读"主张"一千个读者就有一千个哈姆雷特"，认为读者对同一文本作出的各种解读都是合理的。但是对多元解读理论的片面理解会导致课堂对话迷失方向。如一位教师在上《祝福》这一课时，模仿了袁卫星老师的教学设计。他一开始也抛出了"祥林嫂是自然死，还是他杀，抑或是自杀"这一很有思考价值的问题。他以为这个问题一提出，能收到像袁老师同样的效果，能一步步引导学生找到杀死祥林嫂的元凶——封建礼教。但结果却出乎意料，整堂课学生一直在"祥林嫂是自然死，还是他杀，抑或是自杀"这一问题上纠缠，甚至在下课之前，还有很多同学认为祥林嫂是自然死。学生之间谁也说服不了对方。这说明教师只关注到文本解读的多元性和开放性，却忽视了文本内在逻辑对文本解读的限定性。文本内部各要素之间相互联系所形成的逻辑结构影响着师生课堂对话的进程与方向，如果只强调多元性而忽视文本的内在逻辑，那么就会使课堂对话偏离语文学习的方向。

（二）对课堂对话的理解局限于形式层面而忽视教学属性

从本质上讲，课堂对话是教师"教"和学生"学"的活动的重要组成部分，它必须围绕特定的语文学习内容来开展，致力于学生课文理解能力的提升和语文经验的增长，这就是其教学属性的体现。课堂对话的教学属性决定对话的过程必须符合教学逻辑。教学逻辑是"教师基于对学科教学与学生发展关系认知基础上形成的关于教学内容与教学活动序列安排的构想""是教学系统中主客体关系的动态转换逻辑，随着教学过程的展开，教学系统中的知识类型会呈现出由教材话语体系向教师话语体系转化（主要通过备课活动完成），以及教师话语体系向学生话语体系转换（主要通过教学活动完成）的递进顺序"。综合这些观点来看，语文教学逻辑涉及教学与学生发展的关系、语文学科特点、教学内容与教学活动的安排顺序等因素，这些因素相互交融于语文课堂教学中，成为衡量阅读教学对话有效性的标尺。然而部分教师组织课堂对话仅仅是为了活跃课堂，营造"师生互动"的课堂氛围，片面强调学生主体性的发挥，根本不注意在对话中是否有真正的学习行为发生，完全无视对话内容是否与教学内容相关联，无视对话与学生语文学习经验的联系。这样的对话只停留在形式层面，对课堂对话的教学属性缺乏足够的认识和理解，必然会导致对话方向偏离语文学习的轨道。

（三）割裂文本逻辑和教学逻辑的内在联系

《义务教育语文课程标准（2011年版）》（以下简称《课程标准》）指出"阅读教学是教师、学生、文本之间对话的过程"。王荣生教授认为此命题包含着两层含义："阅读是读者与文本主体间的对话过程；教学是教师与学生以及学生与学生主体间的对话过程。它混合了'阅读对话理论'和'教学对话理论'两个命题，前者与源于西方的解释学、文学批评理论的发展密切相关，后者根生于课程与教学研究，是解释学生教育、课程与教学领域的沿用。"阅读教学对话方向偏失问题主要缘于教师对"对话理论"的理解和运用有偏差，一种情况是教师只注意到阅读对话理论，忽视了教学对话理论的重要意义，另一种情况是教师只注意到教学对话理论而忽视了阅读对话理论。前一种情况只重视文本逻辑而忽视教学逻辑，容易出现的问题是话题难度远超学生的认知能力和理解水平，导致对话难以向前推进。如一位年轻的女教师执教的课文是郭沫若的《石榴》。对这样一篇文质兼美的散文，整堂课运用了大量的多媒体教学手段，详实地对石榴的叶、枝、干、花、果实进行了介绍。当讲到石榴的果实时，该老师的教法更"妙"，她先让学生找出描写籽儿的句子，接着让学生把事先带来的石榴拿出来品尝一下，体会课文写得对不对。学生品尝后，纷纷举手回答，有的学生说他品尝后，感到味道甜津津的，有的学生说他品尝后，感到有点酸溜溜的，还有的学生说品尝后，嘴里感到清爽无比。

实际上，郭沫若所咏颂的石榴，不畏炎阳，傲然开花。该作品透过一个个生动形象的比喻无不流露出作者对石榴那种火一样的灿烂、燃烧、自由、蒸腾，并且呼呼向上的生命热力的赞颂。而以上的教学对话对石榴的精神品格只字未提，课堂完全演变成生物课，完全游离背离了教学主题。由此可见，阅读教学对话的文本逻辑与教学逻辑是相互交融的，如果割裂了二者的联系，课堂对话将会出现方向偏失的问题。

第三节 对话视角下的语文阅读教学策略与建议

面对时代培养对话能力的需要、新课改的实行要求以及初中语文阅读教学现状中存在的种种问题，研究对话理论如何有效运用进初中语文阅读教学的策略刻不容缓。对对话理论有了深层次的了解和掌握，通过研究经验的不断成熟，并在语文的阅读教学实践中加以运用再作补充完善，使其成为一种对话式阅读教学模式，才能真正实现学生的个性化阅读和主体性学习。

一、运用多种对话形式，创造对话机会

（一）教师与学生的平等对话

语文作为一门工具性和人文性并重的学科，在阅读教学中要体现人文性必然要进行教师与学生的有效对话。通过对话，教师和学生可以共享彼此的知识和见解，通过真诚的倾听和倾诉，教师和学生可接纳彼此的思想和情感。但由于教师在人生阅历、知识储备和情感感受力上都比学生更加丰富，因此在对话活动中一定要注意发挥主导作用，积极地引导学生进行对话，并且是有意义的对话，这样对话式阅读教学才能顺利地开展。具体到实践层面来说，就是教师不能有权威性的心态，摆着一副高高在上的姿态、端着架子去与学生相处，而要平易近人地将自己和学生之间的距离拉近，诚挚交流，让学生感受到自己的真诚与和蔼，不是教师与学生而是同朋友、伙伴一般的相处。这样的教学模式自然是对教师的专业素养和教学理念提出了更严格的要求，因此教师要有先进的学习意识，不断强化自己的专业化学习，吸收最新的教育观念，加强信息储备，让自己能在境界上高于学生的基础上又与学生保持一致的步伐，让师生对话没有代沟与隔阂。如此一来，教师进行对话式阅读教学就会事半功倍，学生

也能感受到对话的乐趣，营造出和谐民主、轻松愉快的课堂氛围，师生的思维都有自由发散的空间。

老师重视学生的自主阅读学习能力，不要限制他们的思维，学生可以根据自己对文本的理解畅所欲言、各抒己见。学生在理解上现了误差时，教师并不着急指出他的问题，而是继续不紧不慢的引导接下来的对话，通过这种平和的、民主的对话，学生会真正地理解文本地真实含义，明白自己的观点是有偏差的，进而引出正确的理解。这样的师生对话实现了无障碍和民主、平等，学生不会因为害怕说错话而被教师批评，敢于大胆思考、大胆提问和回答，最终正确的理解文意并领会其中的情感。这个案例给了我们许多启示，那就是对话其实是有多种方式的，注意方式方法的运用让学生能更轻松的接受，实现师生间的平等对话。

（二）学生之间的合作交流

阅读教学强调的是阅读过程中的意义生成，而不是简单的识字断句。因此阅读教学的主体绝对是学生，学生的自主探究能力的培养是十分重要的，学习并不是老师强制性地将知识灌输到学生的脑海中，老师是为学生自主发现问题、解决问题进而掌握知识提供指导的引路人。在阅读教学中创造学生感兴趣、与教学目标相适应的话题引导学生学习探讨，将情感投入阅读文本中，让学生想要主动进行对话，在与他人的合作探究、交流沟通中解答自己的疑问。在组织学生之间的对话时，教师要注意改变自己之前的话语霸权式教学，学生才是主角而不是观众，找准自己和学生的角色定位，让学生真正地参与到阅读对话中去，每一个学生都能得到表达和展示的机会。这样一来，学生与学生之间就能营造一种友好互助的对话氛围，在对话中共同进步。

学生之间的对话形式也比较丰富，可以采用课堂讨论、小组讨论等。在部编版九上《湖心亭看雪》这篇课文的阅读教学中，可以将学生分成小组，让小组间成员讨论他们自己看到下雪时的感受与作者表达出来的有什么不同，学生们对下雪大多是抱有好奇心的，就会带着兴趣进行阅读和讨论。在阅读与讨论之后，让各小组派代表发表自己对作者文中描写的场景最欣赏的地方是哪里，那些文字带给自己什么感受。在小组间的讨论中，学生们彼此交流对下雪、对文本的感受，言语表达能力会在这个过程中有所长进。同时也会体悟到应该如何进行景物描写，以及所谓的借景抒情是怎样的体式。

因此，作为教师不论是组织自己与学生还是学生与学生之间的对话，都要做到充分尊重学生对阅读文本的独特感受和个性化体验，引导学生而不是控制学生的言语表达，让教学目标和教学步骤的步伐一致，而不是挂羊头卖狗肉。除此之外，教师还要引导学生对文章所蕴含的意义进行深度挖掘、理性思考，通过让学生相互之间进行充分的沟通交流，进而达到培养增强学生自主学习、合作学习能力的教育目标，同时通过多种思想的交流，集思广益，发掘出新的文本意义，学生在这样的对话式阅读教学模式中不仅在阅读理解能力方面得到成长，还树立了团队合作精神，加强了与人交流和互相理解的能力，提高对话式阅读教学的实效性。

（三）师生与文本的对话

教师在课前就要做好备课工作，而备课不是简单地浏览教参，一定是仔细地研读教学文本。教师要想教给学生一杯水，首先自己得有一桶水，这是教学界的共识。这就要求老师在开展阅读教学活动之前，必须充分了解教材内容、文本内容，并将相关的知识信息进行转化，纳入自身的知识结构中，站在学生的角度进行思考，提取他们能接受的教学内容，结合文本分析整合后确定具体的教学目标和教学方式，促进对话式阅读教学的完成。对文本的解读不能仅限于常规的理解，教师也要发挥自己的创造性，新课改强调学生是学习的主人，因此教师要把课堂的主体地位让给学生，尽可能地让学生自己进行探讨、解读与交流，给她们的创意发挥提供空间，与文本进行无缝交流。教师要比学生用更加多元、更多的角度去解读文本，让自己的教学过程形式丰富，激发学生的对话兴趣。通过对文本把握程度的提高来提升教学成效。

与此同时，学生与文本的对话更是需要关注的重点，新课标中认为学生是独特的人，是在发展中的有独立个性的人，应该在教学过程中不断体现其主体地位。

基于此，学生在进行阅读时不能一味地被动接受教师对课文的分析理解，而要利用自己的个性和独特的人生阅历去体验文本，进行个性化的情感交流。这需要学生做好课前的文本预习，提前了解文本的主要内容，创作者的个人信息以及相关创作背景等，在阅读的同时做好详细的读书笔记，还可以利用资料了解这篇文章的重难点，看能不能通过自己的思考来解决，经过这些准备后，在正式的课堂上，学生在与教师交流时就有足够的信息和话题了，对有疑问的地方，还可以和同学进行讨论，实现小组合作探究，这就是学生与文本、教师、同学之间的多重对话，为下一步的文本解读思考提供了对话平台。

教师一定要重视文本在教师与学生之间的连接作用，许多教师比较熟悉的让学生与文本进行对话准备的方式就是在上课前布置预习任务，使学生通过自行学习，先获得一定的见解，为课堂上由教师引导的文本深入打下基础。而且如果学生提前认真预习文本，在课堂上也会更积极地参与交流，因为他们有话可说，才能进一步解读文本的情感和内涵。

（四）师生与自我的对话

在教学和学习的过程中，即使有多种模式可以套用，还是会出现很多意料之外的问题，有时这些问题无法及时地与他人进行对话交流，那就需要自我的反思和对话，提出新的想法和尝试，再把想法进行实践，在实践中继续完善，最终获得灵感。首先教师的自我对话主要集中在自身教学态度和行为的反思上，由于现在的教师时常受传统教学弊端的影响，在备课时常常没有认真地熟悉教材，对教学过程也没有反思，对学生课下的问题和作业的批改态度不积极等，教师要时常对这些教学行为进行反思，及时发现问题后解决问题，对自己的教学观念和态度进行调整与优化，促进教学能力的成长。其次在对学生的教学评价方面要采取多元化的评价标准，不能只看分数，学生的软实力的发展也是重要的教育目标。在学生与自我的对话方面，一是要注重课前的文章预习，培养良好的阅读习惯，带着问题和思考走进课堂对话；二是在上课时要主动发问，积极回答，认真倾听，在对话中解决自己的问题，生成新的理解；三是在课后要认真完成作业，对之前的对话和学习进行反思和总结，并对已经形成的知识体系进行巩固。

只要教师和学生都坚持这样的与自我的对话，必定为课堂上师生间的对话打下坚实的基础。对话式阅读教学的形式多种多样，但不论是哪一种形式都是有其必要性的，师生要加以重视及运用。

二、找准角色定位、创建对话平台

对话式阅读教学强调的是师生间的平等、和谐交流，前提是教师有明确的对话教学的理念，能准确地定位自己在课堂教学中所扮演的角色，为课堂教学活动的主体——学生创造"对话"条件，组织学生开展对话、引导学生对话；在完成准确清晰的定位后，就是维持学生的学习主体地位，将对话成果进行总结升华，使其成为所要讲解的知识点。与此同时，找准时机创建与学生对话的机会和平台，利用对话理论让初中语文阅读教学迎来发展的春天。

（一）尊重学生主体地位，积极组织对话

在传统的初中语文阅读教学里，教师往往是权威性的存在，对话语权有着绝对的掌控，只有少数的学生有回答问题的机会，而且这种回答常常是机械式地反复，得出教师预设的答案，不是发自内心的对话。大部分的学生像是观众一样看着教师的单口相声，学习能力难以得到发展。教师要想在阅读课堂中运用对话教学，首先要保证留给学生足够的阅读时间和思考的空间，问题的设置要讲究技巧，提问方式也要有选择性，提高对话教学的效度。教师的专业素养和教学能力必须达到一定的高度才能对这种教学模式游刃有余，因此教师要在实践中多多反思和总结，精炼自己的教学艺术。为了促进对话式阅读教学的完成，良好的教学环境和对话氛围也是很重要的，比如教师可以在对话中保持微笑，不时用热情的语气点评学生，给予亲切的鼓励，满足学生的自信需要，使学生的对话欲望被激发。语文课堂学习的主体始终是所有学生，教师只是引导学生通过对话达成知识点学习的目的，要认真倾听学生的想法，再加以科学性的指导，比如文本中基本的字词字音、文意的解读、佳句赏析等角度都是师生可以展开交流的环节，与此同时，还要注意激发学生的创新性，让他们的思维发散、活跃起来，通过对问题的思考得到创造力的培养。

例如笔者在教授部编版七上《我的老师》这篇文章时，就注意到了激发学生个性化、有创意的思考。在教学过程中老师提问了三个学生，让他们分别对教学片段进行赏析，三个同学所描述的角度都不同，但是都是赏析的重点所在，最后老师对三个学生的描述做出点评，并没有说谁对谁错，同时，对三个学生的回答补充完善后予以升华，这就足以证明在课堂教学中老师与学生之间是平等交流、互动互助的关系，足以体现出学生的主体地位。在此基础上，阅读教学中的对话活动要求教师尊重学生，树立平等民主的教学意识，不再高高在上，不可触犯。走下神圣的讲台，走进学生的心里，把学生看作和自己一样的平等的、独立意义的人。以此获得学生的信任，建立良好的师生关系，为对话教学的实现奠定基础。

（二）营造轻松的课堂对话氛围

通常大家对语文教师的印象都是严肃古板的，教师自己也认为好像要让学生害怕自己才会认真听讲，教学才有成效。但这样的课堂往往死气沉沉的，只有

在轻松愉快的课堂上，学生才会敢讲敢说，对话活动才能顺利展开。笔者观摩一位语文教学名家李镇西的教学片段，这个教学片段充分展现了好的对话氛围下的教学是怎样的状态。

在这个案例中，李镇西老师真正做到了在对话式阅读教学中尊重学生的个性化体验的独特解读，并且积极搭建了与学生进行平等交流的平台，让学生有机会向教师提出质疑和自己的疑惑，李老师面对学生的问题不会直接给出答案，因为那是他自己的解读，不是学生的。他以这个问题为突破口，引导全班同学对这个问题进行讨论和探索，并且很在意提出问题的学生对其他同学的答案做出的反应，不停地激励学生们表达自己的真实感受，逐渐地深入文本，投入情感，同时实现教师与学生、学生与文本，学生与学生之间的多重对话。并且在解决了问题之后，有意识地对学生进行鼓励和肯定，让学生感受到了自己的价值，他们便会更有自信和勇气开始之后的对话和提问。

因此，教师一定要注意对话平台的搭建，和平等民主对话意识的树立，尊重学生，把学生当作自己的朋友，推进对话式阅读教学的完成。

三、提高教师专业素养、提供科学引导

教师作为对话式阅读教学中的引导者和组织者，教师的专业素养和教学水平直接决定了这种教学模式的成败，因此教师亟须加强专业素养的提升，科学地引导学生进行阅读对话。

（一）更新教学观念

教师的教学观念直接决定了他会采取的教学行为，具有传统教学观念的教师，就会把分数放在第一位，升学率是他们唯一的努力方向，对教育本质的理解就会有偏差，忽视学生的阅读理解能力和阅读习惯的培养，如此一来，对话式阅读教学只是一个花架子，没有实际教学意义。因此，教师的教学观念要及时更新，这是实施对话式阅读教学的理论基础，拥有正确的对话教学观念，把学生的全面发展放在第一位，基于对话教学确保每个学生都能实现学习能力与思想精神的共同提升，为其未来的终身学习奠定基础。教师要做到教学是为了学生，从学生的角度出发设计教学过程，并在对话中换位思考，适当地调整和优化自己的教学方法，让学生更快吸收。与此同时，要与时俱进地学习最新的教

学理念，本着一切为了学生的目标，发挥自己作为教师的主导优势，让学生的综合素质得到发展。

（二）找准自身定位

新课改推行后，对教师的定位也对时代的发展有一定的变化，特别是一些年长的教师，不能再坚守着陈腐的传统教学观，把自己定位成知识的传授者和课堂的掌控者。应该重新根据科学的教学观对自己进行重新定位，在课堂上不能以一副高高在上的姿态，认为学生就是低自己一等。教师的这种姿态对学生来说是很敏感的，会直接影响到学生，让他们害怕老师，害怕课堂和学习，长期处于压迫和拘束的环境中。教师在对话式阅读教学中的真正定位是学习的引导者与促进者、对话的参与者和组织者，自己只是平等对话关系中的一个参与者，在教学过程中，教师不仅是引导学生获得学习体验，教师自己也能从中得到经验的启示。在平等、民主、和谐的对话教学中实现教学相长，学生感受到自己地位的上升，自然会对阅读和学习产生兴趣，变被动为主动，积极与教师互动，提升自己的语文素养。

（三）提高专业水平

语文学科有着不同于其他学科特殊性，在于它的工具性与人文性，这门学科的教学内容博大精深、深渊远博，作为一名语文教师需要有十分充足的文化底蕴和知识储备才能在教学时游刃有余。随着时代的发展和经济的繁荣，现在的学生可以接触到的信息复杂多元，他们的知识储备和文化修养并不一定就比老师差，有时在课堂上甚至会把老师问倒，因为他们所接触的新鲜事物有很多。因此，教师如果仍然只针对教材内容做准备的话是无法满足学生的学习需求的，教师必须利用工作时间提升自己的专业能力，利用业余时间去丰富自己的专业素养，再多与学生交流，了解学生的思想动向，实现个人能力的提升，与时俱进，跟上学生的步伐，不断钻研。这样才能有足够的能力引导学生，并且和学生一同进步。教师在对话阅读教学过程中要能找到具有启发性的问题作为入手点，不能随心所欲地开启话题，一定要使学生的思想得到启发和深入，同时这个话题要有穿透力，让学生的阅读达到一定的层次，不能碎片化阅读，最后涉及的问题要足够广泛，学生可以各抒己见，这些要求都需要教师的专业水平达到一定的标准才能满足。总地来说，对话式阅读教学的实施需要一位具备全面发展、基本功扎实的优秀教师，教师要有进步的意识和终身学习和理念，给学生树立学习榜样，在教育学生的过程中实现自我价值的提升。

四、完善评价机制以促进对话理论的运用

教学评价是一种有效促进教学活动发展、提高教学质量的教学手段，李白芳认为教学评价的过程在本质上是在衡量教学设计和课程教学对教学目标的实现程度的高低的过程。但在传统的学校评价机制中常常更侧重于对教师的评价，学生的学习习惯、能力发展的评价被忽视了。对教师的评价也就是侧重于教师的教学结果的评价，很少会对教学过程进行客观的评价。因此，在对话式阅读教学中我们应该注意对教学评价机制的完善，发挥其有助于教学质量提高的功效，激发学生的学习兴趣。

（一）多视角的评价标准促进对话理论的运用

一千个读者眼中就有一千个哈姆雷特，每个人由于人生阅历和知识结构的差异对同一件事会有不同的看法，对文本的阅读理解更是如此，学生对课文的理解是千变万化的。学生在对话式阅读教学中进行个性化的阅读，那么在评价标准上自然要考虑到学生的创造性和多元性，因此评价标准也要从多种视角来制订，要具有开放性。

以部编版九上鲁迅的小说《故乡》为例，教师在讲解人物形象的时候选取了杨二嫂，教师在这之前并未对杨二嫂进行任何的分析，以免使学生的思维产生局限性。而是直接让学生根据对文章的理解说说自己心中的杨二嫂。这个时候学生的思路较为开拓，纷纷发表自己的感想。学生甲说：杨二嫂是一位贪图小便宜又自私的人，因为她不仅拿了母亲的手套，还拿了"我"家的"狗气煞"。学生乙则通过文内对杨二嫂面部的描述以及前后身材的变化描述，认为作者在讽刺和批判她的同时也是比较同情这类人的。学生丙把握了全文，从历史背景展开分析，认为杨二嫂的形象是对特定历史时期农村景象的反映等。

在这个案例中，教师充分考虑了学生的差异，让学生从自己的角度理解杨二嫂的形象，虽然不同的学生得出了不同的答案，但是他们的理解都是正确的。而文字作为语言的基础，对文本的理解具有载体的作用。所以在课堂教学中，应该倡导开放的多元化教学，让学生能有意愿并且敢于发表自己的不同理解。教师在学生理解的基础上作为一个指导者进行总结。

（二）形成性的评价手段促进对话理论的运用

评价是构成完整的教学过程的重要环节，是支撑之后的教学活动的重要依据，传统的阅读教学中常常最注重对学生的终结性评价，以考试分数定天下，教师的教学设计不得不跟着考试走，忽略学生的个性发展。但考试成绩并不代表学生的真实学习水平，虽然是参考的依据之一，但更多的应该从学生的学习能力和解决问题的层面去探索，因此，学校和教师都应该注重形成性评价，把评价活动的激励、诊断、反馈的功能充分发挥出来，突破之前终结性评价的霸权时代，利用积极的评价来调节与学生之间的对话和后续的教学设计，促进对话式阅读教学的顺利完成。

所以，一个好的课堂教学必定是始终贯穿着评价的教学，传统教学中过度的终结性评价，唯分数的评价已经不适宜现在社会发展的需求，所以在教学中，教师应该多使用一些形成性评价，重视学生在整个教学过程中的表现，如课堂提问，发散性思考等，观察学生的思考能力和举一反三的能力，以及对学生的独立阅读等能力都进行一定的判断等。

在7～9年级的教学中，可以结合《义务教育语文课程标准》设置相应的阅读目标。例如，学生能制订有效的阅读目标，并且在计划内完成；形成广泛阅读的习惯，每学期需要阅读多少部名著等。在落实的时候一定要采用目标分解的方式，避免知识形式化地制订了目标。

（三）多元化的评价方式促进对话理论的运用

2011版的《义务教育语文课程标准》中针对教学评价曾明确指出："在进行评价的过程中，要注重将教师评价、学生自我评价、学生相互评价有机结合，强化后两者的评价作用，同时要引导家长参与到评价过程中。"据此，我们不能再阅读教学的评价中继续沿用之前以教师的一家之言为主的评价方式，应该让家长和学生都参与到评价中来，适当的情况下也可以让与学生的学习有关的人参与教学评价。评价方式的综合运用可以让学生知道自己的弱势在哪里，加以改进，教师也可以有针对性地优化教学设计。在这样的评价方式下，每个学生都可以发挥自己的独特性，找到真实的自己。

新课标中关于学生多元化的评价具有重要的意义。在对学生的阅读兴趣展开评价的时候，教师可以采用学生自评、小组互评相和教师点评相结合的方式进行，首先在组内的每个学生说说心中的他，然后学生说说自己心目中的自己，最后由教师谈谈自己心中的学生。为了使得整个评价更全面，还可以采取家长查评的方式，了解家长心目中的自己。这种多元评价的方式能在激发学生学习积极性的基础上使学生能充分认识自己，在发现自身问题和克服问题中不断进步。

多元化评价方式对促进学生的全面发展具有重要的意义，因此这种评价方式能使每位学生充分认识自己，发现不足并及时改正。尤其是在互评中能加强学生的沟通交流，在学习别人好的方面的同时改进自己的不足。最重要的是这种方式能让学生认识到每个人都有缺点，贵在能够不断改正，这样学生的自信心也会得到增强。

所以教师在开展教学评价的时候，要以提升学生的阅读能力作为出发点，而不仅仅是关注学生的考试成绩。因此，需要打破传统的、片面的评价方式，从而采用发展式的评价，不断提升学生的语文核心素养，这样才能达到新课标的目标。

（四）激励性的评价语言促进对话理论的运用

还有在评价语言的原则上，应该尽量用鼓励性、激励性的积极语言进行评价，让学生有继续参与对话的勇气和兴趣。如有老师在讲授外国文学阅读作品部编版八上《蜡烛》时，由于这类战争题材的文学作品本来就难以理解，初中生在阅读过程中常常会出现理解的误差或是不到位的情况，但教师在对学生的发言进行评价时，不会直接指出其偏差，而是用肯定的评价语加上引导性的语言带领学生走出迷雾。

师：南斯拉夫老母亲与苏联红军是什么关系？是母子关系吗？

生1：不是，他们之间没有任何血缘关系。

师：那么，为什么老母亲冒着炮火前来给苏联红军收尸、埋葬和祭奠啊？按照常理，老母亲应该是在母爱的促使下才会冒着生命危险给自己的孩子办理后事啊？既然不是母子关系，老母亲何必冒着这么大的风险啊？

生2：因为苏联红军是来帮助老母亲所在的国家与德国法西斯战斗，这才会在战斗中英勇牺牲，这表现出苏联红军的伟大，也表现出南斯拉夫老母亲的伟大和母爱的赤诚，让人感动。

师：这位同学分析得非常精准，苏联红军和南斯拉夫老母亲都非常伟大。最后一个问题：南斯拉夫老母亲处于感恩祭奠苏联红军，那么为什么要用自己珍藏45年之久、无比珍贵、当年自己结婚时的喜烛呢？

生3：南斯拉夫老母亲用自己当年的喜烛祭奠苏联红军，既说明当时生活用品的极度匮乏，没有其他物品可以代替，也说明南斯拉夫老母亲"舍得"用对自己具有非常有特殊意义的喜烛祭奠前来帮助自己国家而英勇献身的年轻战士，南斯拉夫老母亲要用自己最珍贵的东西祭奠这些外国英雄，表现出南斯拉夫老母亲伟大的母爱和人性之美。

师：你说得太棒了！太到位了！的确，苏联红军是伟大的，深刻体现出两国人民深厚的朋友关系和伟大的国际主义精神，实在是可歌可泣。另外，蜡烛在这里有一个小寓意，这位同学没有说出来，就是蜡烛代表者光明，苏联红军就是为创造光明而英勇献身的，而光明就在不远处，且光明一定与正义同在，劳动人民一定会获得胜利，德国法西斯一定会被打败，表现出南斯拉夫老母亲对胜利的渴望与自信。

在这则教学案例中，教师用激励性的评价语以及引导性的教学语言促进初中生对文本的深刻理解，在对话中遇到学生有疏漏的地方，教师先是肯定、表扬学生发言中的闪光点，之后再补充性地提出学生没有理解完整的文本意义，让学生在自我价值受肯定的基础上查缺补漏，让学生敢于探究。

在笔者的教学过程中也很容易观察到，由于面对的群体是初中生，目前受社会经济的发展，初中生所处的生活环境、社会环境都非常好，且基本未遭遇挫折，整体的心理承受能力弱，面对学习存在较为严重的畏难情绪，遇到难题没有人鼓励的话很容易就开始逃避，基于此，在课堂教学过程中，教师要注意所给出的评价以正向激励为主，以激发学生阅读的兴趣及积极性，从而提升自主探究学习的能力和勇气，于是笔者在进行《走一步、再走一步》这篇文章的阅读指导时，格外注意了对学生的激励性评价。

师：莫顿体弱多病，为什么他还要去爬悬崖啊？

生：因为莫顿的好朋友对他喊："别做胆小鬼"，是朋友的激将法。

师：你说得对，再往深处想想，你是男孩子，别人喊你去爬悬崖你是否会去啊？我相信你会找到答案的，加油！

生：男孩子都是活泼爱动，喜欢冒险，经常会做出一竖挑战自我的事情，自然就会以身犯险，甚至是办傻事、办错事。因此，莫顿去爬悬崖既有朋友的激励，也是自己心中最本质的想法，他也想凑热闹，去冒险，这是情理之中的。

师：作者为什么安排这帮男孩子去爬悬崖呢？仔细想想，你们一定会找到答案的，我相信你们。

生：悬崖难爬，而莫顿体弱多病，攀爬能力差，这样就形成了人的能力与自然环境条件的不协调，只有这样莫顿才会被困在悬崖中间。

师：分析得很巧！正是因为爬悬崖难度大，挑战个人能力，才能暴露攀爬者的心态和个人能力，才会导致莫顿被困在悬崖中间。另外，人被困在悬崖中间，直接施救不容易，因为如果空间够大，莫顿一个人就会退下来。所以，爸爸的鼓励和指点莫顿自己克服困难，并培养莫顿的勇气和自信心，最后莫顿终于凭借个人的能力战胜了困难，从悬崖中间下来。另外，你们认为文章的题目怎么样？

生：很好！题目看似简单，其实很有深度，越品味，越有深意，蕴含着丰富的人生道理，好像是鼓励人们要勇敢面对困难，一点点地克服困难。

师：你太聪明了！说得很好，分析得也很透彻！希望你以后能多动脑、多探究、多为我们高水平地总结出问题结论，谢谢你！其实，我们也应该从文章中获取更多的知识，在面对学习难题和生活苦难的时候，我们要坚强地、勇敢地面对困难。还要积极开动脑筋，千方百计地主动寻找解决问题的途径，战胜自己的畏难情绪，独立地、自主地、勇敢地面对困难，一点点地战胜困难，做学习和生活的主人，克服困难，磨炼自我，快速成才。

在初中生的成长过程中，难免会遇到生活、学习各方面的烦恼、困难和考验，正面迎接并解决这些问题就是学生成长的一个过程，教师要充分发挥自身的"引路人"的引导作用，为初中生迎接困难作坚实的后盾，通过语言鼓励、行动支持等使学生有勇气迎接困难，积极寻求解决方法，在学生解决问题的过程中给予适量的帮助和指导，以此来培养学生直面困难、迎刃解决问题的勇气，利用赏识教育的强大优势对初中生的阅读理解能力和认知能力提供帮助。在这个过程中学生的阅读兴趣和对话的勇气都会被激发，从而锻炼其积极性、创造性和自信，释放他们在阅读认知中的潜能，加速初中生阅读能力的发展。

总而言之，学校和教师在进行教学评价时，比起结果要更注重过程，比起分数要更注重能力。采取发展性的评价理念去取代传统的刻板评价观，真正发挥评价机制的功效，注重激励性评价语的使用，实行赏识教育；促进学语文素养的提高，实现语文学科课程改革的目标。

第八章　对话视角下初中语文写作方法研究

我国的初中语文写作教学大都只注重写作结果和学生写作的得分，忽视语言的交际功能以及写作的实际功用。大多初中生不喜欢甚至厌恶写作、被动地进行写作，教师对写作教学的效果茫然无措。因此，研究对话视角下初中语文写作方法对学生的写作能力的提升有促进作用，且丰富初中语文写作教学理论，促进一线初中教师改善语文写作教学的效果。

第一节　"生命课堂"写作教学策

不少初中生十分害怕写作文，并没有享受到创作过程的愉悦，反而视为受煎熬的学习负担。初中写作教学始终是语文教学中的一项难题。根据苏巧新的《初中写作现状调查与分析》表明目前写作教学存在的主要问题是：第一，写作教学热情普遍不高。第二，引导学生积累素材还不够到位。第三，作文数量和要求不够具体。第四，缺少科学的写作方法与技巧指导。第五，作文课对学生缺乏吸引力。第六，习作评改方式缺少丰富的形式。

一、生命化理念下作文教学三种意识的转变

目前的初中作文教学，忽视学生的写作体验和创新表达，忽视对学生进行观察能力和思维能力的培养，忽视学生的日常阅读与素材积累，不知如何搭建阅读与写作之间的桥梁。正是指向这些迫切需要解决的问题，笔者试图在生命化理念下探索作文教学的新思路，从而构建语文写作教学生命课堂。

（一）选材指导
由功利为目的被动完成转化为以生命为原点的真情表达。

生命化写作教学的立足点是育人与成就生命，而不仅仅是应对考试。写作状态是观察生活、感悟生活，而不是生编硬造和无病呻吟。如2018年常州市中考作文题目《含笑奔跑的少年》。我们以学生的生活为圆心，辐射他们的整个学习、家庭和社会生活。再来看《含笑奔跑的少年》这一作文题目，这是一个偏正短语，中心语是少年，它点明了文章要表现的对象，写作时，可以把少年定义为自己的同学，同伴，或者就定义为作者自己。如果是描写同学、同伴，则要通过具体事件的记叙和描写，来表现他们在追梦路上勇往直前的精神面貌。如果写自己，则可以把自己初中三年的奋斗经历作为主线，通过撷取生活片段和描绘典型细节，来展示自己在困难和挫折面前如何及时从容地调整心态，最后"笑傲人生"。

写作时特别要注意"含笑"和"奔跑"在文中的形象展示。"含笑"不仅仅是脸上的表情，更是内心的一种自信、从容和乐观。所以，行文中，必须不吝笔墨，重点描绘，可以通过心理描写或者侧面烘托等手法，让"含笑"得到具体的体现。"奔跑"可以理解为奋斗、拼搏，"奔跑"中必定会有阻力和坎坷，"奔跑"的过程就是克服各种艰难险阻，奋斗拼搏的过程。写作时，必须精心选择"奔跑"的典型事件，具体描绘"奔跑"的场景，生动展示"奔跑"的细节。在含笑奔跑的过程中，可以展现感人至深的细腻亲情，真挚无私的友情，也可以是青涩懵懂的炙热心跳，抑或是陌生人的关键时刻的出手相助，还可以是书籍给跌入挫折深渊的自己重新打开的世界，每一个故事，都可以传递真挚的情感，每一个故事都有思考生活的哲思。写作从另一个角度来说，是学生内在世界的延伸，也是学生感知世界的表征，实现"写作即成长，写作即人生"的完美统一。

（二）技巧训练

由毫无重点的面面俱到转化有针对性的重锤敲击。

为了应试，在日常的作文指导中，教师往往忽视写作规律，寻找所谓的作文速成法。他们一般会把一些名家名篇或中考满分作文作为范文发给学生进行模仿和参照，在这一过程中，穿插讲授种种已经重复多遍的注意事项和写作技巧。这种做法无疑限制了学生的思维和学生的创造。

学生渴望教师在他们写作困惑之处进行点拨指导、训练巩固，而不是教师的面面俱到，喋喋不休。教师在选择教学重点时，必须考虑学生的学习状态和学习需求。同样在《含笑奔跑的少年》这篇作文中，学生为了表现"奔跑"的过程就是克服各种艰难险阻，奋斗拼搏的过程。具体描绘"奔跑"的场景，生动展示"奔跑"的细节，让"奔跑"形象可感。学生可以采用多种修辞手法，如比喻、类比、比兴、夸张、拟人、象征、对比、渲染、托物喻人、虚实结合等艺术手法；也可以采用多种表达方式，如描写、议论、抒情、叙述；可以画龙点睛，深化形象，也可以直抒胸臆；可以细致入微细腻描写，也可以采用白描；可以采用直接描写，也可以采用侧面烘托。总而言之，表现形象的维度多样，方法众多。在进行单元写作训练时，教师不如选择一个微点，进行扎实训练。例如何在一个场景中突出表现人物形象，我们设计了《场景中表现人物形象的方法举隅》一课。如由让学生自己总结课文《老王》《背影》《散步》中表现人物形象的方法，如直接描写抓特征、侧面烘托更鲜明、借物喻人更深入；接着让同学们结合自身的经历，运用习得的方法进行写作训练。然后可以针对写作过程中呈现的问题教师再聚焦一个微点进行专项训练，如如何通过细节来表现人物形象。实践证明，这样化整为零，重锤敲击的微点写作训练是一场唤醒学生写作生命力的及时雨。

（三）有效评改

由单次精批细改到多次作文升格。

常言道："文章不厌百回改""好文章是改出来的"。学生写完作文，即使教师改得再仔细、再认真，如果不指导学生进行写作反思、经验交流、完善修改，那么这样的写作指导是不够完善的，因为修改作文是写作指导必不可少的一个环节。即学生的作文要在原有的基础上进行升格，除了要有教师写作前的全体指导，还要有写作后的个别面批，并在此基础上，指导学生进行修改升格。

在作文教学中，教师可以根据教材单元写作指导的序列和学生生活实际有计划地进行写作训练指导。如七上第五单元借景抒情类文章的写作训练，教师以命题作文《围墙内外》（2017年常州市中考作文）为题，让学生采用借景抒情或托物言志的手法来写。有的学生在文中写了一株蒲公英的流浪记。原本生在围墙内的一株蒲公英，渴望围墙外多姿多彩的生活。于是他渴望长大，对围墙内的生活充满抱怨，充满不屑，充满厌倦。终于有一天，蒲公英的种子带着大家的梦想离开了围墙内的生活，当他来到围墙外的一片新的天地，他才发现，围墙内有着他割舍不断的情丝，甚至充满了眷恋。这像极了正在学校里过着三点一线学校生活的学生，当小学毕业考试结束，要离开自己的母校、老师、同学时，曾经的抱怨与离开时的不舍形成了强烈反差，这告诉了我们一个简单而又深刻的道理——学会珍惜。初稿真实感人，选材新颖，但是缺乏打动人的细节描写。这也是很多学生的作文中普遍存在的问题，笔者进行了《让细节描写展现动人魅力》的微点指导，并且在面批时提出具体的修改意见，学生们的积极性很高，作文水平也得到了很大提升。

此外，还可以根据教材单元训练序列确定训练内容，根据学生的实际需要为微点训练的出发点，师生共同讨论本次写作训练优秀类别的共识，共同确定类别标准，形成完整量表，让学生根据量表自行修改（如表8-1-1所示）。

表8-1-1　《让细节描写展现动人魅力》修改量表

三类（一般）	平铺直叙，欠缺描写意识。内容单薄，缺乏情感，对表现主题作用有限。
二类（良好）	有自觉描写意识，能够运用两三种常见的描写方法。人、事、景、物叙述生动，内容实在，注意情感深入，能在一定程度体现写作主题。
一类（优秀）	描写意识突出。能娴熟运用多种描写方法。人、事、景、物的叙述生动形象，有个性风格。有精彩的细处描摹，能借助景物描写渲染气氛、烘托人物心情。内容充实，对凸显写作的主题很有帮助。

有针对性地进行修改升格，才能切实提高学生"真作文"的质地、品味。教师要指导学生逐渐养成不厌其烦修改文章的好习惯，这样学生才会高质量地表达自己，作文才会有质的飞跃。

二、生命化理念下作文教学范式的构建

改变传统作文教学"命题—列提纲—作文—评讲—修改"中以写作知识为中心、训练为主线的基本流程，从学生熟悉的当代社会生活出发，结合该单元的整体目标和具体的学习情境，引导学生观察体验，生成一个相对集中但具有发展空间的话题。学生在自由写作之后，通过彼此分享、同伴对比、互动对话的方式探究写作中的问题，最后针对自己的文章进行完善，然后在平台上发布展示。这样的作文教学框架流程如图8-1所示。

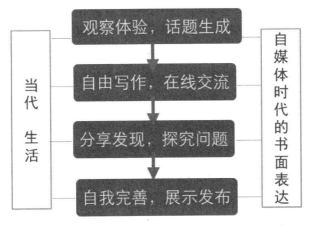

图8-1　生命课堂理念下作文教学范式框架图

在本范式的流程框架中，作文的话题从学生的真实生活中来，是为自我表达需要而写，不是为了给老师看。这样的作文教学范式，不仅让学生掌握写作知识、训练写作技能，而是师生共同体验，发现创造生活的过程。

课例分享部编版八下《"细节"要发言》

第一阶段——观察体验、生成话题。

话题源自学校组织学生到苏州天平山进行综合实践活动后，孩子们很兴奋，也有很多感想，他们有强烈的表达欲望与冲动。虽然孩子们对综合实践活动中的很多事件都有着深刻的观察与体验，但大家都认为不能面面俱到、浮光掠影，所以师生共同确定本次习作的题目是《难忘的瞬间》。

第二阶段——自由写作、在线交流。

孩子们将自由写作的作文传至网络平台。在初步分享作文的同时，教师发起投票"我心目中的最佳作文"。因此，作文的第一读者不再是语文老师，而是全班同学。同学们表达自我的热情高涨，因为看着票数不断变化和同学之间的评论，孩子们写作文的目的从传统教学的敷衍老师变成自我交流分享的需要。传统的被动学习、被动习作变成了自由表达、主动发布。

第三阶段——分享发现、探究问题。

教师将投票选出的几篇最佳作文发布到网络平台上，大家一起分享交流这几篇作文写得好的原因。大家通过分享发现这几位同学的细节描写写得十分动人。与此同时，这也是班级其他同学的作文存在的问题，于是本堂作文课的教学目标直指"细节描写"。教师在课堂上鼓励作文写得出色的"小作家"上台分享细节。

为了课堂展示的充分和出色，几位"小老师"都要在课前做足功课，遇到同学们提的疑难问题不会回答时，语文老师只需要在关键点、问题处作点拨。在这一环节中，学生的主体意识彰显得淋漓尽致，我们可以看到台上的孩子侃侃而谈、阳光自信，台下的孩子侧耳倾听、热情互动。

生命课堂理念下的写作教学，将确定课堂教学重点的主体由教师变成学生，传统的作文教学是教师发现学生作文中普遍存在的问题，然后思考如何帮助学生解决问题。

第四阶段——自我完善，展示发布。

分析了问题，探究了方法，最终必然要落实在具体的"完善"行动上。孩子们针对自己文章存在的细节表达的问题，当堂进行细节描写片段升级，并在平台上进行展示发布，在第一时间发布在网络平台的相应话题下。然后小组交流讨论，选择组内最好的一篇发布在课堂反馈对话框中。学生在自我完善中实现欣赏与写作能力的提升。由此看来，生命课堂理念下的作文教学，不仅仅是快乐的、灵动的、充满生命张力的，而且同样是高效的、扎实的、充满理性思考的。

课堂上，"学生主体"如灵魂般贯穿课堂始终，他们自己发现问题、解决问题，他们是学习者，同时也是评价者，他们的思维被点燃，潜力被激发，真正成了学习的主人。重过程、重体验、重参与、学习和评价合为一体，是生命课堂理念下作文教学范式的基本特点。

第二节　正确认识"对话"写作教学

语文教师对"对话"写作教学的正确认识能转变传统的写作教学理念，而在写作教学中应用"对话"能提升学生对写作的兴趣，进而使学生的写作水平得到提升。因此，本节总结了"对话"写作教学的理论依据，以及什么是写作对话教学，以期帮助初中语文教师能有效教学。

一、"对话"写作教学的理论依据

（一）人本主义教育思想

人本主义心理学研究的主题是人的本性与社会生活的关系。其主要观点是：

第一，以人为本，强调人的尊严和价值，注重分析和研究人性。他们认为人的本性是善的。强调要促进人格的发展，尊重人的价值，发挥人的潜能，满足人的需要。第二，主张心理学研究要关注每一个人，强调个体的个别差异，重视研究特定个体的心理特点。人本主义者认为个体的行为基本上是由他对自己和周围环境所获得的知觉决定的；马斯洛在1943年发表的《人类动机的理论》艺术中提出了著名的需要层次理论，他认为人的需要可由低到高分为七个层次：生理需要、安全需要、隶属和爱的需要、认知需要、审美需要、自我实现的需要。前四种被称为基本需要，后三种被称为成长需要。一般来说只有相对满足低层次的需要后，上一级需要才能转为强势需要。自我实现是人的最高需要。对话教学"摆脱了教育仅仅指向外的局限，指向人的内心世界和内部需要，以人的自我实现为旨归。在以知识和能力为追求趋向的教学中，教学是外求的，它指向人之外的东西。对学习者本身的关注并不多。衡量教学成绩和教学效果的指标往往异化了。过多地关注知识的多寡，能力的变化。对学生学到这些知识，具备这些能力的价值很少考虑和关注。在外求的教育过程中，教育就是使学生社会化的过程。对学生自身的个性、价值、欲望关注不够，导致学生自我身份感的丢失或缺失，导致社会的价值和要求取代了学生作为一个人本身应该具有的独特的价值与要求。许多人为了适应社会，在盲目追求中迷失了自己。这是现代人的悲哀，也是现代社会和现代教育的一种悲哀。"

写作对话教学并不排斥追求外在的知识能力，但最终的目的是通过对话维护学生自身的价值和利益。通过协作对话，在写作教学中对话促使学生产生自我话语，促进学生自我认同、自我发展等。对话的最终目的不是外在的知识能力，更不是附着在学习者身上的知识能力，而是学习者本人的发展与自我认同、自我实现。通过人的自我认同、自我发展与自我实现，实现人的全面解放。总之，写作对话教学最终是落实到自我对话上来的。教师和学生通过自我对话最终实现自我确认、自我认同、自我提升、自我发展、自我解放、自我实现。

（二）建构主义教学观

建构主义是一种新的学习理论，是在吸取了多种学习理论如行为主义、认知主义理论，尤其是维果斯基的理论的基础上形成和发展的。行为主义强调"刺激——反应"对学习的重要作用，认为学生只是被动地接受信息，教师才是基本的知识来源，但忽略了在这种过程中学生的理解及心理过程。认知主义强调学生对外部刺激即所学知识的加工处理和内化吸收。建构主义理论则认为个体的知识获得是客观与主观的统一过程。知识的学习和传授重点在于个体的转换、加工和处理，而非'输入'或'灌输'。在教学过程中，学生个人的"经验"和主动参与在学习知识中有着重要的作用。建构主义认为，学习是一个积极主动的、与情境联系紧密的自主操作活动，在这个过程中，知识、内容、能力等不能被训练或被吸收，而只能被建构；这种建构过程不是从零开始的，而总是以一个已有的知识结构作为基础的。建构主义从独有的理论视角出发，对教学过程有独到的见解。在教学目的和任务上，认为教学就是要努力营造一个适宜的学习环境，使学习者能积极主动地建构自己的知识。在教学中更为注重学生分析问题、解决问题和创造性思维能力的培养。在教学模式上主张以学生为中心，作为起组织、指导、帮助和促进作用的教师要合理利用情境、协作、会话等环境要素，充分发挥学生的积极性、主动性和首创精神，最终达到使学生有效地实现对当前所学知识的意义建构的目的。在教学方法上开发了诸如支架式教学、抛锚式教学、随机通达教学、情景性教学等。在教学评价上，主要是看学生对事物的理解和解决问题的能力。建构主义教学观是指向学生为中心的教学观，强调了学生的已有经验。初中学生的多元组成，提供了不同的生活经验、文化背景，在这个基础上，教师能给学生搭建平台支架，在民主平等的对话下有效利用资源，交流激发思想的碰撞，可以充分发展学生的创造力，培养合作精神，在对话中不仅锻炼了写作的能力，提高了写作的素养，更为重要的是实现了精神的愉悦，生命的提升。

（三）教学合作观

在以教师为主体的教师中心教学模式里，在写作课中，学生是教学活动的配角，被动地配合教师完成教学任务。在新课改教学中，情形出现了变化，作文课堂中学生成了主体，教师成了配角。有的课堂为了体现学生的主体地位，规定教师在一节课中的讲课时间不能超过十分钟。老师在课堂上对学生的反馈和评价仅限于表扬，有老师在分析学生的作文后只一味地讲"好，不错，你真的很棒"等鼓励性语句，对不足之处却故意避而不谈，这种现象在公开课中尤甚。教师的作用几乎无法体现。为了避免以上两种极端，在写作课中运用对话教学势在必行。

对话教学中教师不是传递已有的知识与信息，教学也不是指导学生去做这做那，而是师生合作共同进行的主题探究式和问题解决式学习。教师与学生在教学中结成"学习共同体""实践共同体"，形成"学习型组织"传统的"教师主体论""学生主体论""双主体论""交往主体论"，都是把教师和学生单列出来进行考察的，而不是从整个教学组织的角度加以考察。当从整个教学组织的角度加以考察时，可以把教师和学生放在一起，共同面对学习的问题，在问题的解决中提升自己。在对话教学中，教师和学生不再是对立的关系，教师是平等中的首席，教师仍然起到帮助促进的作用，是一位富有经验的伙伴，而学生是一位正在成长的新手。他们合作把教学组织运转得更合理科学。教师和学生在合作中共同成长。教学就变成了师生共同面对教学组织所面临的问题，通过合作解决问题。教师在动态中发挥作用。在对话教学中学生可以提出自己发展的问题，由课程设置者、专家、校长、教师等来帮助解决。这样，"学生发展的问题——教育的根本问题——就变成了大家共同的问题。学生的发展是学生的内在追求，也是教师的任务和职责所在。学生的发展是师生的共同目标。有了合作的基础与目标，教学就是完成这一目标的合作过程。师生之间通过合作而进行教学就成为对话教学中师生的共同原则和行动基础。"

（四）交互生成方法论

在传统教学中，注重教学目标、教学过程、课堂问题的预设，这些都是由教师课前设定好的，教学效果主要是看目标是否完成，以及预设完成的程度。问题的设计者、提出者、解决者主要是教师，教师在教学活动中包办了一切，讲解和指导成了最主要的教学方法。在这种教学方法下，学生基本上是被置于教学方法之外的，学生成了教学方法的受益人或受害人。对话教学所采取的教学方式是交往生成的方法。通过交往而生成，或是在交往中生成新的教学方向。在对话写作教学中，由于其本身所具有开放性、差异性、不确定性等要求，对话教学的目标是生成性的，教学过程、教学问题也应是生成性的，是在师生互动过程中生成的，问题的解决也是在师生互动过程中达成的。在对话写作教学中的交互生成并不排斥部分目标、过程、问题的预设、预定。在教学的起步阶段，需要教师和学生提出部分要解决的问题，制订预定目标、程序。在具体的教学过程中，通过交往对话根据实际需求或情况，要么按照既定路线进行，要么调整路线或改换路线。交往生成最大的特点是打破了教师制订的既定教学设计或教学程序，给予学生新生思想以充分生成的机会和空间。交往生成并非无目标，其所指向的目标是"悬置"的，而不是"实现"的。在传统的教学中教学目标是"实现"的，不具有争议性，是既存事实的目标，教学就是在教师的指导下让学生达成目标而已。在对话教学中，即使这样的已"实现"目标，也应被教师"悬置"起来，师生共同对其进行新的探索。在交往生成中有新的收获。交往生成的方法具有两端性，一端是教师的指导，一端是学生的学习。交往把二者联结起来，同时交往又内在地把两者整合进教学过程中。在交往中生成学习认知的结果，也在交往中生成了师生的合作精神、合作意识，生成了师生互敬互爱的品质，生成对话精神、态度、能力、品质等。

　　二十一世纪迎来了对话的时代，通过对话交流，人们在平等、民主的平台上实现视域融合，通过真心的倾听、积极的交流实现互相理解，形成合作的良好的双赢局面。新课标要求"应通过写作教学，培养学生的观察能力、思维能力、想象能力和表达能力。应重视发展学生的创造性思维，鼓励学生自由地表达、有个性地表达、有创意地表达，尽可能减少对写作的束缚，为学生提供广阔的写作空间。根据个人特长和兴趣自主写作，力求有个性、有创意地表达。在生活和学习中多想多写，做到有感而发，提倡自主拟题，多写自由作文。养成多写多改、相互交流的习惯，对自己的文章进行审读、反思，主动吸纳、辩证分析他人的意见。乐于展示和评价各自的写作成果"。

二、写作对话教学

　　写作教学需要迫切回答的问题是为什么写，我认为写作是一种生命的表达，在表达前要学会一定的表达方法。机械的学习，教师主宰的课堂往往使学生产生厌倦和挫败感，对话无疑是一个通向写作成功彼岸的理想途径。我认为写作对话教学就是将对话理念引入到写作教学的具体领域，通过民主的课堂双主体的互动，建立起学习共同体，在这个共同体中，参与者自由地发表、倾听、理解、共享，达成视域融合，形成新的思想火花，完成属于自己的、真实的、有生命意义的表达。在初中写作教学中引入对话的理念是可能的也是必然的。首先，初中生源多元化带来了在写作教学中展开对话的可能和必然：学生的生活经验、家庭文化背景的差异构成了写作对话的前提。巴赫金提出的对话前提包含三个方面，第一，对差异性存在的确认。"差异性不限于外在的物理性、生化性的事实，最根本的是在于对不同价值话语、不同情感倾向、不同意识形态立场等方面。只有在思想观点和价值立场等方面存在着根本分歧的个体和群体之间才可能有真正意义上的对话，才有对话的必要。第二，对存在未完成性和片面性的确认。未完成是人和世界的一种积极状态，意味着变化新生和发展的可能性。与未完成性相关的是生存的片面性和局限性。片面性与局限性的存在给予人不断改变的愿望和无限的可能，使人去生活、追求、奋斗。对话必须是有差异的个体和群体之间的交流，对话的目的是为了沟通、融合、相互理解和相互提升。对话者通过对话在某些方面得以改变，某些片面得以克服。第三，对人的社会性的确认。""个体差异性与社会的共同性，是互相对立而又互相制约、相反相成的两极，对对话而言，它们缺一不可。对话只能在由这对立的两极构成的张力世界中进行。否定了这对立的两极中的任何一极，这个张力结构也就解体了，对话也就无法进行。"来自不同地域的初中学生有其长久以来形成的文化背景的差异，现代社会的分布式认知状态决定了知识分布在人群中且具有差异。具有不同的生活经验、家庭、文化背景的学生和教师在对话中以平等、民主、谦逊、信任的态度投入到对话中，达成视域融合，意义创生以及精神上的成长，这和写作教学所要达到的目标不谋而合，学生们通过对话、写作获得自由，最终实现生命的表达。海德格尔提出了"理解前结构"的哲学命题。这个命题为写作教学和对话理论的联结提供了哲学基础。所谓理解前结构是指人们进行理解活动的背景知识的总和。没有这种背景知识，理解活动就无法进行。理解前结构并不是理解者个人的创作，而是理解者所处的社会、历史、时代和文化等综合因素决定的。理解前结构有三前构成：即前有、前见、前设。所谓的前有，是指一个人的文化背景、社会背景、传统观念、风俗习惯、时代的知识水平、精神和思想状况、物质条件、民族心理结构等一切影响他和形成他的东西的总和。进入解释的特定视角或切入点。海德格尔称之为"前见"，就是解释前我们预先已有的假设。任何解释都包含某种预设。当我们解释某种事物时，总是预先有一个假设，然后做出解释。前有、前见和前设是任何解释的基础，它们一起构成了"理解前结构"。海德格尔指出"无论何时，只有某事物被解释为某事物，解释就将建立在前有、前见和前设的基础上。一个解释不是无预设地把握呈现在我们面前的东西。"海德格尔的理解前结构对写作教学过程中的教师、学生与生活对话，教师、学生与作品对话，教师与学生对话，学生与学生对话，以及各自的自我对话都有具有积极的参考意义。

　　陈凤在其论文中将对话式作文教学作了如下界定：对话式作文就是指基于对话理论，以对话思想为核心，并把对话思想贯穿于作文教学始终的一种作文教学方式。概括来讲，就是用对话的思想，对话的形式，为学生学习写作，构建起作文理论与实践的融合与差异同化、个性化的模式。在对话式作文教学中，无论是对作文素材的积累，对生活对语言的体验，对语言的具体运用，还是写作技巧的追求，甚至是对作文的修改等都体现着对话的理念和对话的方式。对话式作文教学的最终追求是通过对话，让学生建立起富有个性的全新的写作理念，能写出富有个性魅力的作文，同时也通过对话，指导学生积累经验，提高认识，丰富内涵，形成健全的人格。写出富有创意的作文，是对话式作文教学的显性目标，而其隐性目标是通过对话式作文教学，转变语文教学的认识，在对话式作文教学中培养学生的健全人格，丰富学生的思想。从某种意义上说，对话式作文教学是基于对话时代精神的需要，在教学目的、教学方式、教学伦理、教学思维等方面构建起的一种新的作文教学观。实施对话式作文教学还要着力抓好以下几个方面：一是加深对话式作文教学的认识——对话式作文理论指导；二是强调对话式作文教学的积累——体验式阅读；三是营造对话式作文教学的氛围——自主化作文；四是构建对话式作文教学的平台——序列化作文；五是强调对话式作文教学的指导——活动式作文；六是追求对话式作文教学的结果——个性化作文。针对语文学科中"人文性"与"工具性"的长期纷争，把对问题的探讨拓展到校本课程以提供更大的课程空间。在对"对话"的内涵做出解读，以及对当时的作文教学及其研究做出分析的基础上，从课程—教材与教学两方面进行了探索。在课程—教材方面，对作文的课程目标体系进行了重新划分，它们分别是为写而学的作文写作、为学而写的跨课程写作、为学而写的专题作业写作，并在后者中根据对话理念为作文主题选择构想了一个"认识""共识""共享"的框架。在教学方面，以"专题作业作文课程"为例，从话题选择、作文指导、作文反馈、作文发表四个方面对作文教学过程进行了探讨。

　　李金霞在其论文中认为作文"对话式"教学具有平等性、主体性、开放性、随机性、互动性、创造性的特点，结合中学写作实际，遵循能动性原则、创新性原则、激励性原则、发展性原则四大原则，立足于实践提出作文前、作文中、作文后师生、生生、生文三种对话教学模式，提出以演讲、辩论赛的形式、循环写作训练的形式、建立个人博客的形式等教学策略，通过各种不同形式的对话，来全面提高学生的语言表达能力。李金霞更加关注学生在写作过程的体验感悟，学生不再仅仅是写作任务的执行者和评改结果的承受者，而是成了写作的主体，有了一个全面展示自己的平台。在这个过程中，学生的认识能力、思辨能力会有很大的提高，学生的思维品质和创造精神也会有质的飞跃，作文教学的效率就不言而喻了。这样的一次作文写作的过程就是一次培养创造力、思辨力的过程，学生从对话中获得的不仅仅是作文素材，也会对他今后的发展产生深远的影响。因此，作文的对话就是与生活的对话、与生命的对话。

第三节 初中语文写作教学存在的问题及原因分析

一些初中生不擅长写作，写作成绩在长时间内没有提高，就失去了对写作的信心，甚至一些学生放弃了写作。因此，教师需要明确写作教学的难点，找到教学存在的问题，并加以分析，进而有针对性地提高教师的写作教学有效性。

一、初中语文写作教学存在的问题

（一）写作教学注重分数

笔者调查发现，初中语文写作教学存在着片面注重分数的问题。如在董青的论文中就分析了其在锦州市某中学教育实习期间对初中语文写作教学的情况，调查问卷分为学生卷和教师卷。一共发放了260份，回收243份，回收率为93.46%。从问卷中可以发现，该校教师和学生对应试格外重视，尤为看重语文写作分数。其中在教师的写作教学中，有73%的教师关注的是学生的写作结果和得分；有80%的教师对学生进行写作训练的目的就在于应试；还有将近80%的学生认为写作的目的就是为了中考。董青再经过跟班听课、课堂观察、批改作文等语文教学方面的活动，结合课下与语文教师还有学生的交流，发现在初中语文写作教学中，无论是学校还是教师，无论是教学还是测试，追求的核心大多都是分数，教师教学是为了提高学生写作的分数，语文测试是为了检验学生写作的得分，学校下达给老师的任务等都是为了提高学生的分数，而学生自身大多进行写作也是为了应试。

结合相关的经验，笔者认为，当前一些初中仅仅是为了分数而运营着，几乎将教育的目的、教师的职责、学生学习的意义抛诸脑后，教师在进行写作教学时几乎不顾及学生的写作兴趣和动机，忽略学生写作的过程，只是一味地注重应试、追求高分，而实际的语文写作教学效果则很一般。

（二）命题偏重形式要求

笔者认为，初中语文写作教学存在着写作命题中字数、格式等形式方面要求偏多的问题，这极大地限制了学生的写作思维。如语文写作教学中写作命题的字数，有的学生也认为教师在命题中过多要求形式，限制了自己写作的思维。

一些教师在进行写作教学设计时，就比较关注写作命题的形式方面的要求；进行写作教学时，会更加强调字数、格式等形式方面的要求，让学生根据老师的要求进行写作，几乎不考虑学生是否具有写作的动机和兴趣，规定学生写作的条条框框而毫不考虑学生的内心想法。而一些学生特别想写作时不顾及老师规定的形式内容要求，随心所欲地进行发自内心的真实写作。

（三）教师写作指导不到位

初中语文写作教学存在着教师的写作指导偏少的问题。在教师对学生进行写作指导方面，几乎多数教师都不怎么在课下对学生的写作进行指导，只是在课上进行写作的命题、讲解、布置写作任务，学生的写作大多是在课下完成的，而在课下完成写作的过程中，几乎不存在教师为学生提供写作指导。当学生在课下完成写作的过程中，教师对学生的写作指导偏少，甚至是没有。而学生在课下完成写作的过程中，在遇到疑惑和困难后，不能得到教师及时有效的指导与帮助，便不了了之，最终对其自身写作水平的提高产生了影响。

（四）学生的写作积极性不高

在初中语文写作教学中存在着学生对写作的积极性不高的问题。有调查表明，在平时的写作中，只有25%左右的学生是自己积极主动地进行写作，其余的学生要么讨厌写作，要么被动写作。而且教师和学生在对待写作的认识上也存在问题，一些学生认为写作不重要，根本不好好听写作课。而不喜欢写作、不愿意写作的学生上课的积极性不高，为了完成老师布置的课下写作任务，不得不被动地写作，于是出现了抄袭、套作的现象。

二、初中语文写作教学存在问题的原因分析

初中语文写作教学存在上面所述的四个方面的问题，对所存在问题的成因进行分析有助于改善当下的初中语文写作教学的实践，提高学生的语文写作水平，促进学生素质的全面发展。结合当下初中语文写作教学方面的理论和实践研究，笔者归纳得出初中语文写作教学存在问题的成因主要有当下应试教育体制的影响、传统写作教学模式的影响、教师写作素养有待提升这三个方面。

（一）当下应试教育体制的影响

初中和小学存在着很大的差异，初中的课程知识更加复杂和深入，不再像小学那样学一些简单的知识。初中生最终要面临中考，所以从初一开始，学生的学习和训练都以应试为根本，为取得高分而努力。应试教育体制下的初中语文教学，无论阅读还是写作，都不可避免地存在着片面注重分数的问题。写作教学片面注重写作结果和得分，忽略学生的写作兴趣和动机，一味地强调分数，教师的教、学生的学均以应试为根本目的，片面地追求高分数，是初中语文写作教学出现上述问题的原因之一。应试教育体制束缚着初中教学的具体实施，写作教学的过程步步围绕应试的大旗进行，时刻谨记提升学生的写作分数，片面的注重分数又导致了教学中更多功利化的写作训练，如此恶性循环，当下的初中语文写作教学效果一般，学生的写作水平自然不高。

（二）传统写作教学模式的制约

当下的初中语文写作教学大多主要通过"教师布置写作要求—学生课外写作—教师批改讲评"的传统模式进行，写作命题忽视了与学生现实生活的联系，写作指导仅限于写作形式、语言上的指导，而非启发学生联系自身现实的生活、激发学生的写作兴趣、强化学生的写作动机。写作教学的过程一般就是教师机械地讲授、学生被动地写作的过程，教学仅仅关注学生的最终书面文章的得分，至于学生所写的作文是否具有现实交际功用，教师几乎不曾关注。在传统的写作教学模式下，教师只知道僵化地传授写作知识，根本不关注学生是否具有写作兴趣和写作动机，不考虑联系学生的现实生活来启发引导学生在写作前明确自身所处的角色位置、写作的读者对象、写作的目的等实用方面的问题，教师一味地只是

关注学生写作的结果以及得分情况。传统写作教学模式的制约，是当下初中语文写作教学出现上述问题的原因之一。

（三）教师的写作素养有待提升

当下初中语文教师的写作素养有待提升。教师自身的写作能力不足，对写作过程中会出现的各种困难和疑惑都不了解，就不可能感同身受地指导学生写作。同时，教师的写作教学理论修养薄弱，尤其是对一些新兴的写作教学理念不了解，如基于对话视角的写作教学理念，在进行写作教学时就不能对学生的写作给予充分有效的指导，如指引学生明确自身写作的角色以及确定读者对象、写作目的等实际有效的指导。除此之外，教师的写作教学理论素养不扎实，教师的教学应变能力、课堂掌控能力以及教师的威严等方方面面相应地都会受到影响。当然，如果一名语文教师的写作、教学功底非常深厚，那么他的课堂和他的学生都会时刻受到其他教师的指点和监督，无论在课上还是课下，学生的心中都会有一个无形的来自这个老师的鼓励和约束，从而才会认真对待写作。当下初中语文教师的写作素养有待提升是造成写作教学存在以上问题的原因之一。

综上所述，我国当下初中语文写作教学存在着教学、教师、学生等方面的问题，需要解决。与此同时，顺应当今世界写作规律的对话视角写作的出现，是解决我国写作教学存在的问题的有效途径之一。

第四节　对话视角下初中语文写作教学的实践与探索

上节分析了初中语文写作教学存在的问题和问题发生的原因，对这种情况，教师需要寻找有效的写作教学方式，改善写作教学的现状。因此，本节提出了在对话视角下初中语文写作教学方法，并加以实践，具体内容如下。

一、基于对话视角，进行写作教学

基于对话视角的初中语文写作教学以对话为核心，关键在于创设写作的真实的或拟真的对话环境，激发学生的写作兴趣，强化学生的写作动机，目的在于提高学生的语言运用能力和交际沟通能力。写作教学的过程是教师指导写作和学生学习写作相融合的过程。

（一）明确以对话为核心的教学目标

对话是当今社会中普遍存在的一种行为，对话能力自然是当今社会必不可少的能力之一，因此，培养完善学生的对话能力成为我国中小学语文教学目标的重要组成部分。

基于对话的初中语文写作教学重在对交际语境写作要素的理解与运用，也就是对写作目的、写作对象和话题、写作的文体、写作的语言的认识，明确对话语境写作的五个要素，并在写作中把握各个要素对写作的影响，写出符合具体的对话语境的作文。因此，基于对话语境的初中语文写作教学的目标主要有以下四个方面。

第一，加深学生对写作的对话功用的认识；第二，明确基于对话语境写作的五个要素；第三，积极准确地选用使用的写作问题；第四，灵活创设写作的对话语境。

（二）命出生活化的题目

无论是学生来到学校学习，还是语文教师教学生写作，都是为学生将来的工作和生活中的交际做准备的。所以，基于对话语境的初中语文写作教学是着眼于这一长远目标，是按照日常生活与工作中的写作实际来寻找办法的。在实际生活与工作中，人们写信、打报告、写申请、写诉状、起草合同、写论文、发议论、报道新闻、总结经验、撰写调查报告等，都是因为生活或工作的交际需要才拿起笔来写作的。人们知道为什么而写，知道写给谁，知道写些什么，知道自己需要用什么方法来写才能达到交际目的。当下大多的语文教师们在命题时没有遵从人们在生活和工作中的写作规律，学生也没有按照人们在生活和工作中的写作方式来写作，便出现了学生在写作时无从下笔的问题，而基于对话语境的初中语文写作教学正是解决这个困境的办法。

在基于对话语境的初中语文写作教学中，教师应该根据依据人们在生活和工作中的写作规律来命题，给学生在写作课堂上创造一个真实或非常贴近真实的写作交际环境，替他们拟定一个假设的对话对象，让他们在此基础上明确自己写作时的对话对象，弄清自己写作的对话目的，以对话的方式进行写作训练。

（三）进行实用性的指导

写作指导即语文教师对学生写作的相关启发进行引导，它初中语文写作教学有着自身独特的作用。基于对话视角的初中语文写作教学，把写作活动当成是一种交际化的、实用化的、生活化的语言社交行为来看待，因而教师的写作指导须包括对话目的、对话的对象、用于对话的文章样式等方面，即教师要达到让学生明确写作的动机、写作目的以及写作对象等实际问题的目的。

实用性的写作指导有写作的对象指导、写作的对话目的指导、写作的文章体式指导三个方面。写作的对象指导即让学生为自己的作文假定一个读者对象，并根据这一特定读者对象的特征来进行写作；写作的对话目的指导即让学生明确自己的写作目的究竟是什么；写作的文章体式指导，事关交际内容清晰化、交际方式适宜化、交际语言得体化指导三个方面。

将这三个层面的具有实际功用的指导结合传统写作的具体指导，初中语文教师的写作教学指导就会更加全面深入，学生就能从整体上明确自己的写作方向，决定自己的写作主题，选择自己觉得恰到好处的语言表述方式。

（四）采用多元化的批改

在基于对话视角的初中语文写作教学中，笔者认为，可以采用多种方式相结合的方式来进行写作的批改。

其一，对象反馈。写作教学中可以有限制地进行一些真实读者对象的批改，这种批改更为真实准确，也更能激发学生写作的激情，真正实现写作的实用功能。

其二，换位阅读。在许多时候，不允许读者自己进行评价，这时候需要作者通过换位体验的方式来对作品进行评价，即站在读者的一方，想象读者读了之后对作品的内容和形式会有怎样的反应。这种自我模拟读者的评价使写作由原来的以自我为中心转向以读者为中心，能收到较好的效果。

其三，互动批改。除了作者自身模拟读者外，同时也可叫同学来模拟读者进行评价。由于学生的生活经验、情感、思维的差异，在模拟读者上，能产生不同的读者感受，因而能对作品提出更全面的改进意见。在这个环节中，可采取设想你是读者的方式，根据所思所想向作者进行信息的反馈，这些都有助于学生写作水平的提高。如，一个学生写给同学的作文评语："文字清新淡雅而又有一股英气，你对人生的思考，对未来的眼光已超越了时空。你对文字的驾驭能力值得我去学习。但我也建议你可以考虑一下第一段中动词的运用是否合理。"（评

《春天里的一棵柳树》的学生），评价者本身具有一定的语言表达能力，他们的评语细腻生动，贴近作文本身，贴近作者的心灵，这也正是我们对话型作文教学所希望看到的。

（五）结合读者进行评价

基于对话视角的初中语文写作的结果只有在进入具体的对话语境中，发挥交际的功用，才能通过读者的评价来评定写作的效果。由此可知，基于对话语境的初中语文写作教学的成果评价打破了教师个人打分的传统评价方式，将读者的评价意见作为写作成果评定的一部分，并结合读者反映意见、交际的成效、作者对对话语境写作要素的综合把握情况来评定。对话语境写作成果的评价通过读者的评价和教师的评语反馈给写作者，教师评语紧紧联系交际的结果，同时提出进一步修改的意见和建议，使结果反馈在读者、教师和学生的交际中完成。

根据基于对话语境写作的要求，尽量利用家长和社会力量参与评价学生的写作成果，在对话中鼓励学生勇敢地表达自己的认识和感受，进行真实的对话写作，在基于对话视角的写作中培养学生的对话意识和对话能力。

学生的写作过程和写作结果是基于对话视角的初中语文写作教学实施结果的直接体现，需要根据学生完成对话语境写作的情况，通过整体分析班级学生的写作成果，才能发现写作教学中取得的成绩和存在的不足，不断完善基于对话视角的初中语文写作教学。

二、教师领悟对话视角写作要义，实施写作教学

基于对话视角的初中语文写作教学要发挥最大效果的前提就是教师首先要完善自身的对话视角写作教学的理论素养，然后才能进行以对话为核心的写作教学实践，教师要联系学生的生活实际，创设真实的或拟真的对话语境，激发学生的写作兴趣，强化学生的写作动机，鼓励学生联系自身经历进行创新表达，从而为提高学生的语言运用能力和对话沟通能力打下坚实的基础。

（一）领悟对话写作教学理念

教师对初中语文写作教学理念的认识和把握程度影响着教师教学实践的效果。基于对话视角的初中语文写作教学关注的是写作的对话实用功能，该教学理

念注重联系学生的现实生活，创设一个真实的或者拟真的写作的对话视角，从而引起学生的写作兴趣，强化学生的写作动机，使学生可以基于一个真实的、熟悉的现实对话需要，选择写作的话题、定位自身的角色、明确写作目的、使用合适的语言，这些写作对话要素确定后就可以进行个性自由的写作表达了。如在平时的小练笔中，可以增加一些师生交流的话题，如："老师我想对你说……""悄悄话信箱""我向老师提建议"，以此来促进学生与教师主动交流。

初中语文教师要充分认识到基于对话视角的初中语文写作教学的含义及特征，真正理解这种教学的含义，把握写作教学的核心与精髓，才能更好地实施基于对话视角的初中语文写作教学。

（二）强化学生交际写作动机

基于对话视角的初中语文写作教学主张的是真实地写作，写作动机、写作情感都要发自内心，学生写作的最原始的动机或许就是因为生活中的某个人、某件事，自身主观方面想通过文字表达自己内心的真实想法。基于对话视角的初中语文写作教学的目标在于培养完善学生的对话能力，写作题目的设计和写作对话视角的创设一定要贴近学生的生活实际，使他们产生浓厚的兴趣，激发其写作动机，让学生通过书写文本来表达自己的所思所想。当学生强化了写作动机、明确了写作目的时，写作活动就自然而然地开始了。在基于对话视角的初中语文写作教学的课堂上，教师需要创设对话语境，强化学生的写作动机，强化学生交际写作动机的方法有很多。

首先，教师可以在课堂上组织学生进行亲手操作的实验、播放学生熟悉的音乐、师生共同玩游戏等，触发学生的真实生活感受，从而强化学生写作的动力。新课程改革浪潮下的语文写作的根本要求是创造或者再现实际生活中的对话环境。

其次，创设真实的或者拟真的对话语境，教师需要观察了解学生的生活实际和兴趣之所在。可以从学生的日常校园生活中切入，如给学校的运动会写份加油稿；还可以从语文课本中选材，让学生给胸怀大志的人才——诸葛亮拟写封求职信等。

（三）鼓励学生积极创新表达

基于对话视角写作的一个重要方面就是要有强烈的读者意识，在写作前充分考虑读者的需要。教师可以用提问的方法引导学生思考他们已经知道或想知道什么，要跟他们讲什么、要达到什么目的、要采用什么文体、材料如何选择、采用直白还是华丽的语言等语境因素，支持鼓励学生开拓思维进行创新突破，进行贴近生活实际、具有实用功能的写作。

需要注意的是，学生在思考的过程中，要时刻牵挂着对话的语境，依据自己的性格、风格、亲身经历等进行个性的创新表达。学生的写作行文思路在筛选思索的过程中会慢慢清晰，最终完成富有创新的个性表达。

三、学生明确对话视角写作要素，然后进行写作

基于对话视角的初中语文写作教学的核心在于语境的创设，初中生在进行基于语境的写作时，要选择贴近生活实际的题材、角色、读者、目的、文体语言等要素，学生需具备这种要素的分析意识，这是基于语境写作与其他写作相比最大的不同点。

（一）题材源于生活

写作在我们的日常生活中无处不在，成年人用于对话的写作大多都是因为社会生活的需要而产生，大都是为了解决生活中的实际问题。除了有些虚构的文学作品外，具有实际功用的现实写作与人们的日常生活有着千丝万缕的联系，其题材内容的生活化色彩也是丰富多样的。围绕基于对话视角的初中语文写作教学的问题，就写作题材而言，初中生写作的题材要尽量来自他们的实际生活。初中生的现实生活涉及他们生活中的方方面面，如从小到大的经历见识、身边发生的新闻事件、平时关注的话题爱好、日常的学习交友以及家庭学校的种种琐事等。这些他们感受颇深的亲身经历都可以作为写作的题材，由于都是自己熟悉的经历感悟，写作时自然能恰当地筛选运用。

初中语文写作教学中训练的记叙文和应用文的题材大多都是源于生活的。因为学生在进行记叙文写作时，注意身边的人和事，记叙文的题材内容就自然而然地会实现与学生生活密切相关的生活化倾向。

如教师要布置一篇生活类的作文，课上以对话的方式引入。

师：同学们有散步的习惯吗？

生：有……没有……

师：有哪位同学能跟我们分享一下你的散步经历。

生1：我平时不喜欢散步，比较喜欢上网，但是如果爸爸要用电脑，我就出门散散步。

师：看来你的生活还是很惬意的。

生2：我也想散步，可是没时间散步，作业太多了，回到家就开始做作业，爸妈工作也很忙，回家都很晚。想和爸爸妈妈说说话只能在饭桌上，真想和他们一起有时间散散步。

生3：我也和你有同样的感受。

生4：我放假后经常散步，就是带我们家的小狗去小区里走走，我很喜欢我们家的狗狗。

生5：我想起了在老家散步的情景，一到傍晚，夕阳很好看，我就和奶奶去田埂边走走，有大片的麦子，美丽极了。

生6：对了，我也想起来我在油菜花开的时候散步的情景，花一片一片，明黄色的，美极了。到了夏天还能听到知了的叫声，还有蛙鸣。

师：这让我想起了辛弃疾的词："稻花香里说丰年，听取蛙声一片。"

生7：我记得和好伙伴去散步，看到明亮的星星，我们说着自己的理想。

师：在散步的过程中我们感受了美景，我觉得好极了，你们的散步经历也让我想起了我自己的经历。工作以后一直觉得很忙，忽略了家人的感受，我的妈妈很想让我吃完晚饭能陪她散散步，可是每次我都有各种借口赖在家里不肯出门，有一次我终于听到了妈妈遗憾的叹息。于是和她一起去散步，在散步的过程中，我们一开始都静静的谁也没说话，就感受到傍晚的微风，我想妈妈一定有太多的话想对我说，可是此时无声胜有声，中国人表达情感的方式都是那么的沉默。尽管我们都没有说话可是我们的心却靠得很近。散步让我在亲情中找到了感动。请同学们把在散步过程中听到的、看到的、感受到的写下来。

这次课堂习作非常成功，每个学生散步的情形都各有特色。景物描写自然流畅，大部分学生都用到了听觉、嗅觉、触觉、视觉来描写散步的场景。更难能可贵的是他们注重散步背后的情感体验的描摹。在课堂上本来毫无思路，没有散步的学生也写出了自己的心声。王同学在作文中这样写道，以前我不散步，听了同学们的经历后，我在周五那天就在小区体验了一下，原来悠闲的散步让我发现了我平时不曾发现的美好。我闻到了花的暗香，感觉到了柔和的清风，一切都慢了下来，下次我一定要让忙碌的爸爸妈妈和我一起感受这样的美好。

在这个案例中学生在对话中打开了思路，尤其是当广阔的生活画卷展开的时候，多元的文化背景在课堂上起到了积极的作用。

（二）定位自身角色

基于对话视角的初中语文写作教学强调学生在写作时，首先需要明确自身所处的位置，也就是确定自己写作时是以怎样一个角色定位的。因为不同的角色决定了写作时要考虑不同的读者对象、采用不同的语言风格、进行不同的构思布局，从而达到不同的写作目的。

（三）加强读者意识

基于对话视角的初中语文写作教学中尤其重视学生读者意识的加强。学生的整个写作过程都以交际为核心，这就必须要考虑到写作主体的读者对象的需求，只有满足了读者的需要，才能算得上是一篇卓有成效的作品，才能完成交际的最终目的。

学生写作前首先要定位自身所处的角色，然后，明确读者对象是谁，这个读者可以是真实存在的也可以是自己想象中的读者，写作其实就是作者和读者之间进行对话交流的过程。如果作者写作前根本不考虑读者的需求，而是自顾自地进行写作，这是根本不可能成就一篇出色的作品的。因此，学生在进行写作时应该充分考虑到读者的文化水平、读者的现实需求，这些都影响着作者对作品的内容、结构、文体和语言的选择安排。为不同读者写不同的文章，写作训练要将读者放于心中，在写作前，学生要构建对话的另一方——读者，并对自己预设的读者有一定的了解，明白读者的阅读期待，才能选取读者爱好的素材，选取适当的写作角度和语言进行表达，才能受到读者的喜爱。在这个过程中，要做到心中有读者，为特定读者写作，才能搭建起有效交际的平台。

除此之外，写作中还普遍存在一些问题，如动机缺失、内容贫乏、语体文体不当等，都与读者意识薄弱有很大的关系。读者意识其实就是一种交际意识，写作前要明确写作的读者对象，这是基于对话视角进行写作的重中之重。如果学生写作时忽视读者对象，那么他们的写作就毫无意义。

（四）明确写作目的

基于交际语境的写作一定是要具有明确的目的，写作必是为解决某一实际的问题而进行的。学生在基于对话视角进行写作时，要明确自己的写作目的，是为达到怎样的一个的结果。只有明确了目的，才能更好地选择文体、语言、表达，从而构思成文。

同时还有许多命题是没有揭示写作目的的，这就需要我们自己设想一个写作目的。写作目的决定写作的方向。比如要"把自己对微笑的感受与好朋友分享"，可以描绘几次与微笑有关的经历以及在这个过程中的美好感受，体式可用记叙性的，表达方式可以是记叙与抒情、议论相结合，因为读者对象是好朋友，语调可以是轻松愉悦、幽默夸张的。

除了基于交际语境的初中语文写作教学、教师和学生方面外，初中语文考试中的写作部分也应该更加注重写作的现实交际功用，从而逐步加强学生的对话写作意识，使我国的初中语文考试更加注重联系学生的现实生活，学生的写作兴趣自然就会得到提高，写作动机得到强化。学生一旦喜欢写作，就会产生优秀的文章作品。平时学校组织的小测验也要注意在进行写作命题时要联系学生的现实生活，切忌脱离现实的生活实际进行生硬无趣的命题。面对源于现实的写作题目，学生们联想起自己熟悉的生活中的场景，文思泉涌，也就是我们常说的灵感来了，学生在明确了自己的写作角色扮演、读者对象、写作目的后选择合适的文体及语言就可以进行表达了。如此一来，测试其实已经不再是考试层面上的意义了，而是具有了激励学生积极联系自身实际运用语言进行表达的意义。

总之，基于对话视角的初中语文写作教学在教学实施、教师教学、学生学习写作以及写作考试中充分得到实施，才能不断地有所完善，从而进一步改善我国当下初中语文写作教学存在的问题。

第九章　初中语文教学中阅读思维能力培养研究

传统的语文阅读教学重结果轻过程、重记忆轻思考。机械的训练方式忽视了学生的阅读思维，导致教学效果往往不尽如人意。培养学生的阅读思维能力，让学生真正学会阅读，是语文教育工作的重要内容。目前语文教育越来越重视对学生阅读思维能力的培养。语文课程标准和语文核心素养理念都强调了发展学生的思维能力，语文教育工作者和一线语文教师也为培养学生的阅读思维能力进行了一系列的教学实践。本章从语文阅读教学的"生命课堂"入手，分析语文阅读思维能力培养中存在的问题，提出语文阅读思维能力培养的理论建构方法，找出语文阅读思维能力培养的实践策略。

第一节　语文阅读教学中建构"生命课堂"的策略

生命课堂是坚持以人为本，并以全面促进人的发展为基础的一种教育理念。它倡导在课堂教学中，充分尊重个体的发展需求，将相应的生命教育、生存教育和生活教育思想融入知识传授之中。同时，它也重视个体生命的主动性和创造性，并致力于将特定的教学内容内化为师生充实的知识、健全的能力和丰富的人格，从而逐步提升师生的生命价值。语文阅读教学作为语文教育的重要组成部分，承担着发展生命、完善生命的重要责任，这也与生命课堂的基本理念相契合。

一、语文核心素养为纲的单元主题学习

（一）设计大单元主题

钟启泉先生认为，"在'核心素养—课程标准—单元设计—学习评价'这一环一环相扣的教师教育活动的基本链环中，单元设计处于关键的地位。"

在他看来，单元设计是指向核心素养的课程发展的一个非常重要的环节。但是这里所倡导的"单元设计"不是仅仅以单元内容为划分依据，而是立足学科核心素养，整合目标、任务、情境与内容的教学单位。在语文阅读教学中，通过单元整体设计，创设合适的学习情境，用任务驱动的方式，引导学生通过自主个性的言语实践活动，组织单元学习活动。这样的设计以学生的学习为主线，整合语文学习的各种要素，引领和促进学生自主、合作、探究的学习。它改变了以知识点能力点为体系的教学，改变了分析型的文本解读模式，改变了以单篇课文为单位的教学，改变了被动接受的标准化学习。同时，也加强了语文学习与当代生活的联系，与学生个人的生活经验的联系，学生学到的是鲜活的语文，这样的学习有利于学生语文素养的整体提高。在每个单元的整体设计中，基于学生真实的生活，从学生的认知出发，创设与学生经验密切相关而且与单元学习内容一致的有意义的学习情境，聚焦于学习的核心内容。如部编教材七上第三单元编排了《从百草园到三味书屋》《再塑生命的人》《窃读记》《〈论语〉十二章》四篇阅读文章，安排了名著导读《〈朝花夕拾〉：消除与经典的隔膜》，写作实践活动《写人要抓住特点》。此外，还穿插了知识小短文《动词》《词语的感情色彩》，课外古诗词诵读《峨眉山月歌》《江南逢李龟年》《行军九日思长安故园》《夜上受降城闻笛》。在本单元的现代文中，作家们用细腻的笔触、饱含深情的文字，回忆了自己的童年学习生活和成长启蒙经历，表达了对童年生活的追忆与反思。因此，在本单元课文内容指向学习生活和启蒙经历，这是学生特别熟悉，深有体验，容易引起共鸣的内容，是学生生活的有机组成部分，也是写作的重要资源。因此，我们将这一单元的主题确定为"学习与启蒙"，并以"学生过去经历、现在也正在发生的多姿多彩的学习生活"作为本单元的学习情境。为实现单元主题的教学目标，创设"回顾我的学习生活""走进名家的启蒙故事""发现身边的启蒙之光"三大学习任务。通过"回顾我们的学习生活"，将学生带入自己学习生活的回忆中，回味曾经的童真、童趣、友谊和爱，带着对阅读的期待走进名家名篇。在"名家的启蒙故事"这个任务下，通过"模拟采访"和"访谈策划"的活动来提升学生默读和整体感知的能力，学会抓住标题、开头和关键语句，迅速了解文章大意。活动需要确定采访对象和采访重点，在此基础上策划采访提纲，让学生在任务的驱动下到文本中筛选信息、提取信息，进行信息的重组，从整体上感知课文内容，让学生从"被动学习"转变为"主动学习"。"现场访谈"的角色设置包括采访者和被采访者两种身份，无论是哪种身份，要流畅顺利地围绕采访内容进行表达，就必须对课文内容了然于心。通过该活动，让学生走进文本，对文本进行深入的理解和探究。通过"我的启蒙故事"和"排行榜：我的启蒙书（整本书的阅读）"来进行写作创造和名著导读活动。"我的启蒙故事"帮助孩子观察、审视自己的生活，回顾成长的足迹，学会感恩生活，学会表达情感。通过"排行榜：我的启蒙书（整本书的阅读）"这一活动主要是让学生学会自主阅读分享（整本书的阅读），激发学生阅读名著的热情。梳理与拓展，是本单元教学设计的一个重要环节。提供梳理要点，并以默读、人物描写的梳理为例，试图帮助学生回顾、整理本单元学习的内容和收获，用已有的认知经验构建新的认知结构，并加以改造、整合、运用，最终内化为自己的素养。

（二）设置丰富的情境

《普通高中语文课程标准》（2017版）要求："语文课程应引导学生在真实的语言运用情境中，通过自主的语言实践活动，积累言语经验，把握语言的特点和运用规律"，特别强调在真实的语言运用情境中学习语文。在直接或间接的生活情境中学习语文，不但能激发学生学习语文的兴趣，增强学习的目的性、任务意识、问题意识，而且学以致用，便于知识的建构与能力的提高。如部编版七上第一单元，作家们用生动的笔墨为我们描绘了他们眼中的自然美，表达了作者们对大自然的理解和情感。四季景色，千姿百态，美不胜收。只有善于从美的事物中发现美，并能用自己的语言表现美的人，才能描绘出四季景物的不同之美；也只有善于从美的文字中感受美的人，才能领悟四季之美。当学生走过炎热的夏季，走进九月的校园，季节已经变换，环境也发生了变化，全新的校园将开启初中阶段的学习生活。教材第一单元介绍了自然景物，呈现了四季之美。以九月的校园生活为本单元的学习情境，既与教材的文本内容契合，也与刚进入初中学生的生活紧密联系，具有强烈的可感知性。这就架设了语文学习与真实生活的桥梁。学生在这样的情境中，阅读欣赏描写大自然的古今名篇，会有更加真切的体验；学习观察、描写大自然，表达和交流自己所感受的自然之美，效果会更好；也更容易激发热爱生活的情感。

又如部编七上第四单元，设置了"做一个好人"这一生活情境。我们生活的这个世界是美好的，这是因为有许多好人创造并呵护着这个世界。这些好人有的做出了惊天动地的事情，有的却是非常平凡。阅读本单元的作品，探讨作家是怎样发现，又是怎样描写平凡而又伟大的人物，怎样启发引导大家都成为一个好人。进而，去发现身边的好人，选择一个，介绍给大家。思考怎样才能成为一个好人，规划、设计自己的未来。以生活中的好人为本单元的学习情境，有两个显著的特点，第一是与本单元的文本内容主题相吻合，第二是与学生的日常生活紧密联系，能产生情感共鸣；也有两个突出的作用，第一，通过学生对身边好人的发现与讲述，引起学生对好人的初步理解，第二是架设新旧认知的桥梁，学生通过阅读文本中一些不同人物的故事，学习这些人物的美好品行，表达和交流自己对好人的理解与体会，培养学生高尚的道德情操。"我生活中的好人"是让学生从生活出发，发现"好人"在品行方面的共同点，对"好人"形成初步的认识。然后研读文本，研读"作品中的好人"，在阅读中深入体会"好人"的人格魅力，总结出衡量"好人"的标准。"做一个好人"这个任务，将帮助学生传承并发扬光大传统美德。

（三）任务整合语文要素

祖国语文的元素是丰富的，把这些丰富多彩的元素进行有机组合，成就了语文的血肉丰满与绚丽多姿。按照"字词句篇语修逻文听说读写"12个方面，将一个又一个语文元素抽取出来，组成一个清晰的知识能力体系。如果进行单调机械的训练，语文就丧失了其原本的魅力。

语文学习是一个完整的、丰富的语文，并不是只有语文知识和技能，而是将12个方面的知识和技能融为一体。如部编版七下第五单元，本单元体裁主要是散文和诗歌，作者通过对寄予了情感、志趣的"景"或"物"进行准确细腻的描摹，或托物言志，或借景抒情，把生活哲理寄寓其中，表达了作者对人生的思考。写作实践活动《文从字顺》，虽然在语言表达上的要求是文从字顺，但习作的具体要求却也是学习如何来观察、体验和形象描摹"景""物"，或借景抒情，或托物言志，抒发自己对生活的情思与感悟。因此，可以借助"生活启示录"这一情境，引导学生结合自身的生活体验，通过多种形式的诵读，在赏析形象描摹"景""物"的文字和品读富有哲理的词句的过程中感受散文和诗歌的语言之美，感悟生活的真谛。同时运用比较阅读的方法，分析作品的异同，加深对课文的理解，并进一步学习借景抒情或托物言志的手法。最后，学以致用，用借景抒情或托物言志的手法表达自己对生活的感悟。这个情境贯穿整个单元的学习，既可以达成学习目标，同时学生的语文综合素养：听、说、读、写能力在此过程中也会得到相应的提升。制作的"生活启示录",可以是传统的手抄报,也可以是电子期刊等多种形式。这样一方面打破了单篇教学的知识指向,更加关注学生的个性化学习和语文素养的提升。围绕单元主任务,根据单元特点,紧紧围绕单元目标,设计了"创作卷首语""感悟名家哲思""解码名家创作"和"撰写我的感悟"四大活动。通过四个活动来完成一个大任务——制作"生活启示录",既是过程的记录,也是结果的呈现。整个单元的学习,试图遵循学生阅读的一般规律,尊重学生的阅读体验与个性,引导学生进行系统梳理和自主建构,让学生在自主、合作、探究的学习方式中学会阅读与表达。诸如此类的语文学习任务群改变了知识点、能力点的组织形式。

二、语文核心素养为纲的任务驱动学习

语文学习任务驱动学习以学生的学习为主线,既改变了以教师的教为中心的教学模式,也与以往的听说读写截然不同。这样的学习,突出了自主、合作、探究的学习方式,突出了学生的个性化学习,阅读与鉴赏、表达与交流、梳理与探究是听说读写的升级版,学习行为本身就指向了语文核心素养而不仅仅是语文技能。如部编版七下第五单元,采用对比阅读的任务驱动,让学生自主深入进行阅读与鉴赏,所谓比较阅读就是指把内容或形式相近的或相对的两篇文章或一组文章放在一起,对比着进行阅读。

(一)课内前后语段的比较阅读

例如《紫藤萝瀑布》中眼前紫藤萝让作者回想起十多年前家门外的那株紫藤萝,指导学生抓住"繁盛"与"伶仃"的鲜明对比,来体会作者对自然的感触及对生命的感悟。这种课内的比较阅读,有利于学生更深入地理解文本的内容和主题。

(二)同一文体不同文章的比较阅读

在学习《外国诗二首》时,可以和其他的诗对比写法的异同。《假如生活欺骗了你》直抒胸臆,没有什么具体的形象;《未选择的路》则用了许多具体的形象(如树木、路、荒草、落叶等)来阐释哲理。还可以与《古代诗歌五首》进行比较阅读,联系生活实际,帮助学生进一步理解诗歌中所蕴含的哲理,学习托物言志的写法。

（三）一个作者的不同文章的比较或者不同作者的同类文章的比较

宗璞有不少写景状物的散文，如《丁香结》《燕园树寻》《好一朵木槿花》等，也可以选取贾平凹的《一棵小桃树》这类的状物散文，引导学生使用比较的阅读方法，进一步把握借物抒情或托物言志散文的写作特点。

在阅读过程中将其有关内容不断进行比较、对照和鉴别，这样既可以开阔眼界，活跃思想，使认识更加充分、深刻，又可以看到差别，把握特点，提高鉴赏力。

三、以语文核心素养为纲的鉴赏深度学习

传统的灌输与训练的方法是无法培养学生的核心素养的，新的学习科学提出的深度学习的理论，有利于学生核心素养的形成与发展，已经逐渐得到大家的认可。

（一）任务驱动下的内容选择与组织

以语文核心素养为纲的鉴赏深度学习，要求任务群在主题的统领下，以学习为主线，将诸多语文教育的元素，有机融入主题单元，形成新的秩序。这是复杂性思维的产物。仔细分析课程标准设计的18个任务群，每一个任务群都整合了诸多语文教育的元素。如部编版七上第三单元，由于《从百园到三味书屋》《再塑生命的人》《窃读记》这三篇现代文篇幅较长，教材建议训练的重点是学会默读，迅速了解文章大意。这对刚走进初中不久的学生来说是一种挑战，机械训练往往会让学生觉得枯燥乏味，为了点燃学生的阅读热情，创设了访谈策划的活动情境，设计了"访谈策划"和"现场采访"两大活动，"访谈策划"要求学生默读课文，迅速了解文章大意，确定采访对象和采访重点，在此基础上策划采访提纲，这个活动设计让学生在任务驱动下主动筛选信息、提取信息，进行信息的重组，感知课文内容，让学生从"被动学习"转变为"主动学习"，并在阅读比较中了解作品多姿多彩的学习生活和启蒙故事。教师在学生默读的过程中，引导其边读边做好批注，学会抓住标题、开头和关键词句，提炼重要信息。"现场访谈"包括采访者和被采访者两种身份，但无论是哪种身份，要流畅顺利地围绕采访内容进行表达，就必须对课文内容了然于心。同时，可以对被采访者的身份再次进行分解。如部编版七上《从百草园到三味书屋》，被采访者既可以是童年时

的鲁迅，也可以是成年后的鲁迅，这就促使学生关注文本中成人视角和儿童视角的交替、转换，感悟回忆类文章中即时视角和当时视角的差异性。这既是考查学生对文本的熟悉程度、理解程度，同时也是对学生的口语表达能力、交际能力的锻炼。其他同学的评价过程也是进行基于文本的解读赏析的过程，在评价、交流、分享中教师要引导学生深入文本，咀嚼文字，赏析文章生动传神的人物描写，体会、揣摩人物心理变化并感知人物形象。

（二）思维与情感的深度参与的鉴赏品读

学习语言文字运用的过程充满了创造，这也非常切合深度学习的原理。"深度学习方法旨在培养学生的批判性思维、解决问题、协作和自主学习的能力。"我们常常看到这样的阅读教学，按照时代背景、作者介绍、分段分层、主题思想、写作特色的文章分析套路，文本的解读与分析演变成了学习某些文艺理论教条的工具和手段。学生没有作为具有自由精神的读者那样进行积极的思维与情感的参与，既不能真切鉴赏作品丰富的内涵，也难以发展学生的核心素养。因此，阅读教学是需要思维与情感深度参与的活动。例如部编版七上第五单元，教材中的四篇课文体裁各异，但均与动物有关，作家从不同侧面记述了人与动物的故事，反映了人对动物的了解和认识，体现了作者对人与自然关系的思考。事实上，不是所有人都对动物感兴趣，都会喜爱动物，因此，要让学生理解人与动物相处的正确方式，首先就要关注动物，要从观察动物入手，留心动物的各种生存状态，进而激发学生对动物的好奇心和探索欲。在进行单元教学时，引导学生留心观察身边的动物以及人与动物相处的场景，能清楚地表达自己对人与动物相处的认识与感受。通过反复阅读，明白文本讲述的故事，感受作家笔下不同的动物形象，品味文本中准确、生动的语言表达，揣摩作家与动物的情感，对文章的内容表达自己的心得，提出自己的看法，并用合作的方式，共同分析、探讨、解决问题。欣赏文学作品，有自己的情感体验，从中获得对自然、社会、人生的有益启示。同时，以"作家与动物主题论坛"为载体，倡导自主、合作、探究的学习方式，着重培养学生的语文实践能力，在主题论坛活动的开展中体会、把握语言文字规律。学生在特定情境中主动积极的学习，阅读与鉴赏、表达与交流、梳理与探究有机结合，思维与情感深度参与，效果自然不同。

第二节 初中语文阅读思维能力培养存在的问题及原因

初中学生的阅读思维虽然较为稚拙，却贵在真实原创。阅读是体现智力水平的过程，每一个阅读过程都有阅读思维的参与，所以学生在阅读过程中形成并且锻炼着阅读思维能力。

一、初中语文阅读思维能力内涵及特征

初中教学的知识与技能、过程与方法、情感态度价值观三维目标之间看似平行推进，实际上却因阅读思维能力这个平台而互相作用着。初中语文阅读思维能力如何使三维目标有机融合，需要深入了解其内涵和特征。

（一）初中语文阅读思维能力的内涵

对初中语文阅读思维能力的理解主要结合思维能力和阅读思维能力的内涵。思维能力不等于思维，思维是一个整体的心理认知过程，而思维能力指向实际层面的操作活动，涵盖了达成思维活动任务的各项技能及思维品质、思维习惯等相关因素。张玉成教授认为，"思维能力是个体采取适切的策略或方法，借以发挥智慧能力，付诸行动或者执行任务以达事功的思维操作活动。"

思维能力是完成思维活动的能力，如果没有思维能力，观察得来的材料和记忆积累的信息，将成为没有价值的东西。姜继为认为，"思维能力是加工知识的机器和工具，它把知识分解、消化整合，重新生长出和建构起个人化的概念和理论，以及'点、线、网'的知识体系"。思维能力是思维水平的体现。

阅读思维能力可分为广义和狭义两种形式来理解。广义的阅读思维能力指人们通过看、听、读等形式对静态的和动态的外在信息进行整合和思考的能力，狭义的阅读思维能力专指通过阅读纸质版、电子版等信息载体而进行思维活动的能力。阅读是人们将文字信息生成心理意义的方式，而阅读能力与读者阅读思维方式密切相关。读者受外在因素和情感体验的影响，会产生不同的阅读思维。阅读思维是以感知为基础，加入理性分析而持续深入的心理状态。绪论部分提到对阅读思维能力的内涵存在着不同意见，但可以确定的是，阅读思维能力的体现离

不开阅读行为。阅读思维能力按照思维能力的内涵理解，涵盖了读者的阅读智力、能力和情感。

结合上面的两种能力来理解，初中语文阅读思维能力是体现初中阶段学生的阅读思维水平的能力。初中语文阅读思维能力融合了初中生阅读能力和思维能力的特点，与语文能力和语言训练紧密地联系着。初中语文阅读思维能力是以初中阶段的学生为思维主体，以初中语文教学为实施和培养场域的能力。这种能力的外显价值是学生阅读能力的提高，能力的内隐作用是学生阅读素养的提高。初中生自身思维具有思维普遍性的特点，但是由于处于思维的转型期，学生个体之间也有明显的差异。以语文学科为培养源地形成的阅读思维能力具有良好的适应性，能为其他学科的教学服务。

（二）初中语文阅读思维能力的特征

一项能力的特征是指区别于其他能力的抽象表现，初中语文阅读思维能力因学段、学科和学生的因素而呈现不同的特征。胡峻岭从思维主体角度进行分析，认为语文阅读思维具有"萃取性、筛选性、先验性和体验型的特征"。笔者从要素、本质和形式三个角度去揭示初中语文阅读思维能力的特征，应包括要素的整合性、本质的层次性和形式的立体性。

1. 初中语文阅读思维能力构成要素的整合性

我们依据平时的经验可以将其分成阅读感知、阅读理解、阅读记忆、阅读分析、阅读评价、阅读创新等部分。以上的阅读过程都需要阅读思维的参与，张汉强认为，"不仅在阅读感知中渗透着思维，理解和记忆本身就是一种思维操作，更重要的是对读物内容的分析、评价、概括、应用和鉴赏等，都是阅读思维的具体体现。所以，必须注重培养读者科学的阅读思维能力"。通过对阅读过程的整合，阅读思维能力要素应包括阅读思考力、阅读思辨力和阅读思想力。在阅读深化的进程中，初中语文阅读思维能力的要素呈现出整合性。

（1）阅读思考力是指对文本材料表征的整合能力，需要运用分析与综合的方法。感知阶段对文本材料结构要素的思考，主要是对关键字词、句段和篇章等方面的探究。对关键字词的思考可以通过查阅工具书，了解字词的基本意义；然后再将字词放在具体的语境当中，结合上下文获得字词的语境意义；学生可辐射思维获得字词的外延意义。"笔"字在字典里的基本意义有：写字、画图的工具；组成汉字的笔画结构等。在"笔名"一词中，"笔"是写作的意思，是其外延意义。对重要段落的思考主要是明晰句子之间的关系。《背影》一文中父子月台分别的段落刻画父亲的形象时，进行的一连串的动作描写是全文的出彩之处。结合对父亲的语言描写和肖像描写，将一个不善言辞而情感细腻的父亲的形象呈现在读者的眼前。对文章整体思路的思考体现为串联文章的结构。以叶圣陶先生的《苏州园林》一文为例，课文的第一段起到了总结全篇，引起下文的统摄作用。后面的每一段都可以找到一个核心的句子，然后把这些关键性的句子加以整合，就能非常清晰地了解全文的内容了。

（2）阅读思辨力即学生阅读时辨析选择的能力，是对读法和练法的整合能力，需要运用判断、类推的方法。①对读书方法的整合。曾祥芹发展了夏丏尊先生阅读方法两分法的观点，在《阅读学新论》一书中将读书之法分为汉文的精读、略读和快读三种。他认为后两种读法要以精读为基础，精读应该占据阅读教学的主体地位。我们精读的对象是有价值的文本，包括文学名著、脍炙人口的名篇、重要史料文献，甚至具体到基础学科的教科书等。略读既是精读的必要准备，也可用于回顾整理，因而具有更普遍的适用性。由于知识更新换代快和网络文学的发展往往要求读者采用略读的方法，快速地获取各方面的、关键的信息。快读法需要读者有很强的信息筛选能力，做到张志公先生提的"读得快，抓得准，记得牢"。针对不同的文体也需要不同的读法，如记叙文需要精读以品味其语言和思想，议论文则需要快速地厘清文章的逻辑思路，说明文往往只需要略读以抓住对象的特征即可。②对阅读能力的训练。阅读可以使用技法，但对阅读能力的训练应该甄别。首先阅读训练目的要明确。以获得知识和能力为根本目标，以审美鉴赏能力的提升为相关目标，以开发智力为隐性目标。现在的阅读训练多数是为了提高成绩，需要我们以发展的眼光去辨别。其次，阅读训练内容要依循学生的能力水平。阅读训练的内容，应该以已经明确的教学目标和实际效果为依据。但初中生因为生理和心理的不断变化，需要及时调整阅读训练的内容。学生如何把已有的阅读技巧运用到整个阅读过程中，并且在今后的阅读学习中做出合适的迁移判断，都是对学生阅读思辨力的要求。

（3）阅读思想力，是学生对价值和观念的整合能力，需要用到反思和批判的方法。阅读思想力体现了阅读思维的深刻性与批判性。首先，阅读思想力是对传统价值观念的反思。学生以完成任务的心态接受学习和训练，这时，其阅读思想力可以忽略。但机械的能力训练也产生了消极的影响，学生的对指定任务的执行能力较强而缺乏创新意识。创新是对自我发展层面的要求，发展的需求又催生个人和社会的创新能力，所以语文课程标准要求激发学生的想象力和创造潜能。学生在阅读教学课堂中要接收来自教师、文本和其他学生的观点，这些都影响着其自身的阅读思维。然而任何思想观念都具有两面性，而且即使是积极的价值和观念，也需要学生依据自己的需要做出判断。以鲁迅先生的《灯下漫笔》为例感受阅读中的思想力。有学生认为作者的观点太苛刻，百姓失而复得的心情应该被理解，但鲁迅却"嘲讽"他们"做了奴隶还万分欢喜"。当然也有学生认为可以理解，作者用强烈的手法意在使民众意识到自己悲惨的地位，然后去反思和抗争。教师引导学生对当时的"国人"与现代社会民众的精神风貌进行对比，让学生感受当时社会对人性的压制。学生阅读思维的深刻性和批判性自然就提升了。

以上是对阅读思维能力构成因素整合性特征的分析，三者没有主次之分，在阅读过程中始终交叉地发挥着作用，使初中生的阅读情感、阅读品质和阅读价值观不断地升华和凝练。

2. 初中语文阅读思维能力本质体现的层次性

阅读思维能力是学生在阅读教学活动中，形成的反映语言现象、把握语言规律和创新语言价值的能力。这种能力最基本的是意识自觉和能动反映，是阅读思维能力的最基层的本质。自查和选择、自主和创生是阅读思维能力更高层次体现。在阅读教学的活动中，阅读思维能力经历深入发展的过程。所以有必要揭示出它各个阶段的本质特征，让大家形成一个清晰的阅读思维能力结构。

（1）阅读思维能力的基层本质——自觉和反映

自觉是相较于自发而言，自发是没有受外界影响而自然产生的，是人在未掌握规律时在本能作用下形成的行为意识。而自觉是在面对具体问题时个人意识的觉醒，带有主观能动性和自我维护性。反映是人脑对与自身发生联系的客观事物形成的观照。这种客观事物可能是人们正在接触的事物，也可能是对以前所经历的事物，还可能是联想和想象出来的事物。但无论是过去的、当下的还是人们想象出来的事物，都要以客观现实作为依据。在初中语文教学中，学生掌握了大量的阅读思维材料，包括古人和今人的经验和观点，也有经过合理想象生发的内容。这些材料多是杂乱无序、不成系统的，需要学生运用阅读思维能力去思考和整理。

（2）阅读思维能力的过程本质——自查和选择

在自觉和反映阶段，学生初步形成了一些看法，但大多停留在对客观世界的再现和模仿层面。初中语文教学绝对不局限于对前人经验的继承，还应该结合所处的时代和环境，让学生拥有洞察时事的能力。阅读思维能力的自查和选择，体现学生阅读思维能力的条理性和灵活性。影响初中学生阅读思维能力的主观因素主要是阅读思维模式。按照包霄林在《思维的模式》一书中的观点来理解，阅读思维模式是指学生在阅读认识和阅读实践活动中的一种前提能力和心理准备状态，也是整个阅读思维过程所体现出来的思维倾向、定势、偏好、结构等状态。这种阅读思维模式是以往阅读活动认识的结果，也对以后的阅读活动产生重要的影响。初中生根据已有的阅读思维模式，运用已有的知识结构去顺利分析和解决新问题，那么这样的阅读思维模式就起到了积极的作用；但如果阅读思维模式对我们分析和解决问题产生了阻碍，那么这样的阅读思维模式就产生了消极的作用。学生需要对自身的阅读思维模式进行自查和选择。影响学生阅读思维能力的客观因素主要是外在环境。对外界环境既要有适应的能力，又要有改变的勇气。自查和选择源自读者的阅读需要，是学生发展阅读思维能力的必然要求，这样才能迈入阅读思维能力的更高层次。

（3）阅读思维能力的核心本质——自学和创新

这里的自学和创新是阅读思维能力的高层次能力，也是阅读智力和阅读能力高度融合的两种表现形式。许多著名科学、文学、艺术或者政治等领域取得伟大成就的人士都是以自学的方式成才的。人们都明显感觉到知识更新不断提速，这就需要不断提升个人的学习效率。人不可能待在学校里做一辈子学生，在培养学生综合能力的主要阵地——语文课堂上，学生具备了进入社会后自主获取知识和技巧的能力，合理使用这些能力能提升个人自学的效度。创新即是打破原有的知识框架和认知系统，阅读思维能力的创新就是用发散思维的角度去揭示阅读系统的奥秘，体现了初中生阅读思维的能动性和独创性。这里的创新不仅包括实践层面的创新，还包括知识的新创造、理论的新建构、方法的新突破和观点的新解读等。

以上是初中阅读思维能力本质层次性特征的体现，它们既是阅读思维能力的方式也是阅读思维能力的结果。阅读思维能力追求在动态发展中，实现学生认知结构的完善。

3．初中语文阅读思维能力呈现形式的立体性

倪文锦和谢锡金将阅读思维分为四个方面"一要还原作品的本意，二要领会作者的用意，三要灌注读者的主体意识，四要认清作品的社会价值"。作品

本身的意义和作者的用意是自带的，读者意义和社会价值则取决于阅读思维的主体。初中生阅读思维能力通过横联和纵联的形式将作品的多维意义呈现出来，为语文阅读教学的开展提供了清晰的思路。

（1）"横联"

"横联"一词最早出现在余映潮先生点评陈钟樑老师的教学实录中。所谓"横联"，就是在阅读时进行横向思维，体现阅读思维能力的广度。基于学生的知识记忆力是有周期性的，一些知识由于长期不用可能会进入"休眠状态"，所以需要进行横向的思维联系。在语文教学中，学生通过阅读思维的横向联系，将正在学习的知识，与学过的知识、相关的学科知识以及日常生活知识联系起来。横向的阅读思维联系可以让学生更好地进入教学情境中，比如在学习《童稚记趣》时，教师让学生讲述自己的童年趣事能更好地导入课文。横向的阅读思维联系可以让学生更顺利地理解课文内容，比如在学习《药》时，学生联系历史课的知识，了解到五四前夕封建社会的落后与革命的重要性。当然还可以进行反方向的思维联系，如将《故乡》中的故乡和今天的乌镇进行对比，凸显新社会带给人们的新生活。阅读思维能力的横联既体现出初中生有扎实的知识积累和快速的反应能力，也要确保不偏离语文阅读教学的轨道。

（2）"纵联"

与上文的"横联"相对应，所谓"纵联"就是纵向的阅读思维方式，显示阅读思维能力的深度。语文科教学不同于自然科学，更加注重学生对语文知识与能力的积累，初中生的阅读思维能力应有纵向的联系。教师经常指导学生联系上下文理解某一个词或者一句话的意思，这是纵向阅读思维的方式之一。如在理解"见渔人，乃大惊"和"乃不知有汉"两处"乃"字时，学生可以根据以前的知识判断出第一个"乃"字是"于是"的意思，但是对第二个"乃"字却存在着争议。最后学生通过上下文之间的纵向联系，得出应将其理解为"竟然"。学生对同一本著作随着阅历的增加会产生更深刻的理解，这是阅读思维能力纵向联系的另一种方式。纵向思维沿着正确的方向是直线上升的；如果思维方向产生了错误，也能及时调整，这也是阅读思维能力纵向联系的优越性。纵向的阅读思维方式是初中生阅读思维能力流畅的体现。

阅读思维的横向联系和纵向联系，体现阅读思维能力形式呈现立体性的特征。这两种形式相互交叉、相互影响，构成了立体式的阅读思维网络。

二、初中语文教学中阅读思维能力培养存在的问题

在应试教育的作用下，初中语文教学向考试靠拢的趋势越发严重。教师阅读教学以考试为中心，教材讲解以考点为核心，教学训练以应试能力为方向。科技发展、网络的便捷、多媒体技术的应用、课外读物的丰富和阅读渠道的增多等阅读环境的影响，这也是改变语文教学的一个重要原因。阅读环境的改变对学生阅读辨析能力和阅读鉴赏能力也提出了更高的要求，所以对阅读思维能力的培养也就迫在眉睫了。但在探索阅读思维能力培养的道路上还存在着许多问题，笔者认为主要包括以下几个方面。

（一）初中生对训练方法的不适应

受我国传统思维的影响，语文学科思维是与道德自觉、文化审美、情感态度结合在一起的。初中学生从小耳濡目染着汉语文化，母语对他们来说不仅是语言交流符号，更是民族文化的信仰。然而现在进行的阅读思维能力训练多是借鉴西方思维能力训练的模式和方法，文化的差异必然影响训练的效果。对待外来文化，我们既新鲜又明显感到隔阂。我们传统的思维重感性和过程，而西方的思维重实证和结果。语言学家王力先生以对语句的理解方式为例，用"人治"和"法治"形象地道出了东西方思维的差异，可见文化差异会影响人的思维方式。目前对教育现代化的理解多以西方为参照标准，这要求我们怀着兼收并蓄的态度以彼之长补己之短。但是用西方现行的思维能力训练方法训练我国的中学生，也会造成一些消极影响。训练内容脱离语文学习的实践，无法引起学生的兴趣；集中突击式的训练将大量的知识强行塞给学生，学生普遍感受到随着记忆的减退，几乎没有实际的收获。将现成的训练方法直接拿过来，以既定的标准去衡量学生的思维发展水平，不能体现学生的个性思维。

（二）师生没有自觉的培养意识

中学语文课程标准提出发展思维的目标要求，在一定程度上容易让人误解成语文教学增加了新内容。其实思维作为人类特有的内隐性的认知形式一直在发挥着作用，但需要借助语言、动作和表情等形式体现出来。以学生语言素质为目标的初中语文教学，已经在潜移默化地影响着学生们的阅读思维能力。但部分教师认为阅读思维能力太过抽象而难以把握，对短期提升成绩没有帮助。因此在教学中仍然注重知识和能

力教学，忽视对学生阅读思维能力的培养。教师备课阶段对新的教学思想和观点吸收得慢或者拒绝接受；在授课过程中，只围绕教材而不做相关内容的连接和发散，导致课堂教学模式和教学方法单一；在进行课外阅读时，只给学生罗列应读书目，而不做有效的阅读提示，也缺乏系统的监督和检测机制。造成课外阅读流于形式而没有意义，更谈不上对阅读思维能力的培养了。学生在课堂上亦步亦趋地跟着教师的思路走，不能有效地养成独立的阅读能力。在独立阅读时，表现出阅读前不能理性选择阅读素材，阅读时缺乏深层次的、有创意的理解；阅读后不能进行独创性的评价和迁移。缺乏阅读思维素材的积累和阅读思维结果的迁移，拖慢了学生的阅读思维能力发展进度，也助长了机械语文教学的气焰。

（三）培养呈现随意性和低层次性

目前对初中生语文阅读思维能力的培养，常常没有明确的培养方向，不能系统而条理地培养，所以收效甚微。如有的教师没有考虑到学生个体阅读思维发展的差异性，对班级所有学生做统一的训练要求；有的教师没有考虑到学生群体阅读思维发展的阶段性，对各年龄段学生做统一的培养要求；还有的教师只强调阅读思维技巧和形式的培养，而忽略对阅读思维品质、阅读思维习惯的培养等。受语文科教学目标的影响，初中语文阅读思维能力培养呈现出随意性和低层次性。主要表现在以下两个方面：一是课程目标中的阅读教学目标的空泛，没有彰显学科特色，使教师在教学过程中把握不准教学内容的界限所在；二是课程总目标特别是阅读教学目标呈现低端化的倾向。语文课程标准中经常出现了解、体验、发现和关注等词语，体现出低层次的阅读要求，而对整合、创新、自主等高层次的阅读思维能力却没有提出明确的要求。国内外将阅读思维能力定位成高层次的能力体现，如国际学生评估项目将阅读思维能力分解为三类，并且直接运用到能力的等级描述；我国学者祝新华也把阅读思维能力分为"复述、解释、重整、伸展、评鉴和创意"。这些能力正是我们目前初中语文教学中阅读思维能力培养所欠缺的地方。

三、初中语文教学中阅读思维能力培养问题的原因

针对上文提到的现阶段培养初中生语文阅读思维能力存在的问题，需要理性分析其原因并总结经验，为今后的培养指明方向。

（一）当前的培养方法不具有本土针对性

初中语文阅读思维能力的研究是借鉴了思维科学的理论成果。苏联生物学家巴普洛夫的高级神经活动学说，揭示了人类思维活动的神经生理机制。列宁将马克思和恩格斯结合德国古典哲学和近代科学形成的辩证思维学加以发展。美国心理生物学家斯佩里对人的左右脑功能的研究，使人们对思维的了解进一步加深，后来皮亚杰等人对儿童和成人思维的研究都为思维科学的发展累积了丰厚的材料。我国近代思维科学研究起步较晚，对阅读思维能力的理论体系建设还不完善。当前阅读思维能力的训练多是在思维科学理论指导下，借鉴西方现有的训练模式和方法开展的。目前，针对思维的研究已经较为系统，涉及思维的定义、思维的种类，思维方式、思维能力的训练等方面，并出现了不少思维训练方法。虽然这些国外理论经验对语文阅读思维能力培养有一定的指导作用，但是极具西方思维特色的理论与我国本土思维方式一经碰撞，必然会产生许多的矛盾和冲突。我们的语文教学活动，主要是依托汉语这种集音形意为一体的工具展开的，教学内容中的识字、文章、文学和文化都带有浓厚的汉语思维，都表明了母语教学对初中语文阅读思维能力培养的重要性。因此，初中语文阅读思维能力的培养必须具有本土针对性。

（二）没有正视阅读思维能力的存在

随着思维训练的话题日益升温，相继出现了"数学思维""历史思维"等学科思维培养理念。一个新教学理念的出现，必然有孕育它的环境。但是否在所有的地域都适用，还需要实践证明。中华人民共和国成立之初，我们学习借鉴苏联的教育模式，在当时确实产生了积极的影响。但是随着时代的发展，社会环境、个人心理和科技发展等方面的影响，现有教学模式的弊端也日益突现出来了。语文学科性质的争论就是个很好的例子，在理解理念内涵基础上的实践才能有底气。现在对于新教学理念，我们一方面显示出我们积极探索的态度，同时也暴露出急切的盲从心理。而不加理解地选用新的教学理念，往往还会出现误读现象。以张孝纯先生的"大语文教育观"为例，"大语文"是对中国传统语文教学批判地继承和对当前应试教育的反思。可大家把视线放在"大"字上做文章，让语文课程承担其他学科课程的任务，这就是对新理念的误读。作为基础课程的初中语文之所以能独立成科，是由它的学科特性决定的，语文学科阅读思维能力的培养也要体现学科特色。人们普遍认为语言与思维是互为臂膀、密不可分的，而且上文提到卫灿金先生提出语言和思维都是语文学科的本质反映。初中语文阅读思维能力训练的提出，不是随着思维科学在各学科的渗透而兴起的新模式，而是语文学科本质的重新审视和应然要求。

（三）对阅读思维能力理念没有深入解读

叶圣陶先生较早提到语文教学要注意联系社会生活，认为应该把对学生的语文教育看成社会各界共同的责任，以及后来出现的"大语文教育"，都是针对语文教学囿于课堂教学和学校教学的封闭性而言的。在其影响下语文教学的领域变宽了，教学的渠道增多了，教学的内容也扩大了。政治教育、思想教育、历史教育、审美教育等，凡是与语文学科相关的因素，都被纳入了语文教学的范畴。与提升学生语言能力密切相关的思维能力，也进入了语文教育者的视野之中。通过发展智力来提升初中生语文阅读思维能力是可行的，但是让语文教学来包揽其他学科的任务有悖其初衷。语文教学在当今立德树人总任务下，可以而且应该吸收其他学科的长处，但也要牢记自身的使命。不加甄别且没有底线地将语文教学"泛化"，会无法把握语文教学的方向。我们应该正视语文教育自身独特的也是最主要的任务是培养学生的语言素质，提升学生的语文素养。语文课程标准对语文核心素养的凸显，就是希望通过语文学习获得必备品格和关键能力。所以培养初中语文阅读思维能力是为学科教学提供支撑和帮助的。

第三节　初中语文阅读思维能力培养的理论建构

初中语文阅读思维能力是结合初中阶段学生的思维特点和阅读习惯，而形成独立阅读和思考的能力。初中语文阅读思维能力在思维品质、思维形式和思维方法等方面既显示出思维能力普遍性的特点，也有其自身的特性。与一般思维能力最根本的区别在于，阅读思维能力是以语言现象为起点、语言符号为工具的提升语文素养的个性心理品质。初中学生通过阅读思维能力也能促进个人的全面而个性的发展，为将来顺利接受高等教育、实现学习到工作的过渡，并获得终身学习的能力打下坚实的基础。

一、初中语文阅读思维能力培养的理论依据

（一）建构主义教学理论

建构主义理论主要体现在皮亚杰、布鲁纳和维果斯基的理论上。在教学上的理论主要包括知识观、学习观、教学观和课程观四个方面。

1. 建构主义知识观

建构主义理论认为知识是一种相对可靠的理论模型或者假说，具有主观性、情境性和社会建构性。学习者在真实的情景中，实现了知识的自主建构。另外个人的认知结构在社会交互作用中得到发展，因而知识也具有社会建构性。

2. 建构主义学习观

建构主义理论强调学习的个人自主性和社会互动性。建构主义认为学习不是被动地接受外部现成的知识，而是根据自身的知识和经验主动进行概念转变。学习的社会互动性是指个人通过与周围社会互动而改变原有的认知结构，社会因素与个人因素的整合促成了学习。因此初中生可以通过自主学习建立新的认知结构，也可以向老师请教学习或者与同学合作学习。

3. 建构主义教学观

建构主义理论的教学观体现在以下几个方面。

（1）教学方法。在课堂上教师可以设置造成认知矛盾的问题，学生即使不能立刻答对也没有关系，最终能通过思考解决问题。为学生创设学习情景，包括真实的物理情境和互动的社会环境，从而建构合理的认知结构。

（2）教学过程。建构主义强调教师要在课堂开始时承担大部分工作，当学生具备较强的思维能力时，教师放手让学生独立完成任务，但要确保学生学习的主动性。

（3）教学资源。建构主义认为不能把知识当作唯一的教学内容，要为学生提供丰富的教学资源，如日常生活中，一部优秀的影视作品或者一种奇特的天气现象都可以被当作教学活动的资源。

（4）教学评价。在一般教学评价的基础上，建构主义理论强调评价不是为了给学生定位或者打分，而是要促进其发展。建构主义对学生的评价"不是终结性的，而是动态的、持续性的、不断呈现学习过程的过程性教学评价"。因此对初中生的阅读思维能力评价既要查看综合结果，也要考查学生在能力形成过程中的表现。

4. 建构主义课程观

建构主义理论的课程观包括两个方面。一是促进学科教学的融合。对学生的课堂教育不能仅靠一种学科知识，教师可以借助其他学科的内容帮助学生全面理解本学科知识。二是鼓励学生积极参与。教师将本学科的教学内容借助其他学科，以多种形式呈现出来。让学生组成一个学习共同体参与到真实的情境，从而获得自我效能感。

（二）人本主义教学理论

人本主义教学理论是人本主义心理学在教育领域的成果，主要理论来源于马斯洛和罗杰斯等。人本主义教学理论强调个体的学习动机和个性发展，反对程式化的教学，提倡有意义的教学和学习。人本主义教育思想也是我国素质教育的重要来源。罗杰斯认为教师在教学中的作用不是传授，而是引导和协助；而学生具有学习主动性，对自己认为有价值的东西能主动学习。马斯洛根据人的动机将需求分为：生理需求、安全感、归属感、尊重和自我实现五个层次，其中前四种需求都是基础需求，自我实现的需求是个人发展层面的需求，体现了个人高层次的需求。初中语文阅读思维能力的培养借鉴人本主义教学理论，强调学生在语文课堂上的主体作用，教师作为学生学习的引导者和协助者，帮助学生发展个性化和高层次的阅读思维能力。

二、初中语文阅读思维能力的培养目标

《义务教育语文课程标准》总目标提出："在发展语言能力的同时，发展思维能力，学习科学的思想方法，逐步养成实事求是，崇尚真知的科学态度"。阅读思维能力内涵与功能的特性，决定了其初中阶段语文学科培养目标的特殊性。初中语文教学中阅读思维能力的培养对象以学生为主体，培养目标以上文的理论依据为导向，以初中语文课内外教学活动为着力点，也会随着学生的成长而调整。

（一）初中语文阅读思维能力培养目标定位的依据

1. 主体因素

初中学生处于思维发展的关键点。学生群体的发展将影响各行业从业人员的科学和人文修养，进而影响整个社会的科技与文化实力。初中生的思维接受着

各学科的训练，有可能会出现思维片面性发展的情况，体现在学习上就是偏科现象。阅读思维片面化是比较常见的，但不应该视为理所当然，需要找出症结，制订方案及时解决。学生接触社会实践的范围增加，参与和承担的意识加强，社会各界对他们在面临问题时的反应能力也做出了成人化的要求。初中语文阅读思维能力的培养目标要考虑学生的思维的综合性发展。

2．学科因素

初中语文能力的合理定位。初中语文是高等教育过渡的前期阶段，决定了初中语文承担着为高中学段输送优质生源的任务。学生的自主学习能力以及终身学习的能力都需要在初中阶段开始进行针对性的训练。不同于职业教育和艺术教育对专项能力的培养，初中语文是学生综合能力培养的主要场所。将初中语文学习的静态知识和隐性能力活用到社会生活中，需要培养初中学生转化间接经验的能力，也就是实践阅读思维成果的能力。初中语文能力为阅读思维能力设定了培养思路。

3．语文课程标准因素

语文教学与现行考试考核机制呈正相关的需要。初中语文课程标准强调要教会学生阅读的方法，让学生享受阅读的乐趣。但在具体的语文考试中，学生总是无法获得满意的成绩，因而减少了学习和阅读的兴趣。语文考试似乎与课程标准确立的目标发生了脱节，而受到社会的质疑。考试作为普适性的考核标准，本身并没有提出训练应试能力的要求。但是由于社会对与语文考试内容的偏见，让初中语文教学的实际价值受到了质疑。初中语文阅读思维能力的培养目标，要实现语文课标与现行考试考核的顺利对接。

4．教材因素

新时期基础课程不断革新教学内容。网络时代带给人类各种思想的汇聚碰撞，学生是接受新信息的速度较快的群体。在科学、文学、艺术等各领域飞速发展之际，人类认知领域也在增加。初中教材中的许多篇目因年代久远，材料陈旧而被新的优秀作品所替换。初中语文作为启智明德育人的学科必须紧跟时代发展的脚步，革新教学理念，用前沿的时代成果为教学内容注入新的血液。初中语文阅读思维能力的实施对象发生了变化，所以初中语文阅读思维能力的培养目标也应及时地做出调整。

5．教学因素

平衡阅读与写作的地位。同为初中生语文能力的组成部分，阅读与写作的地位却并不平等。受中考等环境的影响，写作被奉为语文的半壁江山。阅读因为课时比重大，但成绩提升的速度慢而备受非议。写作能力对考试固然重要，但阅读为写作提供素材基础、情感体验和技巧方法，与写作共同提升着学生的语文综合能力，其重要性也不容忽视。语文离不开听说读写，初中语文阅读思维能力培养目标应提升阅读教学质量，平衡初中学生的读写能力。

提出初中语文阅读思维能力培养目标这一概念，并不是绕开初中语文教学总目标再制订新内容。语文学科教学总的目标任务，也是在总结先前经验的基础上逐步形成的，在其影响下的阅读思维能力培养目标更具科学性。初中阅读思维能力的培养秉承语文总目标的继承性和革新性，为涵养学生的语文核心素养服务。培养初中语文阅读思维能力，能让学生更科学地阅读和思考，更自觉地树立语言的、审美的、思维的和文化的意识。

（二）初中语文阅读思维能力培养目标的表述

目标是实施具体行为的指导方向，目标的确立使任务最终进入合适的状态。现阶段对初中语文阅读思维能力培养目标可以分为总目标和具体目标两种形式。总目标的确立以语文学科对中学生的综合目标要求为依据，关注学生阅读素养的提升。以培养总目标为中心，初中语文阅读思维能力的具体目标也呈现出多维性，二者因学生阅读环境的变化也在不断地调整着。

1. 初中语文阅读思维能力培养的总目标以阅读素养为核心

阅读素养可以看作是学生为适应学习和生活发展起来的能力，包含着阅读的智力和非智力因素。阅读体现积极的探索意识，不断调整自身与外界信息系统的一致性。要想获得阅读的积极意义，应该升华个人的阅读素养。初中语文阅读思维能力的培养的总目标应该是以科学的世界观、人生观和价值观为指导，借助语文教学教给学生正确的阅读思维方法，养成良好的阅读思维习惯，提升学生完成听说读写活动的阅读思维品质，锻炼阅读思维能力，使学生最终能独立思考、冷静思辨、深刻思想，创建性地在言语实践中思考问题、处理问题和表述自己的见解。初中语文阅读思维能力培养的总目标是以提升学生的阅读素养为核心，配合其他科目教学实现启智立德而成才的任务。

2. 初中语文阅读思维能力培养的具体目标体现学生多向发展的意志

初中生的阅读思维有文本、作者、社会和自我四个走向。教师是学生阅读思维的引领者，学生通过与文本、作者、社会和自我的沟通，可以实现从经验性阅读到自主性阅读的飞跃。初中生语文阅读思维能力培养的具体目标，依据阅读思维的走向呈现出不同的形式。

（1）依据学生阅读思维的对内走向培养发展性阅读思维能力

阅读思维能力的培养需要根据学生的思维发展特点，在不同阶段制订不同的培养目标。如小学阶段主要积累培养阅读思维能力的知识和经验，以及初步的阅读感知思维能力。初中生正处于皮亚杰划分的"形式运算阶段"，具备了较为完整的形象思维能力和初级的抽象思维能力，能将问题的形式与内容分开，所以初中阶段应该着力使学生的阅读思维趋于理性和稳定。

（2）依据文本的功能意义走向培养批判性阅读思维能力、鉴赏性阅读思维能力和创新性阅读思维能力

批判性和鉴赏性思维侧重对初中学生文学修养的提升，创新性思维有利于初中学生规划未来的发展方向。批判性阅读思维能力和鉴赏性阅读思维能力是针对文学作品而提出的培养目标，文学作品以其丰厚的思想文化熏陶着学生。优秀的文学作品不仅包含着语言文字的艺术，还包含着其他的艺术形式，需要学生具备批判性和鉴赏性的阅读思维能力。相对于一般思维能力而言，创新性思维能力要求阅读思维主体发散思维，对文本中知识和思想进行创建性地分析和阐释。古人读书多会温故，主要是心境也会因时或者因地而异，重新阅读内容往往能有新的体会。

（3）依据阅读思维的作者走向培养对话性阅读思维能力

知人才能论世，要想加深对文本的理解需要对话性思维能力，我们应该透过文本去推测作者的创作心理，这样才能与作者对话。与作者神交是学生的一种高级精神活动，要求学生对作者和写作背景有比较全面的认识。学生以认识为前提，创设条件去切身感受作者所处的境地，体验作者的情感和思想，才能更好地领会作品内容。

（4）依据阅读思维的社会走向提出实用性阅读思维能力的培养目标

实用性阅读思维能力主要是针对阅读实践的阅读思维能力，包括表达思维能力、迁移思维能力和指导阅读实践的思维能力等形式。有感而发就是人们在有感触之后就想抒发出来，这体现的是表达思维的需要。由此及彼是指由了解的推想未知的，迁移思维能让人理解更多的相关事物。阅读思维能力最显著的作用就在于能指导阅读实践，以获得更多的间接经验。

上述初中语文阅读思维能力的具体培养目标，兼顾了学生阅读智力和非智力因素的共同发展。这些具体的培养目标并不是孤立的，而是相互交叉共同影响

着初中学生阅读思维能力的发展。

（三）初中语文阅读思维能力培养目标应不断提升

初中的语文学习活动与小学的学习活动是不同的，学习的课程数量多，学习内容有更加科学的体系框架。初中语文学习形式和任务的改变，要求学生的思维更主动和独立。从语文课程标准和语文教学参考书中对初中学生的阅读要求中可以看出，目前我国对初中语文阅读思维能力的培养还停留在基础层次。这就造成了初中学生阅读水平普遍是浅阅读或者泛阅读，也直接影响着当前初中语文教学的效果。阅读思维能力不应该是一种程式化的能力，对初中阅读思维能力的培养也不能一步到位。培养阅读思维能力不只是让学生掌握更多的知识，还应该让学生明白自己阅读思维能力提升的方向和空间。在现实中不乏有能做对试题的学生，缺少的是有创新解题思路的学生。所以初中语文阅读思维能力的培养目标也应该迈向更高的层次。对初中学生阅读思维能力提出更高的要求，使其形成更加成熟的抽象思维能力，能由已知去合理大胆地推测未知。教学过程的顺利实施也是学生阅读思维聚合开散，走向更广阔领域的体现。只有对初中语文阅读思维能力提出高标准的要求，才能让学生获得高水平的思考能力和创新能力。

三、初中语文阅读思维能力培养的基本原则

卫灿金提出，"语文科思维培育的基本原则是语文教学中思维培育内部规律的体现。"过去由于缺乏对语文学科阅读思维能力培养原则的深入研究，因而培养出现了思维片面发展的现象，或者没有摆脱传统教学的实质，或者忽视了阅读思维品质等相关因素的培养等。我们应该认真总结经验教训，加强对阅读思维能力培养内部规律的研究和认识，以形成指导初中语文阅读思维能力培养工作的基本原则。下面是初步确立的三个基本原则。

（一）三不唯原则

1. 不唯书

有些出自名家之手的课文中也存在这些问题，但没有学生提出质疑。但是对其他同学的作文，学生往往敢于分析。程翔根据学生在对课文和同学作文的态度，认为学生有"仰视心理、平等心理"这两种阅读心理。程先生分析是"课文

崇拜"在作怪，其实质就是对名家名篇的崇拜。课文的形象在学生的心目中几乎是完美的，学生学习课文是仰视的心态。在这种心态下，学生往往是机械地记忆和模仿，根本不会发现其中的问题，更谈不上批判地学习了。但同学之间由于地位平等能从容地交流和讨论，反而能发现问题，提升能力。锻炼学生阅读思维能力应做到"不唯书"。

2．不唯师

尽管我们一直在探寻师生关系的理想形态，但教师对学生的重要性是不可否认的。朱延庆从教师的角度划分教师和学生的五种关系，有较为宽容的关系也包括比较极端的关系，他认为民主型是师生关系最理想的状态。笔者认为理想的师生关系应该体现为教育性、合作性、民主性和发展性。在初中语文教学中，师生关系应该以教育为主要目的，实现双边互动的动态发展。韩愈说"闻道有先后，术业有专攻"，意为只要他人有超过自己的地方，就可以做自己的老师。学生凭借多种渠道，对教师传递的课堂知识已经有了一定的了解，甚至超越教师的备课范围，在课堂上就应该大胆提出自己的观点。课堂上师生都互相给彼此一定的空间，可以实现教学相长。初中生尊师而"不唯师"，才能让自己的阅读思维能力不断延伸。

3．不唯众

不唯众即去除从众心理。何名申认为："从众心理，也就是不带头，不冒尖，一切随大流的心理。"说到随大流，给人的感觉就是人云亦云，没有主见。但是从众心理也有积极的例子，比如榜样的力量或者人们约定俗成的行为规范等。笔者主要是希望减少这一心理对阅读思维能力培养的负面影响。在教学活动中多数学生认为达成共识的观点一定是经过众人思考的，或者能被大家接受的一种看法应该不会有错，而自己就没有必要去证实或者有其他异议，从众心理也就产生了。从众心理在学生头脑里的时间久了就会形成阅读思维定式，限制学生的阅读思维能力的发挥。有着杰出成就的人物都是站在前人的肩膀上继续攀登的，创新源于对已知的不满足。古人认为"学者当自树其帜"，需要学生拿出创新阅读思维的勇气、决心和毅力。

(二) 读与思并重原则

人们平时理解的读书狭义上指阅读的方式，广义上可以等同于学习。在以往的阅读教学中，确实存在阅读的范围广，但利用率低；阅读量大，但实质收获少；阅读速度快，但获得信息能力慢等问题，这些都是强调纯阅读的危害。因此教师开始注重对学生阅读能力的培养，张志公、刘增福、章熊、蒋成瑀等人对阅读能力系统进行了剖析，而曾祥芹、刘守立和钱梦龙等人则在阅读能力的知识因素和技能因素之外，加入了阅读心理因素和阅读智力因素。

不读书，不了解天下事；但只读书，就会成为书呆子。当人们认识到思考对阅读的作用后，开始倡导读思结合。这是阅读教学的一个进步，但同样也涉及了读与思的地位问题。重读，会因为学生的目标不明确、方法不当等问题，无法解决当前的阅读教学问题；重思，又会出现积累少、失去内容依托等遗憾。如果要取得结合的理想效果，应该是将读和思放在平等的位置上，而不能有主次之分。在读中思，书籍就会成为你源源不断的智慧之泉，在思中读，知识会以新的形式呈现。读思并重是初中语文阅读思维能力实践的重要原则。

（三）全面协调发展原则

初中语文阅读思维能力的培养应该包括阅读需要、阅读能力、读者关系以及阅读个性的发展，涉及智力、能力和情感等方面。初中学生根据自己的实力水平，将阅读需要分为学习任务的需要和开拓能力的需要。阅读思维能力让学生科学适当地对待压力，合理宣泄自我的阅读情感。学生的阅读能力受到智力因素和非智力因素的影响，培养阅读思维能力可以促进两种因素的共同均衡开发。曾祥芹借鉴布鲁姆的教学目标分类法将阅读教学目标分为三种，"直接目标是培养阅读能力，间接目标是发展思维能力，潜在目标是陶冶情操"。三个目标同步进行，才能更好地实现学生的全面协调发展。素质教育的根本也是强调学生个体的全方位的发展。初中语文学科既是基础学科，也肩负着提升学生文化修养、情感教育、审美鉴赏等综合任务，为实现学生阅读思维能力的发展贡献着学科的力量。当前初中语文基本的认读教学相对是成熟的，但是有关学科技能教育成效不明显。情感熏陶主要体现在特定的内容领域，而且多是靠经验心领神会，针对性的教学训练几乎是空白。因此在强调学生全面发展的同时，也要尊重学生在阅读过程中所表现出来的独特阅读兴趣、态度和品质等个性心理因素的发展。

四、初中语文阅读思维能力的培养意义

初中语文阅读思维能力是学生在阅读教学环境中形成和发展起来的，需要从多个角度进行考察。对阅读能力和思维能力的研究开展得较早，但将阅读思

维能力作为对象单独研究还是较少的。综合当前初中生阅读思维能力培养的成果，其培养意义主要体现的是有助于指导教师的授课思维和育人思维，增强学生选择阅读方法的主动性，提升初中学生的阅读需求层次，全面认识初中语文阅读思维的成果。

（一）指导教师的授课思维和育人思维

从语文教改的趋势来看，初中语文教育工作者已经意识到阅读思维能力培养的重要性。但是由于缺乏阅读思维培育的理论修养，在具体的培育工作中仍带有盲目性和形式化。教师和学生都是文本的阅读者，所以阅读教学中存在着教师和学生两个阅读思维主体。教师通过备课环节熟悉文章内容，并结合教辅书和其他教师的意见，形成了自己对课文的理解。教师熟悉课文内容能更好地指导学生阅读，但是有些教师为了赶教学进度，将自己对课文的理解强加在学生身上，这时的阅读思维主体的重心其实是老师。在阅读教学中，教师、学生和文本进行着有声或无声的对话，为了加深学生的阅读印象，教师应该给学生表现的机会。

教育面向全体学生，并不意味着要批量生产，学生的个性得到发展才是教育的成功。曾祥芹认为阅读要"以发展读者个性为依归，应该把课堂还给学习的主人——学生，把阅读还给阅读主体"。如果没有教育的发生，阅读课堂就没有存在的必要了。教师利用自身的优势，指导学生正确进行阅读，让学生的阅读思维能力成为课堂生成的主力军。学生结合已有的知识和经验，运用阅读思维能力构建新的认知系统。明确课堂上教师和学生阅读思维能力的主次关系，才能使初中语文阅读教学活动正常顺利地进行。

（二）增强学生选择阅读方法的主动性

阅读思维的间接性使学生能认识无法直接感知的事物，比如前人成功的方法经验。初中学生面对教材中形式各异的作品，需要采用适当的读书法才不会浪费经典作品的阅读价值。曾祥芹在《阅读学新论》一书提到的疑问思辨法、比较阅读法、提纲挈领法、搜寻猎读法等阅读方法，以及传统的知人论世、以意逆志等都可以看作阅读思维方法。没有积极进行阅读思维的学生，只能成为教师思想的模仿者。如在讲《春》这篇课文时，教师让学生选出自己喜欢的句子，并用"我喜欢……，因为……"的句式表述理由。有的学生回答"我喜欢'小草偷偷地……'这句话，因为本句以拟人的修辞手法表现小草的可爱。"这样的回答似乎是经过了学生的思考而得出的结论，但是仔细琢磨之后，我们会发现学生喜欢这个句子的原因，是因为它运用了修辞手法，而不是因为内容。这其实是套用了教师分析语段的模式，学生的阅读思维处于复制状态，没有真实地感受到课文语言的魅力所在。学生如果一直处于被动的地位，将不利于阅读个性的发展。文学新作品的内容与表现形式不一，不能仅凭一种方法去解读所有，更不能依靠教师去吸收二次阅读。学生拥有独立阅读能力，意味着能独立去感知文章的内容，理解作者的思想，鉴赏文章的风格，评价内容的意义，从而利用新知完善自己的认知体系。

（三）提升初中学生阅读需求的层次

阅读需求产生于心理层面的落后或者缺失，阅读需求正是阅读思维的目的。从"双基目标"到后来的"知识与技能、过程与方法、情感态度价值观的三维教学目标"，再到新提出的"语文核心素养"，实际上都体现了对语文学科任务的变革。知识和能力以思维为媒介可以相互转化，所以又提出了发展智力的阅读教学目标。初中语文阅读思维能力的基础需要是获得语文知识和阅读能力，而且阅读思维能力属于智力系统的操作层面，发展智力的需要已经隐含在内了。但是一个人的智力水平并不能决定其未来的发展走向。"小时了了"的方仲永，因为没有被充分挖掘才智，最后也"泯然众人"了。阅读思维能力受到个人的心理状态和社会环境的影响，会呈现出不同的水平。阅读兴趣生成阅读需要，高雅的兴趣，让阅读变得积极；庸俗的兴趣会降低阅读质量和审美能力。所以阅读思维需要在基础目标之上，提出情感、态度和品质目标等。这些阅读思维需要的满足，可以全面地提升学生的语文素养，推动学校教育培养人才模式的革新。

（四）全面认识初中语文阅读思维成果

阅读水平因思维的概括性和内隐性很难被衡量，初中语文阅读教学的成果也要通过学生的写作能力间接地表现出来，所以语文教师以阅读教学为手段，来平衡学生的写作能力。语文阅读教学着重培养的是学生听和读的能力，而说与写的能力恰是与之相对的外化表达。叶圣陶先生曾经说过："阅读是吸收，写作是倾吐，倾吐是否合于法度，显然与吸收有着密切的关系。"朱绍禹、张隆华、顾晓鸣、章熊等语文教育研究者都肯定了阅读的吸收作用。但阅读绝不仅仅是吸收，阅读思维能力使阅读积累经历了质变，吸收的内容也结出了思维果实。初中生阅读思维成果的形式有文艺性的、科学性的、创新性的以及指示性的等。其实阅读思维也具有生产性，表现为主体不仅认识直接可感的事物，也能生成理论去指导阅读实践。初中语文阅读思维能力的培养，会产生积极的联动效应，情感、意志和态度也会跟着主动起来。

阅读思维是在阅读过程中自觉地发现问题，并且运用已有的知识储备和技巧手段成功处理问题，总结经验的心理过程。初中生在对文本进行感知和理解的基础上，又进行了再加工。在这个过程中，信息与人脑中已经建立的知识结构联系和重组，形成了新的阅读认知结构。初中生在新阅读理念和方法的指引下，具备了分析、解决新问题的能力。同时也能将作品的思想和观念进行创新，并具备了将新思想表述出来的能力，这就将阅读思维结果由吸收转为进一步的生产。

第四节　初中语文阅读思维能力培养的实践策略

初中各学科都需要运用阅读思维能力，而语文学科依托语言能力与思维能力密切相关的优势，培养阅读思维能力的效果最为显著。所以要重点把握初中语文教学对听说读写能力的训练，提升学生的阅读思维能力。语文教学将阅读与写作、课内与课外相联系，使学生阅读思维得到横向和纵向的延伸，阅读思维能力才能真正得到释放。探究对初中语文阅读思维能力的培养，可以从以下三个方面入手。

一、初中语文阅读思维能力培养环境的创设

要系统持续地开展培养初中语文阅读思维能力的活动，需要多方合力营造良好的培养环境氛围。具体来说包括以尊重个性为出发点的自主学习氛围，促进共同进步的合作探究氛围，实现合理发展的积极创新氛围。

（一）创建尊重个性的自主学习氛围

每个初中生的大脑都是一个独立的思维系统，体现阅读思维能力的形式也多不相同。要有效地发展阅读思维能力，应该改变吸收式的教学观。社会要实现各领域的繁荣发展，就不能抑制学生个性化的发展。个性化意味着要正视个体之

间的差异性，并且尊重学生的个性。华国栋在《差异教学论》一书中提出在教育教学中要从性格、兴趣和能力三个方面分析学生的差异。皮连生认为个性差异是指"人格特征在个体之间所形成的不同品质"。他认为人格（个性）差异是一个相对宽泛的概念，人与人之间在身体上、认识及情感方面的差异都被包括其中。依据上述观点与教学实践，可以看出年龄和智力相当的学生个性主要存在性格、能力、兴趣和认知等心理层面的差异。教学中初中语文教师应时时刻刻体现出对每位学生的尊重、理解和信任，与学生平等交往，帮助学生树立自信心，启发鼓励学生大胆质疑。学生把自己的心得体会坦诚地告诉教师，积极诚恳地汲取教师的建议。这样师生就能相互吸引，相互包容，全力投入到教学活动中。

（二）营造共同进步的合作探究氛围

初中语文阅读思维能力的形成不能仅靠一人之力。个人学习需要深入的探究能力，但是个人的探究往往带有片面性，所以合作探究就显得尤为重要了。阅读合作探究体现为教师指导学生的经验型探究和学生之间的互助型探究两种形式。师生之间的探究产生了传统和新兴观点的碰撞，不是为了比较孰优孰劣，是相互积极地影响。学生之间的探究是平等层面观点的交流，这种形式的探究可能存在内容的重合或者冲突，也可能互相补充。教师可以通过设置探究性的问题营造探究氛围，创设启发性的教学情境来调动学生的积极性，并组织学生之间以小组合作等形式展开讨论、分析和总结。阅读思维水平较高的学生与水平较差的学生交流探讨，能实现相互启发。初中语文课堂上应该合作探究，实现教学群体的共同进步。

（三）构筑指向发展的积极创新氛围

阅读思维能力的高层次体现的是学生的创新能力和发展能力，因此要为培养初中语文阅读思维能力提供积极创新氛围。创新与发展更多的是对学生精神层面的要求，而阅读教学对学生精神的熏陶是最深刻的。语文教学受到知识和情感的牵引，二者动静融合影响着学生的阅读思维。为培养初中语文阅读思维能力，积极创新环境应找准着力位置。首先教学方式要创新，在阅读课堂上教师可以使用幽默风趣的语言和新颖的教学方法等；在课后开展丰富的课外阅读活动形式，让创新思想深入学生生活的方方面面。其次教学内容要创新，教师根据学情来确定教学的内容，在适当的时机可以渗透为学科服务的新概念和新技术。最后积极进行阅读创新实践，将传统与新型的阅读形式结合。为了创设更好的培养环境，还需要学校、家庭和社会通力合作。

二、初中语文阅读思维能力培养的文体教学策略

初中语文教学有规律可循，但要以科学深入地理解语文学科的内涵为前提。受应试教育的消极影响，学生并没有真正形成独立阅读和学习的能力。语文在各学科中所占的阅读比重最大，所以，初中语文阅读教学在培养学生阅读思维能力上承担了重要角色。

（一）记叙文教学细化阅读，保持阅读思维连贯

1. 明确记叙文培养阅读思维能力的方向

记叙文以人、事、景和物为主要写作内容，分为写人记叙文、叙事记叙文和写景状物类记叙文。记叙文作品的共同点是文章中包含着思想情感，要体会其思想的深刻性必须学会阅读文本。所谓学无定法，阅读思维能力就是让学生根据实际情况，做到即使没有现成的经验可以借鉴，也能从容自如地阅读。记叙文教学遵循由浅入深的顺序，指导学生做到通读全篇——细读人、事、景——品读思想。在记叙文教学中培养阅读思维能力要细化阅读，保持阅读思维连贯，提升阅读思维能力的批判性、鉴赏性和创新性。

2. 自主阅读，注重整体把握和概括信息能力——以《从百草园到三味书屋》教学片段为例

本篇课文的内容接近现实生活，围绕"百草园——三味书屋"展开的情节紧凑，吸引学生深入阅读。所以在进行课堂教学时，教师应该尽量让学生结合相似的生活情节阅读。学生能够深刻理解课文的人物形象。

课前组织学生自读课文两遍，学生在熟悉课文框架的基础上，对人物和事件进行初步感知。这时的阅读是没有目标设定的，学生可以沉下心来，自觉地去阅读课文。自主阅读时学生的阅读思维是自由的，学生的想象力和联想力也真正在发挥作用，也能够生成更多个性化的阅读理解。

师生对话片段：

师：首先我们来回答文章从哪些方面表现百草园是"我"的乐园的？

生：三个，优美的景物、美女蛇的故事、雪地里捕鸟。

师：文中写美女蛇的作用是什么？

生：吸引孩子，给百草园增加神秘感。

师：文中交代了一件什么事呢？

生：关于"我的乐园和我的书塾"的事。

师：能不能再详细地描述一下？

生：我在百草园"乐"，在"书塾"偷乐。

师：我为什么课间溜到后园玩耍？

生：因为在书塾充满着"陈腐味"。

生：是"全城最严厉的书塾"。

师：很好。咱们一起来看看鲁迅先生的旧事吧！

（生讨论后，回答）

在本课例中，我们发现学生对文章整体的把握是比较好的，但是也存在一些细节的问题。尽管有了课前的预习阅读，但是在课堂伊始，还是应该给学生一个回顾课文的时间，这样才能保持学生阅读思维的连贯性。在阅读教学时一定要充分地备学生，包括他们的预习能力、预习效果以及各种影响预习的情况。在学生总结文章事件时，最开始的回答显示出了阅读思维能力的反映层面。教师要求学生详细表述事件，能够锻炼其概括能力和表达能力。这时学生回答出"我的乐园和我的书塾"，经过了回忆情节、组织语言等过程而表达出来，体现了原始的整合能力。很可惜的是，教师的追问到此就停止了。如果教师能进一步要求学生更完整的表述这件事，经过学生的思考后，会得出完整的答案。这样学生能够清楚地把握文章的框架，顺利过渡到研读的环节。有序的阅读思维活动是深化学生思维的重要方式。情节概括能力和语言表达能力需要长期的锻炼，这个过程中学生的阅读思维能力也得到了提升。

3．指导研读，强化理解能力和思辨能力——以同组教师执教的《台阶》教学片段为例

师：请同学们在读课文时，从一些细小方面体会父亲形象。在读的过程中，如果有自己的体会，可以互相交流一下。

生1："他忽然醒悟，……不经磕"可以看出父亲对新台阶很爱护。我觉得父亲是节俭、朴实的人。

生2："柳树枝……父亲那专注的目光"一句中的"专注"一词，可以看出的父亲倔强，他是有恒心、有理想的人。

师：对，专注是对父亲的神态描写。

生3：我觉得从很多细节中都可以看出父亲的勤劳、质朴。

生4：从"我连忙去……都挑不动吗"这里可以看出父亲是不服输、要强的人。

师：以上是大家通过文章细节感受到的父亲形象，我们需要对父亲这个形象有更深的理解。老师课前也整理了一些"专业人士"对本文父亲的评价。我们一起来看大屏幕。（课件展示）

课文的研读阶段，重在培养学生的内容理解能力和逻辑思辨能力。阅读思辨力发挥，主要体现为学生在自我认知的基础上去辨析文章作者的写法，进而探知文章要传递的思想主张。随着对课文解读的不断深入，个人认知也在不断深入。

如果我们只是单纯地认读而不理解体会，阅读教学也就失去了价值。学生以课文为参照，并结合生活中的相似情节去深入解读文章中的父亲形象。

本课教学进入到这个环节，教师指出文章以细节描写刻画人物形象，并引导学生深入课文内容去理解父亲形象。结合以上的教学片段，我们发现学生对父亲形象的把握是比较全面的，大多数学生都能理解到这个层面。但是值得反思的是，学生感悟形象的过程是比较模糊的，阅读思维的着力点也分散无序，而教师却没有加以梳理。要使学生的阅读思维能力有条理性，教师在本环节的教学中可以引导学生按照时间先后的顺序，逐步厘清对人物的细节描写。学生抓住"造新台阶前""造新台阶中""造新台阶后"的时间线索，明确在"造新台阶前"对父亲进行了肖像、语言、动作、神态的细节刻画，着力表现父亲的勤劳、朴实和执着；在"造新台阶中"对父亲进行了动作、肖像和神态的描写，意在凸显父亲的理想和兴奋；在"造新台阶后"对父亲进行了神态、动作和语言的细节描写，为我们展现出一个谦卑而倔强、苍老却执着的父亲形象。学生对这一形象的把握一定要深入，否则即使掌握了文章的写法，也没办法学以致用。学生应该全面搜集课文的写法，并在老师的指导下进行"分析——综合——归纳——运用（表达）"的完整阅读思维过程。

4. 发散阅读，提升阅读思想力和思维创新力

在研读课文时，学生已经把握了作者的创作意图。进入再读环节，我们要获得文章的"读者意义"，也就是自己对内容的看法。作者给了文章最初的生命，有人说文章从完成的那一刻起就失去了生命，而学生通过阅读思维能力感悟

语言文字符号，能给文章第二次的生命。以同组教师执教的《走一步，再走一步》教学片段为例。

在本环节中，教师让同学们回顾文章内容，设想自己是文中的父亲、母亲、杰利或者其他的小伙伴，通过这件事会提醒自己些什么。以"我提醒自己——"的句式，从以上四个角色中选择一个回答。学生思考片刻，然后分别从母亲、父亲、杰利和其他小伙伴的角度阐述了自己的看法。有学生站在母亲的角度，认为以后要经常提醒孩子要注意自身的安全，也有人认为作为母亲应提醒自己给孩子更多历练的空间；有学生站在父亲的角度，应该提醒自己怎样才是真正对孩子好；还有人站在小伙伴的角度，提醒自己以后要学会帮助……教师总结：借同学们之口，文中的人物都获得了人生启迪，大家说得都很有道理。并要求大家思考这篇文章对大家学习语文的启示。

（学生思考，并交流讨论）

一篇文章是由最初的种子——作者的灵感而开始生长的，灵感是人类思维的一种基本形式。作者以"勇敢迈一步"开始，设计出"开始爬悬崖""不敢继续爬""爸爸鼓励我爬下来"到最后的"爬下悬崖"等阅读思维的生长点。课堂上学生的灵感也要被及时捕捉，教师结合文章的思维生长点适时地引导学生发散思维。学生突破了阅读思维能力的瓶颈，站在文中不同人物的角度去分析。本环节学生不仅站在了他人的角度，还能进行自我反思。反思的内容涉及家庭教育、成长和友谊，这正是语文教育的成功体现。最后教师没有无限发散学生的阅读思维，而是回归到对语文学习的启迪上，实现了培养阅读思维能力的主题回归。

（二）说明文教学分解要素，整合阅读思维材料

1. 把握说明文培养阅读思维能力的方向

说明文的文体特点主要表现为内容的知识性、结构的逻辑性和语言的科学性，以上都是说明文所呈现的陈述性知识。阅读说明性的文章要从说明的对象、顺序和方法以及语言特色方面，领会作品中体现出来的科学精神和思想方法。说明文教学中将说明要素清晰地分解出来，再融合成丰富的阅读思维材料，能有效提升学生阅读思维能力的整合性、发散性和逻辑性。

2. 全面收集说明对象信息，提升阅读思维能力的整合性

面对纷繁复杂的材料信息，学生一开始的阅读思维肯定是无序的。梳理文章的层次需要找到全面的信息，并有效地进行收集和整合。在上文分析阅读思维

能力结构要素的时候，就已经提到了此阶段应该发挥阅读思考力的作用。以同组教师执教的《看云识天气》教学片段为例。

首先，教师询问同学关于"云"字的繁体字的写法，并让学生列举与这个繁体字部首相关的字。（学生稍作思考，积极发言）很多学生都能清楚地说出云字的繁体字写法。也有不少同学能快速地举出恰当的字例回应教师，还有同学通过总结发现这些字都与"雨"有关。教师对学生的发言给予肯定，并在电子屏幕上播放"云"字从甲骨文开始历经的形体变化。（PPT展示）在学生认真观看的同时，教师提示性地抛出问题，让学生思考课文题目的意义。（学生发言）教师要求学生快速而准确地找出与课文题目相关的句子，并希望大家学会根据云的形态识别天气情况。

在整合说明对象信息的环节，老师就"云"字的繁体字组织学生讨论与云相关的事物。以兴趣引导发散学生的阅读思维，学生结合气象科学知识和文字知识生成答案。之后结合"云"字的含义，教师让学生推测课文题目要告诉我们的信息。学生整合文章内容给出的信息，进行推理和判断得出全面而正确的认识。

3. 感悟说明文语言，提升阅读思维能力的发散性

说明文的语言特点分为平实性和生动性。受说明文的实用性功能的影响，学生往往只注重对说明文语言的准确性和平实性的分析，而忽略其生动性。这会造成对说明文语言的片面性理解。说明文教学中有意识地矫正这个问题，可以打破错误的阅读思维定式。以同组教师执教的《大自然的语言》教学片段为例分析。

首先，教师提示学生说明文语言的科学性体现为语言既可以是精确的也可以是模糊的，让学生在准确性的基础上去总结说明语言的其他特点。学生思考后提出语言还具有生动性，并以文章的题目"大自然的语言"为例。教师肯定学生的这一发现，并要求学生对文中生动性的语言细细品味与思考，然后将自己的感悟及时记录下来。（学生阅读课文，并做批注）接着教师提醒学生可以从词语和修辞的角度分析语言特点。（学生读课文做思考，并发言）教师总结，学生主要是围绕修辞的角度赏析语言，提示还可以关注文中成语的运用，并列出"销声匿迹""周而复始"等例子。

该环节是针对说明文语言的教学，教师要对学生进行知识的补充和学法的指导，以确保学生不会受说明文语言特点惯性思维的影响；也要防止学生的阅读

思维空间无限放大而无法收回来。教师首先点明说明文语言特点包括精确性和模糊性，并提醒大家从用词特点和修辞角度去分析，给了学生准确的分析导向。学生发言主要围绕语言的修辞性，并没有从词语角度展开分析，这说明在学生的理解过程中有思维惰性的存在。教师没有继续追问用词特点，而是直接点出成语的使用是另一特色，就有对学生引导过多的嫌疑了。培养阅读思维能力很多时候重在启发。教师可以设置补充课文内容的环节，加深学生对成语的理解和积累，让学生了解使用成语是本文说明语言的又一特色。学生的语言思维是在逐步的学习实践中敏感起来的，教师应在平时加以适当的引导。不仅仅是对说明文教学而言，在其他教学内容上也要注意对学生语言思维能力的发散与整合。

4. 厘清说明顺序，增强阅读思维能力的逻辑性和严密性

在说明文教学中信息整合能力很重要，在此基础上的文本理解才能更加透彻深入。在说明文中出现了大量的科学现象，这些都是说明对象的外在表现。说明文阅读需要结合说明现象深入科学内核。多数学生能结合生活实际理解说明文中的现象，做出常理性的归纳。但是要科学地认识其实质，需要我们透过表层去揭示其规律性，培养梳理说明结构的阅读思维能力。以《奇妙的克隆》教学片段为例。

教师肯定学生初读课文的效果，也指出这个阶段所获得的理解是应该再深刻一些的，要求学生继续去发现文章的精彩之处。（学生自由朗读，师巡视指导）学生发现文章结构是按四个小标题展开的。教师肯定学生的发现，并提出"是否可以调换顺序"的问题。学生讨论得出不可以，因为这四个标题有逻辑关系。教师肯定学生的回答，并指出本文是事理说明文。说明内容遵循逻辑顺序，让不懂该科学知识的人了解其中的奥秘。并要求学生重新读一遍课文，更全面地理解本文介绍的克隆知识。（学生边阅读，边做笔记）

说明性文章除了向学生展示一般性的文体知识，也侧重对科学知识与方法的普及以及科学思想的熏陶作用。在阅读教学中，说明文经常因其说理性和平实性，而无法引起学生的学习兴趣。教师在初学说明文的阶段应该避开纯知识传授的方式。本环节教师由说明文新颖的结构形式入手，让学生能"读下去""读进去"。随着阅读的深入学生逐渐发现这四个小标题不存在时间或者空间联系，而是按照"克隆的含义——相关实验——技术发展——价值及思考"的逻辑顺序展开。正因为说明文的结构顺序体现逻辑性，有利于培养学生理性的阅读思维能力。

（三）议论文教学剖析逻辑，发散阅读思维角度

1. 明确议论文培养阅读思维能力的方向

议论文与以上文体呈现的思维类型有明显的区别。如在记叙文中体现的思维方式既有直观的形象思维，也有抽象的灵感思维或逻辑思维。而议论文通过议和论的形式来行文，以说理性和思辨性见长，回答的是"为什么"的问题。一篇完整的议论文通常包括论点、论据和论证三个要素。按议论内容分为政论、书评、文艺评论、学术论文等；从社会应用角度可以分为开（闭）幕词、演讲稿和序等。在议论文教学中通过提升学生的逻辑剖析能力，培养学生阅读思维能力的批判性和深刻性。

2. 议论文培养阅读思维能力的课例分析——以《敬业与乐业》为例

（1）教学说明

本文是一篇演讲稿。因其实用性较强，所以有必要在初中阶段对学生进行演讲稿的教学。通过《敬业与乐业》的教学，要求学生能熟悉演讲稿的特点、形式，会写出简单的演讲稿。本文作为议论文的典范之作，在议论的方式、结构和层次方面都很有代表性。在学习本文时，笔者与同组教研的老师将教学目标设定为：①熟练掌握文章内容，理解与"业"有关的内容意义。②学习作者证明"敬业与乐业"观点运用的论证方法。③体会作者阐述的敬业和乐业精神，启发学生树立正确的学习观和价值观。

（2）教学过程

①以现实性问题导入，进入阅读思维能力的准备阶段。

师：同学们，请大家设想一下，将来有一天你面临就业的时候，会选择什么样的职业呢？

（学生们结组讨论后，准备发言）

生1：我想成为一名教师，每天站在讲台上，给大家传授知识。

生2：我想成为一名厨师，能做出各种美食，让大家品尝。

生3：我想当一个画家，背着画板，画下世界各地的美景。

……

师：真好，大家的职业理想都很远大。怎么才能干好自己的本职工作呢？梁启超先生的《敬业和乐业》一文已经给了我们启示。今天我们就一起去听听梁先生的意见吧。（教师板书题目）

导入部分的师生交流可以使学生尽快进入学习状态。对未来职业的设想既

与课文内容有关，又是学生所感兴趣的，能引发学生的思考和表达的积极性。在这个过程中，拉近了学生与教师、文本以及作者之间的关系，学生的阅读思维能力进入准备状态。教师阅读思维起着引导性作用，需要学生阅读思维的积极配合。

②探究新知。检查学生自主阅读的情况，包括生字词的积累及对作者生平和课文内容的了解。

师：我先请一位同学在文中找出他查阅的生字词，大家要注意听他读。

（教师指定学生完成，其他学生边听边做笔记）

师：这位同学找到了这么多生词，看来他预习得很认真，那还有没有同学做补充呢？

生：我补充一下，"禅"字是多音字，在这里读作"chán"，还可以读作"shàn"。

师：这个字补充得很有必要，请同学们认真做好记录。下面一起找找文中显示作者观点的句子在哪里？

（学生发言，内容略）

师总结：同学们找得很全面，也很正确。以上都是梁启超先生对"业"的观点。但是文章的中心论点只有一个，它的作用是统率全篇的。应该是哪一句呢？

生（齐声回答）：但我确信"敬业与乐业"四个字，是人类生活的不二法门。

师：没错，看来大家对文章的主旨把握得很准确。现在我们就一起学习"敬业"与"乐业"。

教师让学生分享本课字词的预习成果，是对学生个体思维能力的考查。学生搜集的内容越全面，表明越熟悉课文内容。因为个体思维不具有普遍代表性，所以老师提出补充回答的要求是很有必要的。初中阶段的学生有了一定的字词积累和工具书查阅能力，字词教学主要是以学生自学为主。对需要了解掌握的文学常识，教师放手让学生自己去搜集整理，也是对学生独立阅读能力的锻炼。从简单问题入手让学生体会到积极思维的成就感，调动学生积极思考，才称得上是科学的思维锻炼方式。

③质疑问难，提升学生的概括能力和表达能力。这时的问题应带有启发性，引导阅读思维能力进入深化阶段。

师生对话片段如下。

师：请同学们找出围绕本文的中心论点，作者是从哪几个问题展开的？

生1：三个，分别是"有业之必要""敬业"和"乐业"。

师：请大家再结合课文说说"业""敬业""乐业"分别是什么意思？

生2：业是职业、工作的意思，我在第五段找到"职业"一词。

生3：这句话后边还提到"劳作"，称得上劳动的也叫"业"，就比如学生的学习也是"业"。

生4：第六段多次提到"一件事"，是不是说能称为一件事的就是"业"啊？

生5：应该是自己认真做的一件事吧，要不范围就太大了。

师：大家说得太精彩了！我们得出的结论为认真做的事是"业"。"众人拾柴火焰高"，因为大家的合作，使大家对课文的理解也深刻了不少。那大家再说说"敬业"是什么意思吧！

生6：主一无适，是敬。

生7：心无旁骛，也是敬。

师：这是文中给出的解释，大家怎么理解敬业呢？

生8：应该是做事情认真、踏实、负责任。

生9：专心致志、不受干扰。

师：大家说得不错。无论在什么位置上，履行好自己的职责即是敬业了。

生10：老师，文章的第六和七段都在举例子证明敬业。

师：对啊，但是在议论文中不能叫举例子，应该是：生（齐声回答），论据。

师：很好，大家再找找文中的乐业是什么意思。

生11（沉思片刻）：乐业就是快乐地做事，并且发现其中的乐趣。

师：文中并没有直接给出乐业的意思，但是你总结得不错。看来大家都对业、乐业和敬业有了更好的理解。

本环节学生在明确文章要点的基础上，厘清了文章的结构层次。文章依次阐述了"有业之必要""敬业"和"乐业"三个问题，教师以此顺序组织本课的教学活动。首先是结合课文内容，理解业、敬业和乐业的意思，学生理解的"业"是由表面到深层的，可以看出其阅读思维在不断地深化。同学之间的补充交流，是将个体思维与集体思维进行对照。这时的答案不要求准确，但是一定要迅速。阅读思维能力的敏捷性和深刻性也在这个时候得到了锻炼。快速地提取内容要点，也为下面深入文章的重点做好了准备。学生能围绕"业"的相关问题谈自己的看法，在表述的过程中自身的阅读思辨能力得到了提升，阅读思维的批判性和严密性也更加完善。

④体验发现。演讲稿使用频率较高，对演讲稿的写作方法和演讲技巧的探讨有重要意义。本课的重难点在于学生对论证方法和演讲语气的辨别。

师生对话片段如下。

师：本文是一篇演讲稿。演讲稿一般具有什么特点呢？

生1：鼓动性和教育性。

师：一般我们以什么样的语气来读呢？

生2：应该读得有力度。

师：都是要这样来读吗？比如说文章的第三、四段。

生3：应该读得平缓些。

师：是的。这也是本演讲稿的一个特点，引用部分的语言通俗如白，语气就不能再那样激烈了。大家再看一下文中的两个例子，分析它们在文中的特点。

生4：我知道议论文中举例子应该叫举例论证。孔子的例子是说没有业的坏处，百丈禅师的例子是在说有业的重要性。

生5：它们的意思一正一反，但作用一样，正好形成对比。应该就是对比论证的方法了。

本环节采用了教师常用的教学手段，以常态引出特殊是本课教学的重难点、目的是让学生掌握在不同语境下判断演讲语气。探讨演讲稿的演讲语气，也可以提醒学生不以常态思维来臆测具体的文章写法。明确读课文的第二、三自然段的事例部分时，语气应该更加舒缓，这样对议论文有了更全面的认识。而且学生分析语言特点的同时明确了论证方法的使用，阅读思维空间又得到了一次拓展，将论证方法和演讲稿的特点掌握得更加透彻和灵活。教师在这期间对学生进行情感和思想上的教育，也会收到很好的效果。

⑤拓展延伸。这是阅读思维能力的深化阶段。本环节主要打破学生的思维定式和对书本与权威的迷信，提升自身的逻辑思辨能力。

师：同学们，我们说一个人的观点总是有局限性的。尽管我们同意作者的敬业和乐业的观点，但你对文中的观点还有没有疑问呢？

生1：作者说对没有职业的懒人要彻底讨伐，我觉得有点太绝对了。社会上还有些丧失劳动能力的人，难道对这些人也要讨伐吗？

生2：我觉得作者的这种看法很好。古代社会学者的地位很高，商人处在底层。他认为应该平等看待职业，在当时他的思想就很进步了。

师：大家分析得都很道理。虽然作者所处的时代距离今天较远，但他的一些观点在今天看来还是很先进的。我们今天的作业就是写一篇辩论稿，以职业有没有高低之分为辩论主题。大家可以借鉴本文的论证方法和结构，做好下节课的辩论准备。

（3）教学反思

有些学生阅读时遇到问题总是模棱两可地应付过去，不能形成深刻的阅读思维。教师授课时应培养学生质疑发问的学习态度。本课质疑问难环节中学生表现得较积极，提示教师要合理设计课堂提问。安排学生写演讲稿是将课堂知识及时巩固，但应考虑学生的阅读思维能力差异，对掌握不熟练的学生要进行针对性的训练。

（四）应用文教学对比迁移，转化阅读思维成果

1. 应用文培养阅读思维能力的方向

应用文是在社会生活实践中形成的一种文体，协助人们的生活、学习和工作事务。随着社会分工的细化，应用文被赋予的功能也越来越多，在社会生活的各领域发挥着作用。初中语文目前常见的应用文包括书信、启事、便条、申请书和倡议书等。在应用文教学中主要培养初中生的实用性阅读思维能力，提升阅读思维的灵活性和积极性。

2. 应用文培养阅读思维能力的课例分析——以启事的教学为例

针对应用文主题的明确性、语言的规范性和格式的固定性，明确启事的作用、类型及格式。启事的结构一般包括启事的标题、具体内容及尾部的署名与日期。

第一个步骤：将不同等级的启事例文对比阅读，以提升学生的阅读思辨能力。在应用文教学中，先要给学生提供优秀的写作范文，因为对初学者来说需要有一个参照的标准。同时也要将错误的写作例子呈现给学生，作为补充的教学资源让他们吸取教训，避免出现类似的错误。笔者在实际教学中进行了如下尝试。

笔者在课前布置了了解启事知识和阅读范文的预习作业。在进行课堂教学时首先在投影仪上展示启事实例，要求学生认真阅读与观察。学生比照启事写作的相关要求后，发现第一篇没有问题。接着笔者继续展示下一篇，结合之前对

启事文体知识的初步预习，部分学生能指出一些格式和语言上的错误。紧接着屏幕又交叉展示了更多的正反面作品实例，大多数学生结合前面的分析，能逐渐准确地辨别例文中的错误。最后笔者让学生回顾整理本节课所掌握的知识内容，并提醒学生在今后的启事写作中应注意的事项，比如落款和时间的位置错误是常见的。

通过分析比较正面和反面的文本实例，学生明确了正确的阅读思维方向。应用文的教学内容虽然不具有较强的吸引力，但只要结合学生思维兴趣点再合理引导，也能有效地锻炼阅读思维的敏捷性、灵活性。挑错误环节的设置让学生产生了自我成就感，极大地调动了学生的阅读思维积极性。

第二个步骤：参与写作启事的实践，结合日常生活和学习培养学生阅读思维的迁移能力。应用文的主要功能就是为社会生活服务。在课堂锻炼学生的应用文写作能力，可以将学生的阅读思维能力与写作思维能力顺利连接。通过课堂阅读教学和阅读相关例文，学生可以获得启事的写作知识和写作能力。启事在学生的日常生活中比较常见，所以也容易就地取材地展开训练。笔者选取同组老师的教学为例分析如下。

首先，教师交代启事背景为某同学捡到东西，想请同学们帮忙拟写一则招领启事告知失主。接着教师要求学生按照启事的规范格式，合作讨论该启事应包括的内容要素。学生们边讨论边做记录，五分钟后各小组派代表发言。（教师板书学生的发言内容）其中有同学指出，启事中简要列出捡到的物品名称即可，对证件号码和财物数目等不能详写，以防止冒领。该观点得到了同学们的一致认同，之后师生整理发言内容，得出启事包括标题、正文要出现捡到物品的时间、地点、捡到的物品（注意不能详写），落款注明启事者的联系方式和发文时间。最后教师要求大家当堂完成本则启事，由小组成员推荐优秀的学生作品进行展示。本环节教师为学生提供的启事写作背景在生活中较为常见，学生能结合以前的阅读经验形成初步的启事写作思维。这种亲身实践的写作，能训练学生进行积极的阅读思维，整合阅读信息转化为文字表达能力。

三、初中语文阅读思维能力培养的评价策略

初中语文学科的教学评价结合初中语文教学模式来制订，是检测教学成果的主要方式。近年来随着对学生课堂地位的关注，教学评价更加关注学生情感与

智力的协调性发展。出于初中语文阅读思维能力培养的现实需要，相关的教学评价体系也应建立起来。初中语文教学评价现状是评价形式在不断增加，但是实际使用情况却呈现单一化和传统化。单一传统的教学评价形式会造成评价结果出现不公平的现象，进而影响初中生学习语文的积极性。因此培养初中阅读思维能力的教学评价要体现公正性、全面性与灵活性，做到评价依据的合理化、评价内容的针对性和评价方式的多样性。

（一）评价依据要合理化

教学评价主要依据学生的课堂表现、课下反馈练习和考试成绩等。学生在课堂上的表现主要是听课的专注程度，对教师问题的反应速度，课堂笔记的条理性和完整度以及与同学之间的合作探讨等。这些表现都需要在教学过程中及时评价，所以教师要认真观察学生的课堂反应。当学生感到困惑时，应及时调整教学思路适应学生的阅读思维。对课堂表现专注的同学提出言语上或者奖状等书面性质的表扬，对课堂表现异常的学生要详细了解原因再深入交流。课下反馈是对课上学习情况的摸查，教师可以采用谈话的方式了解学生的学习进展，也可以发放限时训练，并及时批阅反馈给学生。目前对学生阶段性的教学评价主要是依据考试成绩。考试是一种公正性的体现，但也不能排除中途出现意外而影响成绩的情况。所以还应该结合学生近期课堂学习的表现、其他学科教师的反馈、学生家长和同学的意见对其做出合理评价。

（二）评价内容要有针对性

初中语文随着课程改革也在更新着教学的内容，因此对学生的教学评价内容也在不断地调整。不同阶段学生阅读思维水平呈现不同的特点，评价的内容也要具有针对性。让评价者和被评价者能根据评价内容，清楚地了解初中生语文学习发展状态。初中阶段的学生处在思维发展的有利时期，心理学家通过对学生运算能力的发展研究得出，初中二年级是逻辑思维由经验型转向理论型的过渡期，此时评价内容主要是集中于学生思维的抽象性发展。对学生的评价内容在全面的基础上，一定要有所侧重。首先是学生基本学习任务的完成情况，这时评价的内容要求一致，以实现学科基础的全面夯实。其次在能力提升阶段，对学生学习的优势部分要做出鼓励性的评价，薄弱部分也要适当做出引导性评价，实现突出所长，补足短板。最后还要注意对学生在学习过程中的突出表现做正面评价，让学生肯定自己，建立自信心。

（三）评价方式要多样化

教学评价按空间分为课中评价和课后评价。教师的课中评价方式又可以分成语言性的评价和非语言性的评价。在初中语文课堂上教师对学生进行的语言评价主要是鼓励和正面引导。如教师可以对经常发言的学生给予表扬，要求其他学生以积极发言的同学为榜样；对经常积极发言的学生在语言鼓励的基础上，可以做深入性的引导，增强其语文阅读思维的深刻性和发散性。课堂上教师的非言语性评价主要是借助教师的面部表情和肢体语言来实现。在学生发言内容精彩时，可以在结束后带动其他同学鼓掌，促使学生继续积极地发挥阅读思维能力；在学生表述出现停顿时，应该适当等待学生思考，并以微笑和眼神鼓励其继续回答。教师对学生的评价是指导性的，还可以让同学之间展开互助性的评价，实现评价者和被评价者阅读思维能力的互相影响。课外评价主要是通过测验和考试，对硬性的评价方式也存在着不同的意见。学生成长的评价应该从多角度进行考查，在成绩之外的品德、修养就无法通过答题的方式查看。借鉴目前出现的一些新的评价形式，如建立成长档案、进行社会实践，都可以进行积极的评价尝试。

参考文献

[1]李家成．关怀生命：当代中国学校教育价值取向探究[M].北京：教育科学出版社，2006．

[2]王定公．生命课堂的基本特征和建构路径[J].众秀研究，2015（10）．

[3]赵莹莹.从"语文素养"看"语文核心素养"的内涵及特征[J].牡丹江大学学报，2016（11）．

[4]刘志军，张红霞．生命化课堂教学的实践构想[J].课程·教材·教法，2013（9）．

[5]高静.语文课堂的生命教育探寻[D].长沙：湖南师范大学硕士论文，2011．

[6]宋明茜．关于语文教师课堂教学语言的调查与建议[D].南京师范大学，2011．

[7]孙远菊．中学语文课堂教学语言存在的问题及对策研究[D].江西师范大学，2013．

[8]牛璐璐．中学语文教师课堂教学语言研究[D].新疆师范大学，2016．

[9]夏雪梅．语文教师课堂反馈语研究[D].上海师范大学，2016．

[10]陈丹.《孔乙己》的文学解读与教学解读研究[D].南京:南京师范大学，2014:61.

[11]丁文静，韦冬余.论语文核心素养的涵义、特征及培养策略——基于研究性教学模式理论的分析[J].教学研究，2015，（9）．

[12]姜宇，辛涛，刘霞.基于核心素养的教育改革实践途径与策略[J].中国教育学刊，2016，（6）．

[13]申小龙.论汉字的文化定义[J].浙江社会科学，2002（6）:34.

[14]刘爱军.汉字教学的文化研究[D].山东师范大学，2009．

[15]柳艳娜，吕永进，陈文娟.审美价值在汉字书写教学中定位与实施[J].中国教育学刊，2009（s1）:84-85.

[16]林崇德．21世纪学生发展核心素养研究[M].北京：北京师范大学出版社，2016.

[17]申宣成．表现性评价在语文综合性学习中的应用[M].郑州：大象出版社，2015.

[18]贡如云，冯为民.高中语文核心素养的实质内涵及培育路径[J].教育理论与实践，2017（05）.

[19]中华人民共和国教育部.义务教育语文课程标准[S].北京:北京师范大学出版社，2011:26-27.

[20]叶圣陶.叶圣陶语文教育论集[M].北京：教育科学出版社，1980.

[21]朱绍禹.中学语文课程与教学论[M].北京：高等教育出版社，2005.

[22]倪文锦，谢锡金.新编语文课程与教学论[M].上海：华东师范大学出版社，2006.

[23]朱延庆.师生沟通艺术[M].呼和浩特：远方出版社，2007.

[24]张汉强.青少年阅读心理学概论[M].武汉：武汉出版社，2008.

[25]王玉辉，王雅萍.语文课程与教学论[M].北京：北京师范大学出版社，2012.

[26]黄小娟，钟焰，文衷.一堂有趣的说明文教学课——《看云识天气》课堂实录[J].中学语文教学参考，2015（Z2）.

[27]林梅.七年级语文阅读思维和阅读习惯培养策略研究[D].闽南师范大学，2015.

[28]杨海燕.初中现代文阅读教学对学生批判性思维培养的探究[D].中央民族大学，2017.